权威·前沿·原创

皮书系列为
“十二五”“十三五”国家重点图书出版规划项目

BLUE BOOK

智库成果出版与传播平台

创意城市蓝皮书
BLUE BOOK OF CREATIVE CITIES

创意书系
·中国创意产业研究中心·
总编/张京成

北京文化创意产业发展报告（2021）

BEIJING REPORT ON CULTURAL AND CREATIVE INDUSTRIES (2021)

主　编 / 张京成
副主编 / 曾凡颖　周学政　廖　旻

社会科学文献出版社
SOCIAL SCIENCES ACADEMIC PRESS (CHINA)

图书在版编目(CIP)数据

北京文化创意产业发展报告. 2021 / 张京成主编
. -- 北京：社会科学文献出版社，2021. 10
（创意城市蓝皮书）
ISBN 978 -7 -5201 -9331 -3

Ⅰ. ①北… Ⅱ. ①张… Ⅲ. ①文化产业 - 产业发展 - 研究报告 - 北京 - 2021 Ⅳ. ①G127. 1

中国版本图书馆 CIP 数据核字（2021）第 218520 号

创意城市蓝皮书
北京文化创意产业发展报告（2021）

主　　编 / 张京成
副 主 编 / 曾凡颖　周学政　廖　旻

出 版 人 / 王利民
组稿编辑 / 恽　薇
责任编辑 / 冯咏梅
责任印制 / 王京美

出　　版 / 社会科学文献出版社 · 经济与管理分社（010）59367226
　　　　　地址：北京市北三环中路甲 29 号院华龙大厦　邮编：100029
　　　　　网址：www. ssap. com. cn
发　　行 / 市场营销中心（010）59367081　59367083
印　　装 / 天津千鹤文化传播有限公司

规　　格 / 开 本：787mm × 1092mm　1/16
　　　　　印 张：23. 75　字 数：353 千字
版　　次 / 2021 年 10 月第 1 版　2021 年 10 月第 1 次印刷
书　　号 / ISBN 978 -7 -5201 -9331 -3
定　　价 / 168. 00 元

“创意城市蓝皮书”总序

张京成

城市是生产力发展到一定阶段的产物，并随着生产力的发展而不断升级。时至今日，伴随着工业文明的推进和文化的提升，以及服务业的大力发展，经济增长方式的转变和产业结构的调整正在推动一部分城市向着一个前所未有的高度迈进，这就是创意城市。

创意城市已经为众多有识之士所关注、所认同、所思考。在全球性竞争日趋激烈、资源环境束缚日渐紧迫的形势下，城市对可持续发展的追求，必然要大力发展附加值高、环境友好、成效显著的创意经济。创意经济的发展实质上就是要大力发展创意产业，而城市是创意产业发展的根据地和目的地，创意产业也正是从城市发端、在城市中集聚发展的。创意产业的发展又激发了城市活力，集聚了创意人才，提升了城市的文化品位和整体形象。

综观伦敦、纽约、东京、巴黎、米兰等众所周知的创意城市，其共同特征大都离不开创意经济。首先，这些城市都在历史上积累了一定的经济、文化和科技基础，足以支持创意经济的兴起和长久发展；其次，这些城市都已形成了发达的创意产业，而且能以创意产业支持和推进更为广泛的经济领域创新；最后，这些城市都具备了和谐包容的创意生态，既能涵养相当数量和水平的创意产业消费者，又能集聚和培养众多不同背景和个性的创意产业生产者，使创意经济行为得以顺利开展。

对照上述特征不难发现，我国的一些城市已经或者正在迈向创意城市，从北京、上海等一线城市，到青岛、西安等二线城市，再到义乌、丽江等中小城市，我们自 2006 年起每年编撰的《中国创意产业发展报告》一直忠实记录着它们的创意轨迹。今天，随着创意产业的蔚然成风，其中的部分城市已经积累了相当丰富的实践经验以及大量可供分析的数据与文字资料，对其进行专门研究的时机已经成熟。

因此，我们决定在《中国创意产业发展报告》的基础上，逐步对中国各主要创意城市的发展状况展开更加深化、细化和个性化的研究与发布，由此即产生了“创意城市蓝皮书”，这也是中国创意产业研究中心“创意书系”的重要组成部分。希望这部蓝皮书能够成为中国每一座创意城市的忠实记录者、宣传推介者和研究探索者。

是为序。

Preface to the *Blue Book of Creative Cities*

Zhang Jingcheng

City came into being while social productivity has developed into a certain stage and upgrades with the progress of the productivity. Along with the marching of industrial civilization, cultural development, the growth of the service industry, the transformation of economic growth and the adjustment of industrial structure, cities worldwide have by now entered an unprecedented stage as of the era of creative cities.

Creative cities have caught the attention from various fields these years. While the global competition for limited resources gets heated, sustainable development has become the only solution for cities, which brings creative economy of high added value and high efficiency into this historic stage. Creative industries is the parallel phrase to creative economy, which regards cities as the bases and the core of the development, and cities is also the place where creative industries started and clustered. On the other hand, creative industries helped to keep the city vigorous, attract more talents and strengthen the public image of the city.

From the experiences of world cities such as London, New York, Tokyo, Paris, and Milan, creative economy has been their common characteristic. First, histories of these cities have provided them with certain amount of economic, cultural and technological resources, which is the engine to start and maintain creative economy; second, all these cities have had sound creative industries which can function as a driving force for the innovation and economic growth of the city; finally, these cities have fostered harmonious and tolerant creative ecology through time, which conserves consumers of creative industries, while attracting more creative industries practitioners.

It can be seen that some Chinese cities have been showing their tendency on the way to become creative cities, such as large cities of Beijing and Shanghai, medium-size cities of Qingdao, Xi'an and even small cities of Yiwu and Lijiang, whose development paths have been closely followed up in our *Chinese Creative Industries Report* started in 2006. By now, some cities have had rich experiences, comprehensive data and materials worthy to be studied, thus the time to carry out a special research has arrived.

Therefore, based on *Chinese Creative Industries Report*, we decided to conduct a deeper, more detailed and more characteristic research on some active creative cities of China, leading to the birth of *Blue Book of Creative Cities*, which is also an important part of *Creative Series* published by China Creative Industries Research Center. We hope this blue book can function as a faithful recorder, promoter and explorer for every creative city of China.

《北京文化创意产业发展报告（2021）》编委会

主编简介

张京成 研究员，北京市科学技术研究院中国创意产业研究中心主任，文化创意产业标准化研究北京市重点实验室主任，北京市文化创意产业顾问团专家，北京大学中国城市管理研究中心特约研究员，北京工业大学经济与管理学院兼职教授，澳大利亚昆士兰科技大学创意产业学院高级访问学者。主要研究领域为文化创意产业与科技政策，是国内最早研究创意产业的学者之一。2005 年 7 月组建中国创意产业研究中心，出版了我国第一部创意产业蓝皮书，现已连续 16 年主持编写品牌出版物《中国创意产业发展报告》（中国经济出版社，2006～2021 年）。先后主持完成国家软科学研究计划、北京市社科基金项目、北京市自然科学基金项目、北京市科技计划等国家级和省部级科研任务，以及科技部、中国科协、北京市科委、北京市文资办、北京市新闻出版广电局等部门委托课题近百项，其中 1 项获得国家领导人批示，3 项获得北京市科技进步奖，1 项获得北京市哲学社会科学优秀成果奖二等奖。在国内外重要学术期刊上发表论文 40 余篇，自 2011 年起策划总编“创意城市蓝皮书”系列（社会科学文献出版社，2011～2021 年，已出版 8 个城市 29 本报告），主编中国创意产业研究中心“创意书系”（包括研究系列、案例系列、翻译系列），出版研究成果 30 余部，在《人民日报》《科技日报》《经济日报》《北京日报》《中国青年报》等报纸上多次发表学术观点，作为业界专家接受中央电视台、凤凰卫视、上海第一财经等媒体采访，并多次公开报道。

摘　要

《北京文化创意产业发展报告（2021）》重点研究北京文化创意产业的政策环境、行业发展趋势以及疫情防控常态化下文化产业的区域特色等，并对文化创意产业的发展做了展望。

在宏观经济遭受新冠肺炎疫情的巨大影响下，北京文化创意产业发展难免受到重创，但产业内部活力依旧强劲。首先，随着“十三五”规划目标的完成，《北京市推进全国文化中心建设中长期规划（2019年~2035年）》和《北京市国民经济和社会发展第十四个五年规划和二〇三五年远景目标纲要》对北京市的文化建设、老城保护与复兴、推进公共文化服务体系示范区建设等提出了具体的目标和要求。其次，针对全球新冠肺炎疫情下出现的各种新情况，以及在促进文化创意产业发展过程中遇到的新问题，北京市相继推出各种政策予以支持，特别是通过聚焦数字文化产业来打造区域发展的新引擎。最后，进入2021年，北京文化产业基本扭转了停滞不前的总体趋势，开始走向新的发展阶段，特别是文化产业内部总体呈现持续向好的发展态势，不论是在收入、利润还是在就业等方面，与2020年相比，均有较大程度的改观。具体来看，2021年上半年，北京市GDP增速达13.4%，其中第三产业增加值为15894.4亿元，同比增长10.1%。同期，北京市规模以上文化产业收入同比增长32.1%，利润同比增长238.9%，从业人员平均人数同比增长4.8%。

本报告认为，北京当下面临全面转型升级、加速创新提质的新机遇、新要求。北京文化产业的发展要坚持主流价值和弘扬优秀文化，加快对传统文化特别是“京味”文化的弘扬与创新；通过弥补短板和加速发力，加快落实新版城市总规，注重文化遗产保护与利用，加强文化事业和文化产业空间优化布局。通过文化与科技融合，在“供需两侧”改革和开放合作上发力，提升北京文化产业的国际竞争力和全球引领力。同时，还需要进一步推动国家文化产业创新实验区实现高质量发展，不断提升国家“软实力”。

本报告还对北京文化创意产业的发展做了展望。第一，北京首都核心功能逐渐彰显，文化创意产业发展空间更大。第二，乡村振兴带来京郊旅游的大发展，全面推动文化休闲体验发展。第三，数字经济支撑的智慧化发展，将成为北京文化创意产业新的增长点，推动区域内容产业进一步升级。第四，新冠肺炎疫情影响绵长，北京发展文化创意产业更需要密切关注新的形势，要将首都文化创意产业发展放到中华民族实现伟大复兴战略全局的高度，不断适应新形势，探索发展新途径。第五，文化产品更加丰富，文化消费规模有望再创新高，“十四五”期间，北京市民的文化生活将更加丰富多彩，文化消费持续增长。

关键词： 文化创意产业　新技术应用　文化政策　高质量发展

Abstract

Beijing Report on Cultural and Creative Industries (*2021*) studies on the overall development, latest trends and regional features of cultural and creative industries and looks forward to the future.

According to this report, although Beijing's cultural and creative industries were hard to avoid heavy losses influenced greatly by "COVID – 19", the industries inner activity keeps strong growth trend. Firstly, as the complete of the 13th Five-year Plan, China issued Beijing Medium and Long Term Plan for Promoting the Construction of National Cultural Center (2019 – 2035) as well as Beijing issued the 14th Five-year Plan for Beijing's National Economic and Social Development and the Outline of its Long Term Goals for the Year 2035 (Draft), both put forward specific objectives and requirements on the construction of Beijing's culture, humanistic Beijing, overall protection and rejuvenation of the old city and public cultural service system demonstration areas, etc.. Secondly, to new situations in the global "COVID – 19" environment and new problems encountered in the process of promoting the development of cultural and creative industries, Beijing Municipal and district administrative departments issued many policies, especially in the digital cultural industry to build a new engine for regional development. Finally, the overall cultural and creative industries were heavily influenced by "COVID – 19", but data show that they are turning into a better situation in 2021. In 2021, Beijing regional cultural and creative industries finished the stagnation and begin to grow in income, profit and employed population. On the first half of 2021, Beijing's GDP growth was 13.4%, and the added value of the tertiary industry was 1589.44 billion yuan, with a growth rate of 10.1%. On the same period, the income of Beijing's cultural industries increased by 32.1% year-on-year, the profit increased by 238.9% year-on-year, the average number of employees increased by 4.8% year-on-year.

According to this report, Beijing is facing new opportunities and requirements for comprehensive transformation and upgrading and accelerating innovation and quality. The development of Beijing's cultural industries should persist in mainstream values and inherit excellent culture, and speed up the inheritance and innovation of traditional culture, especially the "Beijing flavor" culture. In the future, Beijing should develop cultural industries by making up for shortcomings, accelerating the implementation of the new urban plan, paying attention to the main vein of cultural protection and inheritance, and strengthening the spatial optimization of cultural undertakings and cultural industries. Beijing should enhance the international competitiveness and global leadership of cultural industries through the integration of culture and technology and make efforts on "bilateral" reform and opening up cooperation. The development of Beijing's cultural industries also needs to promote the high-quality development of the National Cultural Industry Innovation Experimental Zone and continuously improve the national "soft power".

In the end, the report makes prospect on the development of Beijing's cultural and creative industries. Firstly, the capital core functions of Beijing are gradually revealed, and the expansion and optimization of urban space are suitable for the further development of cultural and creative industries. Secondly, a decisive victory has been achieved in the national fight against poverty. The revitalization of rural areas in Beijing has brought about a great development of tourism in the suburbs of Beijing, and comprehensively promoted the development of cultural and leisure experience industry. Thirdly, the development of the intelligent industry supported by digital economy will become a new growth point of Beijing's cultural and creative industry and promote the further upgrading of regional content industry. Finally, after the outbreak of "COVID – 19", Beijing needs to pay close attention to the new development situation in order to develop cultural and creative industries. It is necessary to put the development of cultural and creative industries in the capital at the height of the overall strategy of the great rejuvenation of the Chinese nation. With a high sense of historical responsibility and mission, Beijing should constantly adapt to the new situation, explore new ways of development and make new achievements.

Keywords: Cultural and Creative Industries; New Technology Application; Cultural Policy; High Quality Development

目　录

Ⅰ　总报告

Ⅱ　专题研究篇

Ⅲ 技术应用篇

Ⅳ 行业分析篇

Ⅴ 区域发展篇

Ⅵ 附 录

CONTENTS

I General Report

II Special Subjects

Ⅲ Technology Application

Ⅳ Industries Analysis

Ⅴ Regional Development

Ⅵ Appendix

总 报 告

General Report

B.1 北京文化创意产业高质量发展格局初步形成

张京成　周学政*

摘　要： “十三五”收官之年，北京文化产业在新冠肺炎疫情之下仍表现出较强的抗冲击、抗风险能力，为文化创意产业发展奠定了良好的基础。政策环境利好提振了文化创意产业持续发展的信心，回暖趋势明显，产业高质量发展格局初步形成；数字经济支撑智慧化发展，新产品开发、新技术应用、新场景打造、新业态产生，文化创意产业不断涌现新的增长点；文化消费活力日益增强，文化消费潜力持续释放，对未来文化创意产业发展具有重要的支撑作用。

---

* 张京成，北京市科学技术研究院中国创意产业研究中心研究员，主要研究方向为文化创意产业与科技政策；周学政，哲学博士、经济学博士后，北京体育大学教授，博士生导师，主要研究方向为科学社会学与文化创意产业。

关键词： 文化创意产业 文化消费 数字经济

“十三五”期间，北京文化创意产业积极响应新时代对经济社会和文化创意发展提出的新要求，不断满足广大人民群众对美好生活的需求，虽然新冠肺炎疫情严重，但北京文化创意产业在全国文化中心建设的大背景下依然不断取得新的成就。

“十三五”期间，北京文化产业规模持续增长，2019年，全市规模以上文化产业实现收入12849.7亿元、增加值3318.4亿元，均为“十二五”期末的1.7倍。文化产业增加值占GDP比重保持增长态势，占比达到9.4%，比“十二五”期末提高1个百分点，居全国首位。在新冠肺炎疫情影响下，仍表现出较强的抗冲击、抗风险能力，2020年1～11月，全市规模以上文化产业实现收入12334.5亿元，同比增长2.3%。

北京大力推动文化经济政策创新，三年时间出台51项相关政策措施。在促进文化产业发展的一系列政策举措的支持下，北京文化企业发展实力显著增强。“十三五”期间，北京入选“全国文化企业30强”“国家文化出口重点企业”“国家文化和科技融合示范基地”的数量均居全国首位，文化领域独角兽企业数量占全国的一半左右。聚焦“文化+”融合创新发展，积极培育文化新业态、新模式，“文化+金融”“文化+科技”“文化+旅游”等文化产业成为首都发展新动能。“十三五”期末，北京上市文化企业占全国的三成，全市规模以上“文化+科技”型企业实现营业收入占全市的比重超过50%。

“十三五”期间，文化市场屡现新爆点，市民的文化获得感不断提升。北京市实施了文化产业园区公共服务资金、影院建设补贴等政策，引导社会资本积极打造业态多元、体验丰富的文化场所。“十三五”期末，全市共有演出场所经营单位161个、电影院266家，全国票房排名前10的影院中北京有7家，共有实体书店1938家，每万人拥有书店0.9家；全市文化市场繁荣发展，游戏行业产值约为830亿元，比“十二五”末翻了一番，动漫游戏企业出口产值超过350亿元，居全国首位。此外，电视剧《大江大河》、京产影片《哪吒之魔童降世》《流浪地球》等文化产品“爆款”频出，北京国际电影节、北京国际图书节、北京国际设计周、电竞北京等文化品牌活动越来越火，成为文化交流和市民享受文化生活的重要平台。①

一 政策环境提振文化创意产业发展信心

2020年初面对突如其来的新冠肺炎疫情，在世界经济受到重大冲击而深度衰退的大背景下，我国在以习近平同志为核心的党中央的坚强领导下，疫情防控取得重大战略成果，成为全球主要经济体中唯一实现经济正增长的国家，经济社会发展取得了令世界瞩目的成绩，全年经济发展主要目标任务较好完成，“十三五”规划主要目标任务胜利完成。② 随着全国文化中心建设规划、“十四五”规划以及相关政策的出台，北京文化创意产业发展迎来新的机遇，但也面临不少挑战。

（一）全国文化中心助力文化强国建设

2020年4月，《北京市推进全国文化中心建设中长期规划（2019年～2035年）》（以下简称《规划》）正式发布，全国文化中心建设是贯彻落实习近平总书记在北京重要讲话精神，实现2035年建成文化强国的战略部署，牢牢把握首都城市战略定位，紧紧围绕“一核一城三带两区”的总体框架，坚持首善标准、坚持守正创新、坚持以人民为中心，全面融入新发展格局的重要举措。2020年2月，中共北京市委发布了《关于新时代繁荣兴盛首都文化的意见》（以下简称《意见》）。《规划》和《意见》明确了北京市建设全国文化中心的方向、任务、规划、路径，对未来5～15年北京文化创意产

---

① 《“回顾‘十三五’，展望‘十四五’”系列新闻发布会——北京市文化产业专场》，北京市人民政府网站，2021年1月13日，http://www.beijing.gov.cn/shipin/Interviewlive/410.html。

② 《政府工作报告——2021年3月5日在第十三届全国人民代表大会第四次会议上》，中央人民政府网站，2021年3月5日，http://www.gov.cn/guowuyuan/zfgzbg.htm。

业发展具有重要的指导意义。

两个文件的出台，是北京市贯彻中央要求、紧跟时代发展步伐、坚持守正创新、面向中长期做好顶层设计、促进北京文化创意产业长期健康发展的重要指南，对未来一个时期北京文化创意产业发展具有非常重要的指导意义。

（二）“十四五”规划绘就美好发展蓝图

2021 年 1 月 27 日，北京市第十五届人民代表大会四次会议批准通过了《北京市国民经济和社会发展第十四个五年规划和二〇三五年远景目标纲要（草案）》，明确“十四五”时期是北京落实首都城市功能战略定位、建设国际一流和谐宜居之都的关键时期，对推进首都治理体系和治理能力现代化，实现经济发展行稳致远、社会安定和谐，率先基本实现社会主义现代化开好局、起好步具有十分重要的意义。

“十四五”是在北京发展进入新的历史条件下，特别是“两个一百年”的重要历史交汇期，对未来 5 年乃至到 2035 年北京发展勾画的宏伟蓝图。“十四五”规划的出台，是立足首都城市战略定位、大力加强“四个中心”功能建设、提高“四个服务”水平、全面贯彻新发展理念、率先探索构建新发展格局的有效途径，对北京推动高质量发展、率先基本实现现代化规划了美好的蓝图，也是未来一个时期北京文化创意产业发展的必要遵循和引导。

（三）数字文化产业打造区域发展新引擎

2020 年 11 月，文化和旅游部发布了《关于推动数字文化产业高质量发展的意见》。该文件的出台是对习近平总书记对文化产业发展做出重要指示和社会主义文化强国建设做出系统谋划和战略部署的回应，也是落实《中共中央关于制定国民经济和社会发展第十四个五年规划和二〇三五年远景目标的建议》提出的实施文化产业数字化发展战略，加快发展新型文化企业、形成文化新业态和文化消费模式的实际举措。

该文件突出对“十四五”时期数字文化产业发展的引导；突出方向和

内容在数字文化产业发展中的核心地位；突出依靠创新驱动产业发展；突出培育壮大新冠肺炎疫情催生的新业态新模式；突出用数字化手段促进文化和旅游融合发展；突出融入国家和社会发展大局；突出引领青年文化消费。[①] 该文件的出台，对未来文化创意产业发展具有重要的支撑作用。

北京市、区两级在促进文化创意产业发展的过程中，针对新冠肺炎疫情背景下出现的新情况，以及行业发展遇到的新问题，相继推出各种政策促进文化创意产业和区域发展，特别是聚焦以游戏视听为主的数字文化产业，不断打造区域发展新引擎。

在市级层面发布了《中关村国家自主创新示范区数字经济引领发展行动计划（2020～2022年）》（中科园发〔2020〕24号）、《关于印发〈北京经济技术开发区视听产业政策〉和〈北京经济技术开发区游戏产业政策〉的通知》（京技管〔2020〕98号）。在区级及组团层面，积极引导企业实现转型，探索新的发展业态。大兴区发布了《大兴区“两区”建设工作方案》（京兴两区办发〔2020〕1号），海淀区发布了《关于促进中国（北京）自由贸易试验区科技创新片区海淀组团产业发展的若干支持政策》（海两区发〔2021〕1号）等文件。

数字文化产业的发展，将成为北京文化创意产业发展的新引擎，对推动北京文化创意产业高质量发展、发挥中关村相关科技园区技术优势、适应疫情防控常态化下产业竞争具有非常重要的价值和意义。

（四）复工复产政策提振创意经济信心

为应对新冠肺炎疫情带来的负面影响，国家和北京市级层面合理研判新形势，适应新情况，不断出台新的政策措施为经济恢复提供动力，提振经济发展信心，为文化创意产业发展提供了广阔的政策空间。

国家针对复工复产推出了一系列政策措施，有力地推动了中小企业的发

① 《〈文化和旅游部关于推动数字文化产业高质量发展的意见〉解读》，文化和旅游部网站，2020年11月27日，http：//zwgk. mct. gov. cn/zfxxgkml/zcfg/zcjd/202012/t20201205_ 915493. html。

展。工业和信息化部联合国家发展和改革委员会、科学技术部等多部门发布文件《关于健全支持中小企业发展制度的若干意见》（工信部联企业〔2020〕108号），针对中小企业发展扶持提出新的具体措施。

北京市及各区政府积极贯彻国家有关政策，发布实施了众多相关文件推动复工复产和文化相关产业发展。在市级层面，为了应对新冠肺炎疫情给经济社会发展带来的负面影响，最大限度地降低疫情对北京地区企业发展的影响，先后出台了《进一步支持中小微企业应对疫情影响保持平稳发展若干措施》（京政办发〔2020〕15号）、《关于支持中小微企业和个体工商户做好常态化疫情防控加快恢复发展的若干措施》（京政办发〔2021〕4号）等文件。

针对疫情防控常态化下文化创意产业及相关产业发展的现实需求，北京市发布了《关于加强金融支持文化产业健康发展的若干措施》（京文领办发〔2020〕2号）、《北京市文创产业提质扩容专项培训工作实施方案》、《关于支持中小微企业和个体工商户做好常态化疫情防控加快恢复发展的若干措施》（京政办发〔2021〕4号）、《中关村国家自主创新示范区数字经济引领发展行动计划（2020~2022年）》（中科园发〔2020〕24号）等政策文件。

这些文件针对新冠肺炎疫情带来的影响和北京文化创意产业发展的实际需求，以金融、人才、税收等措施为着力点，从政策推动角度，为文化创意产业发展提供了有效保障，在特殊时期提振了对宏观经济特别是创意经济的信心，有力地保障了复工复产。

二　产业发展涌现新的经济增长点

（一）受新冠肺炎疫情影响，2020年行业发展景气不足，2021年恢复持续向好态势

根据国家统计局发布的《中华人民共和国2020年国民经济和社会发展统计公报》，经初步核算，2020年我国GDP为1015986亿元，按可比价格计算（下同），比上年增长2.3%（见图1）。其中，第一产业增加值为77754

亿元，比上年增长 3.0%；第二产业增加值为 384255 亿元，比上年增长 2.6%；第三产业增加值为 553977 亿元，比上年增长 2.1%。第一产业增加值占 GDP 比重为 7.7%，第二产业增加值占 GDP 比重为 37.8%，第三产业增加值占 GDP 比重为 54.5%。

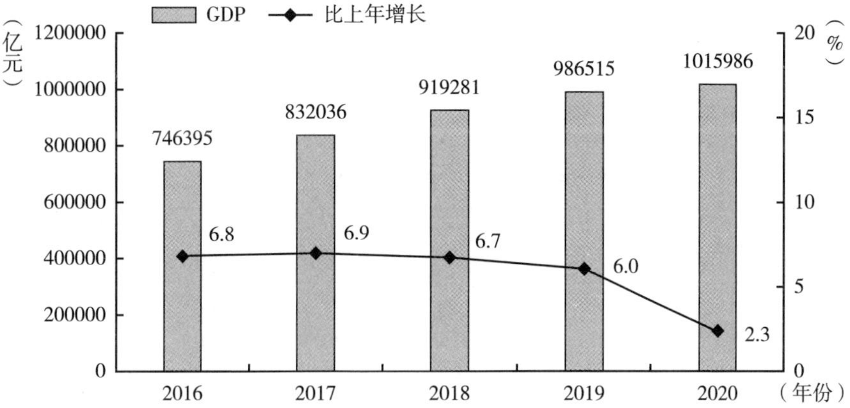

图 1　2016～2020 年我国 GDP 及其增长速度

资料来源：《中华人民共和国 2020 年国民经济和社会发展统计公报》，国家统计局网站，2021 年 2 月 28 日，http://www.stats.gov.cn/tjsj/zxfb/202102/t20210227_1814154.html。

文化旅游业发展受疫情影响严重。2020 年，国内游客共 28.8 亿人次，比上年下降 52.1%。其中，城镇居民游客 20.7 亿人次，比上年下降 53.8%；农村居民游客 8.1 亿人次，比上年下降 47.0%。国内旅游收入合计 22286 亿元[①]，比上年下降 61.1%。其中，城镇居民游客花费 17967 亿元，比上年下降 62.2%；农村居民游客花费 4320 亿元，比上年下降 55.7%。

在宏观经济遭受巨大影响的背景下，北京经济社会依然取得了一定程度的发展。经初步核算，2020 年北京 GDP 为 36102.6 亿元，比上年增长 1.2%。其中，第一产业增加值为 107.6 亿元，比上年下降 8.5%；第二产业增加值为 5716.4 亿元，比上年增长 2.1%；第三产业增加值为 30278.6 亿

① 数据由于四舍五入的原因，存在总计与分项合计不等的情况，下同。

元，比上年增长1.0%。①

从文化产业发展的总体趋势来看，2020年1～12月，北京市规模以上文化产业收入合计14209.3亿元，同比增长0.9%。其中，新闻信息服务收入为4149.5亿元，同比增长12.9%；内容创作生产收入为2898.8亿元，同比增长26.0%（见表1）。这说明在新冠肺炎疫情下，北京文化产业在遭受重大影响的背景下，产业内部依然保持强劲的增长活力，以不同形式呈现新的发展趋势。

表1　2020年1～12月北京市规模以上文化产业情况

领域	收入		从业人员平均人数	
	金额(亿元)	同比增长(%)	数量(万人)	同比增长(%)
文化核心领域	12986.2	3.6	50.0	-1.9
新闻信息服务	4149.5	12.9	14.1	-1.2
内容创作生产	2898.8	26.0	15.6	2.7
创意设计服务	3374.9	-0.6	10.5	-5.8
文化传播渠道	2459.0	-18.8	7.5	-5.1
文化投资运营	24.1	0.2	0.2	1.5
文化娱乐休闲服务	79.9	-31.8	2.2	-7.9
文化相关领域	1223.1	-20.9	9.3	-8.3
文化辅助生产和中介服务	624.2	-24.0	7.7	-7.4
文化装备生产	108.2	-23.0	0.8	-20.5
文化消费终端生产	490.7	-16.2	0.8	-3.1
合计	14209.3	0.9	59.3	-3.0

资料来源：《2020年1～12月规模以上文化产业情况》，北京市统计局、国家统计局北京调查总队网站，2021年2月1日，http://tjj.beijing.gov.cn/tjsj_31433/yjdsj_31440/wh/2020/202102/t20210201_2250444.html。

进入2021年，北京文化产业基本扭转了停滞不前的总体趋势，开始走向新的发展阶段，特别是文化产业内部除一小部分部门以外，整体呈现较强

① 《北京市2020年国民经济和社会发展统计公报》，北京市人民政府网站，2021年3月12日，http://www.beijing.gov.cn/zhengce/gfxwj/sj/202103/t20210312_2305538.html。

的发展态势，不论是从收入、利润总额还是从业人员平均人数等方面看，与2020年相比均有较大程度的改观。2021年1~6月，北京市GDP增速达13.4%，其中第三产业增加值为15894.4亿元，同比增长10.1%。[①] 同期，北京市规模以上文化产业收入同比增长32.1%，其中文化核心领域收入同比增长32.6%，文化相关领域收入同比增长27.4%；从业人员平均人数同比增长4.8%（见表2）。这充分说明疫情防控常态化下，在多重政策的影响下，通过社会各界的共同努力，经济社会发展趋于平稳，文化创意产业发展整体保持了较好的发展态势。

表2　2021年1~6月北京市规模以上文化产业情况

领　域	收入		利润总额		从业人员平均人数	
	金额（亿元）	同比增长（%）	金额（亿元）	同比增长（%）	数量（万人）	同比增长（%）
文化核心领域	7356.0	32.6	567.8	217.8	54.2	6.4
新闻信息服务	2409.5	33.6	116.3	100.3	14.7	4.4
内容创作生产	1647.0	44.8	411.8	373.8	17.3	7.8
创意设计服务	1912.4	20.9	18.7	—	11.1	-0.8
文化传播渠道	1315.2	35.7	44.4	216.9	8.0	10.4
文化投资运营	15.9	-7.6	-8.5	—	0.3	-0.7
文化娱乐休闲服务	56.1	38.8	-15.0	—	3.0	31.2
文化相关领域	683.6	27.4	36.8	—	9.4	-3.2
文化辅助生产和中介服务	364.9	23.4	11.4	—	7.8	-3.3
文化装备生产	49.8	29.3	1.4	—	0.7	-14.8
文化消费终端生产	269.0	33.0	24.0	101.9	0.9	10.0
合　计	8039.6	32.1	604.6	238.9	63.6	4.8

资料来源：《2021年1~6月规模以上文化产业情况》，北京市统计局、国家统计局北京调查总队网站，2021年8月2日，http://tjj.beijing.gov.cn/tjsj_31433/yjdsj_31440/wh/2021/202108/t20210802_2453914.html。

① 《2021年1~2季度地区生产总值》，北京市统计局、国家统计局北京调查总队网站，2021年7月19日，http://tjj.beijing.gov.cn/tjsj_31433/yjdsj_31440/gdp_31750/2021/202107/t20210719_2439281.html。

（二）政策红利释放，城市功能定位进一步拉动产业发展

新冠肺炎疫情给经济社会发展带来的影响已经成为世界性问题，疫情对世界经济体系的正常运行造成了影响，也对文化创意产业发展产生了较大的负面作用。但是我国在党的领导下，准确把握经济发展趋势，并结合我国实际提出了2021年的经济发展目标，通过一系列政策措施进一步刺激经济发展。

政策红利在经历了一段时间的磨合之后已经逐步释放，文化创意产业与宏观经济同样在2021年上半年开始发力。2021年1～6月，北京市规模以上文化产业收入同比增长32.1%，文化核心领域从业人员平均人数同比增长6.4%，内容创作生产领域利润总额同比增长373.8%，文化消费终端生产领域利润总额同比增长101.9%。[①] 内容创作生产领域利润总额的增长率如此之高，不仅仅是上年同期基数较小的缘故，还与社会运行逐步恢复、政策红利逐步释放有紧密关系。预计2021年北京文化创意产业总体将保持高位运行态势。

全面加强全国文化中心建设不仅是北京“四个中心”功能建设的重要内容，而且是中央巡视反馈意见整改落实的重要任务。经过一个时期的规划与建设，北京全国文化中心建设效果初显，文化事业和文化产业成为首都核心功能的重要外在体现，准确的城市定位进一步拉动了产业的发展。

2021年，北京全力做好疫情防控工作，有序推进一系列文化创意产业活动顺利开展，继续发挥首都文化核心功能。2021年4月25日，“2021北京国际设计周”重点项目推介会召开。[②] 会上宣布，“2021北京国际设计周”主体活动计划于9月23日至10月7日在张家湾设计小镇、全国农业展

① 《2021年1～6月规模以上文化产业情况》，北京市统计局、国家统计局北京调查总队网站，2021年8月2日，http://tjj.beijing.gov.cn/tjsj_31433/yjdsj_31440/wh/2021/202108/t20210802_2453914.html。

② 《2021北京国际设计周展现品牌力量》，北京市人民政府网站，2021年4月25日，http://www.beijing.gov.cn/renwen/sy/whkb/202104/t20210425_2369847.html。

览馆、中华世纪坛、设计之都大厦、歌华大厦等地举办，共包含学术建设、公众活动、产业合作、专业赛事、服务平台五个基本单元，旨在持续推动创意设计在经济、文化、科技、社会、生态等方面的创新引领作用，更好地促进经济建设高质量发展。2021 年“3 个 100”市重点工程项目中，在深入推进全国文化中心建设方面，北京市稳步提升市民文化获得感，建设群众身边的体育设施，安排文化体育项目 26 个。这些都充分说明文化中心建设的效果已经显现，文化事业繁荣兴盛的前景更加光明。

（三）产业高质量发展格局初步形成

文化产业因其覆盖范围广、产业链条长、关联效应好等特点，在扩大内需、带动就业、构建新发展格局中具有独特优势。北京文化产业发展取得了辉煌成就，在构建新发展格局中地位突出、意义重大。立足新发展阶段，在应对新冠肺炎疫情带来的负面影响的同时，北京文化创意产业高质量发展的格局初步形成。

1. 投融资环境不断优化，文化创意企业生产效率逐步提升

2020 年新冠肺炎疫情突袭而至，北京文化产业遭受重创。为帮助文化企业尽快恢复健康发展态势，北京市先后出台多项利好政策，不断优化文化企业投融资环境。随着疫情逐步得到控制，北京文化产业投融资市场逐步回暖，2021 年第一季度社会融资规模大幅增长，同比增长 16 倍有余；私募股权融资、上市首发融资、上市后投融资、信托等渠道的活跃度均有不同程度回升，新三板市场也逐步趋于理性发展。疫情防控常态化下，伴随着创业板注册制的推行、新三板市场改革的不断深入以及各项利好政策的落地实施，北京市 IPO 上市文化企业数量有望进一步增长，文化产业新三板、文化产业专项债券等多个市场有望升温。在三阶段 DEA 模型框架下，通过对北京市 28 家文化创意类上市公司 2016～2020 年的财务数据进行动态分析可以看出，整体上，北京文化创意企业的全要素生产率呈上升趋势；政策扶持、资金倾斜，以及相关规章制度的完善和规范，有助于改善北京文化创意企业整体的营商环境，能够为众多极具发展潜力的文化企业提供适宜生存的土壤，

助推未来文化产业生产效率进一步提高；北京文化创意产业两个细分行业的技术效率都处于上升态势，各行业内文化企业的资源利用和管理能力都有所提升。这些研究结果表明，北京文化创意产业发展的内外部环境均有较大幅度的改善，发展潜力巨大。

2. 技术创新推动产业发展的动力不断增强，产业发展后劲十足

随着5G技术商用化进程的加快，加之自2020年初以来新冠肺炎疫情影响下“非接触式”经济升温，虚拟现实产业迎来爆发式增长的新机遇。虚拟现实技术被广泛应用于文化产业中的游戏、视频直播、文旅、文娱、文博、影视、会展、设计等领域。北京作为全国文化中心和科技创新中心，集聚了虚拟现实领域的优质资源，拥有领先的技术，虚拟现实产业与文化产业交汇的软硬件、内容制作与分发、应用和服务等产业链环节均呈现良好的发展态势和巨大的发展潜力。通过对数十个人工智能文化创意企业的调研，以及对文化产业与人工智能融合的理论研究成果、应用场景、新业态产品、商业模式等进行总结分析发现，人工智能在文化创意领域的应用场景不断扩展，企业发展态势良好。全息技术作为数字媒体产业中技术创新的代表，在影视文化、音乐文化、文学艺术创作、城市景观营造、文艺演出、游戏产业、文化旅游等领域都有较好的应用。北京文化产业的发展在全国处于领先地位，但全息视觉创意产业则略显薄弱，与北京在全息视觉创意产业中的市场定位、雄厚的技术实力、丰富的文化资源和较强的创意能力相比还有较大的发展空间。

3. 智慧文化产业园区建设不断推进，碳中和、国潮文化等成为产业发展新潮流

智慧化是产业升级和创新发展的加速器。智慧文化产业园区作为智慧城市的重要组成部分，逐渐成为智慧城市建设的重要基础。针对北京10家代表性文化产业园区智慧化建设成果的调研显示，智慧城市建设加速了智慧文化产业园区的建设进程，5G等新技术对智慧文化产业园区的基础设施建设起到了极大的推动作用，在建设目标、建设路径、构建消费新场景等方面都形成了新的发展方向。“努力争取2060年前实现碳中和”是中国对世界做

出的国家承诺，在实现碳中和过程中，北京文化创意领域通过举办各种形式的“零碳”活动，建设“碳中和”园区，进行了“碳中和”的实践。国潮文化消费空间具有较强的传统文化与现代文化资源整合能力、消费经济带动能力，以及较高的投资回报率，吸引了众多资本的参与，为商业空间追赶“文化热潮”及“传统精髓”提供了一个全新的场景创新模式，将空间与文化相连接，通过深耕中国传统文化元素，用历史文化特色吸引消费者，获得了一定意义上的成功。

4. 文创人才体系建设逐步完善，激发人才创新活力

习近平总书记在长沙考察调研时指出，文化产业是一个朝阳产业。现在文化和技术深入结合，文化产业快速发展，从业人员也在不断增长，这既是一个迅速发展的产业，也是一个巨大的人才蓄水池，必须格外重视。文化创意产业是智慧产业，其核心竞争力是创意人才。北京市先后印发了《关于优化人才服务促进科技创新推动高精尖产业发展的若干措施》《北京市引进人才管理办法（试行）》《关于推进文化创意产业创新发展的意见》《北京市文化产业高质量发展三年行动计划（2020～2022年）》等一系列有关文化产业发展的政策文件，为文化创意人才提供了诸多优惠措施。为符合条件的文创人才办理北京市工作居住证、优化购房支持政策、完善保障性住房、畅通文创人才就医渠道、创新职称评价方式、建立优秀杰出文创人才储备库和人才培养实训基地、加大海外文创人才引进使用力度等文创人才体系建设逐步完善，吸引了大量文创人才会聚北京，激发了人才创新活力，促进了文化产业高质量发展格局的形成。与此同时，北京市采取了一系列人才激励措施，如中关村文化产业新领军者评选、朝阳区“凤凰计划”层次人才评选、东城区“文化英才贷”专属金融方案发布等，发现和会聚了一批“高、精、尖”文化产业复合型人才，充分发挥了文化产业的“人才蓄水池”作用。

（四）行业发展生态不断优化

1. 以区块链为代表的数字文化资产和独立游戏产业发展更加合理

当前，以区块链为代表的新技术正在改变过去数字文化资产的链式产业

结构，对于传统模式中难以解决的数字文化资产确权、流转与增值问题，借助区块链技术构建通证经济体系可以提供新的解决方案。通过对文本内容、游戏、数字艺术作品三个具有典型代表性的数字文化资产的通证经济模式、激励机制、生态体系和治理体系进行对比剖析发现，通证经济应用于不同类型数字文化内容平台时，在共识机制构建、激励体系打造、网络协同效应发挥、有效社群运营和可持续内容生产等方面各具特点，显示出通证经济模式推动了去中心化交易，适用于多种数字文化资产类型，对北京文化创意产业形成新的产业生态具有较高的借鉴价值。2020 年，北京动漫游戏产业产值约占全国动漫游戏产业总产值的 19.3%，受新冠肺炎疫情影响，居民数字娱乐消费新需求得到激发，用户数量增长，使用时长增加，成为拉动北京动漫游戏产业增长的主因。独立游戏作为游戏产业生态的特殊组成部分，在调整游戏产业结构和构建新型产业生态方面发挥了重要作用，充分利用北京地区丰富的文化资源和政策平台，成为北京文化创意产业跨领域合作的典范。

2. 数字创意和设计产业发展空间巨大

随着新一代信息技术的快速发展，数字创意产业迎来了更大的发展空间和更多的发展机遇。面对 2020 年新冠肺炎疫情对经济社会发展的不良影响，北京数字创意产业仍然呈现较好的增长态势，在部分领域取得了较为明显的领先优势。在技术开发应用、产业融合发展方面加大创新力度，培育产业发展新动能，推动数字创意产业与城市建设深度融合，进一步加大新型人才和新型消费的政策扶持力度，营造了良好的产业发展环境。设计产业在政策环境持续优化的大背景下，产业规模增长迅速，加速赋能设计领域发展，设计人才资源不断丰富，资本加速进入，新老创意空间效能不断释放，国际影响力不断彰显。

3. 产业装备水平不断提高，主题文化 IP 挖掘提升文化力

文化产业呈现数字化、网络化、智能化发展态势。文化装备对传统文化产业转型升级、新兴文化业态培育的重要支撑作用日益凸显。北京文化装备产业的政策环境、社会消费环境、技术创新环境不断优化，在文化装备产业面临技术创新瓶颈的背景下，应立足构建国内国际双循环相互促进的新发展

格局，利用信息化技术提升文化装备产业水平，围绕重点文化领域，发展北京特色文化装备，构建优势互补的文化装备产业生态，不断推动北京文化装备产业快速健康发展。在北京市属公园文创开发仍处于起步阶段的情况下，得益于顶层设计的外部环境支持与内生的园区丰富文化资源，文创产品在品类、质量、品牌形象等方面取得了突破。开发权利主体的体制结构和高度线性的管理模式抑制了公园文创产品的开发动力，需要打破开发主体间的动态平衡，解决开发动力断裂问题。通过主题文化 IP 的打造与制定新的开发策略，围绕内容生产，激活技术、资本要素，打造线上线下双消费场景，注重知识产权保护，探索北京地区公园文化创意产业开发的新模式。文化力可以赋予冰冷的游乐设备生命和气质，成为游乐园品牌建设的重要动力和城市文化发展的重要内推力。北京游乐业的先导品牌——石景山游乐园在体验经济的条件下，通过挖掘主题文化 IP，探索出适合自身特色的主题文化 IP 表达与营销策略，有力地提升了园区的文化力。

（五）区域特色更加突出

国家文化产业创新实验区是连接首都功能核心区和北京城市副中心的廊道，文化资源丰富、文化市场繁荣、文化氛围浓郁、文化产业发达，是北京文化产业创新发展的核心承载区域，是展示首都文化形象和中华文化魅力的重要窗口，也是国家文化产业政策先行先试的试验田。自 2014 年 12 月 15 日实验区正式揭牌以来，以文化产业改革探索区、文化经济政策先行区和产业融合发展示范区为建设目标，以制度创新为着力点，文化产业发展迅速、高端要素资源集聚、改革创新不断突破、空间布局加速优化，取得了良好的发展成效，为全国文化产业创新发展提供了示范。

各区结合自身实际，探索出不断推进首都文化创意产业高质量发展的路径。东城区贯彻“崇文争先”理念，打造文化与金融合作新高地；海淀区倡导高品质呈现特色文化，高质量发展文化产业；丰台区注重平台搭建，强化服务举措，推动区域文化产业高质量发展；石景山区数字创意引领文化产业发展壮大；门头沟区深挖文旅产业资源潜能，打造绿水青山城市品牌；房山区坚持守正创新，积极克服新冠肺炎疫情影响，推进文化产业发展。各区通过高端引领、创新驱动、融合示范，不断推动文化产业高质量发展，为实现“十四五”规划制定的发展目标奠定了良好基础。

北京各区和各组团在抗击新冠肺炎疫情过程中结合自身实际，通过构建新业态和新发展方式，探索出了符合区域实际特色的发展路子。2020 年 8 月 21 日，2020 年度北京市级文化产业园区授牌活动举办。① 98 家园区分获市级文化产业园区、市级文化产业示范园区（提名）和市级文化产业示范园区，成为北京文化产业发展的新高地。其中，东城、西城、朝阳、海淀四个中心城区共 74 家，占比为 75.5%，仅朝阳区就有 32 家。截至 2019 年底，这些园区共集聚企业 9540 家，其中文化企业 7337 家，包括腾讯、网易、新浪、光线传媒、北京文投集团等文化核心领域知名企业，还有许多成长型文化企业和众多小微文化企业。园区入驻文化企业占比为 76.9%。

三　疫情防控常态化下的文化创意产业

（一）“十三五”规划目标的实现，为文化创意产业发展奠定了良好基础

“十三五”时期，北京文化创意产业在经济社会全面发展的背景下获得了较大的发展，不论是从产值还是就业人口等方面都取得了较大的进步，为“十四五”时期文化创意产业的进一步发展奠定了良好基础。

从文化创意产业的整体发展趋势看，良好的社会环境和雄厚的产业积淀是产业发展必不可少的外部条件。“十三五”时期，北京市不断优化产业发展外部环境，营造了有利于文化创意产业发展的良好氛围。特别是 2020 年，北京市在经济总量居全国第 13 位的情况下，居民人均可支配收入达到

---

① 《98 家园区获评市级文化产业园区》，百家号网站，2020 年 8 月 21 日，https://baijiahao.baidu.com/s?id=1675602419368340682&wfr=spider&for=pc。

69434元，比上年增长2.5%，人均GDP居全国首位，为文化创意产业发展奠定了良好基础。

（二）政策利好促进行业回暖趋势明显

为了积极应对新冠肺炎疫情带来的负面影响，国家、北京市以及各区和各组团都积极提出有针对性的政策措施促进文化创意产业发展。

在国家层面，出台的数字文化高质量发展和公共文化服务高质量发展的相关文件以及支持中小企业发展的有关政策对文化创意产业相关行业发展是有效的刺激动力。在市级层面，以金融为引领，促进文化产业健康发展；文化创意产业的提质扩容专项工作，进一步推动文化和旅游融合发展，从人才培养的角度，支持创意设计、动漫制作、高端民宿、老字号技艺传承等文化创意产业提质扩容，为文化创意产业发展提供了源源不断的人才智力支撑。在各区和各组团层面，大兴区结合国家服务业扩大开放综合示范区和中国（北京）自由贸易试验区建设，推出相关政策，提升文化创意产业发展质量。海淀组团则充分利用已有条件，拓展产业发展的宽度和深度。北京经济技术开发区为应对新冠肺炎疫情给文化创意产业发展带来的冲击，从视听产业发展的角度提出促进企业转型的措施，探寻新的经济增长点。

这些相关政策都是对文化创意产业发展的有力推动，特别是疫情防控常态化下，结合疫情给人民群众基本生产生活带来的冲击，以及北京市已有的产业基础和其他外部条件，利用信息技术，从视听产业等角度，促进文化创意产业发展，这些措施在2021年初已经初见成效。有力的政策推动了产业的全面发展，相关统计数据显示，文化创意产业回暖趋势明显。

（三）城市更新带动创意产业发展

《北京市城市更新行动计划（2021～2025年）》（以下简称《行动计划》）的出台，对转变城市开发建设方式和经济增长方式、全面提升城市发展质量、满足人民日益增长的美好生活需要、促进经济社会持续健康发展具有重要意义。《行动计划》提出，要实施城市更新行动，聚焦城市建成区库存空间资源提质增效，不搞大拆大建，不断加强“四个中心”功能建设，提高“四个服务水平”，加快建设国际一流的和谐宜居之都。例如，从前门、隆福寺历史文化街区更新改造到张家湾设计小镇规划落地，从望京小街、华熙 LIVE·五棵松等商街文化价值提升到纤维设计、纸艺设计、花植设计等新兴设计领域兴起……还有像首钢、二七机车厂等大批闲置的老旧工业区厂房空间改造利用等。北京市在实施城市更新行动的同时，也带动和提升了文化消费及文化创意产业高质量发展。

（四）加强文化中心建设，发展目标进一步明确

全国文化中心建设是贯彻落实习近平新时代中国特色社会主义思想和习近平总书记北京重要讲话精神的重要举措，人民的期盼和领导的期望对北京全国文化中心建设提出了更高的要求。《北京市推进全国文化中心建设中长期规划（2019 年 ~2035 年）》（以下简称《规划》）的出台，进一步明确了北京全国文化中心建设的目标和路径。

《规划》提出要大幅提升北京文化产业在设计、影视、演艺、音乐、网络游戏、旅游、艺术品交易、会展等领域的国际竞争力，推进文化与科技、金融、体育等相关产业融合发展，着力培育文化产业发展新动能等具体举措，进一步明确了发展的路径。通过建设满足群众高品质文化消费需求的创新创意中心、构建具有综合竞争力的现代文化市场体系、推进“文化 +”融合发展等进一步将《规划》要求落到实处，为未来北京参与国际文化竞争、打造成为具有国际竞争力的创新创意城市绘制了蓝图。

文化创意产业作为全国文化中心建设的重要组成部分，在多个领域具有基础性作用，将文化创意的思想和产业发展的模式与相关行业融合，进一步提升北京文化创意产业发展质量，有助于全国文化中心建设任务早日完成。

（五）区域发展特色突出，转型特征明显

区域是支撑文化创意产业发展的重要依托，不同区域的协同发展，整体上对文化创意产业起到了积极的依托和促进作用。2020 年初突如其来的新

冠肺炎疫情在使经济社会发展陷入停滞的同时对文化创意产业也产生了极大的影响，各产业链之间的联系被疫情打断，区域和区域之间的联系，以及产业上下游之间的联系变得更加脆弱。随着疫情防控形势的向好，尤其是进入2021年以后，北京市各区和各组团发挥自身已有优势，在复工复产前后积极寻找新的产业增长点。

以北京经济技术开发区为例，北京经济技术开发区充分抓住新冠肺炎疫情带来的机遇，在严峻的挑战面前，发挥以信息技术为依托的视听产业发展新优势，为视听产业发展提供政策支撑。在2020年中国国际服务贸易交易会期间推出了中国（北京）高新视听产业园展区。依托北京和北京经济技术开发区产业优势，合理布局视听全产业链，突破核心技术，为后续搭建政、产、学、研、用一体化的高新视听协同创新平台，推动“十四五”及今后一个时期我国广播电视和网络视听行业技术研发与产业创新提供支撑。

四 北京文化创意产业发展展望

（一）首都核心功能进一步落地，文化创意产业发展空间更大

随着非首都功能疏解相关战略的实施，北京首都核心区城市空间腾退力度不断加大，城市空间不断优化，为文化创意产业发展提供了更大的可能性。

2020年8月27日，中共中央、国务院发布了关于对《首都功能核心区控制性详细规划（街区层面）（2018年～2035年）》的批复[①]，对首都功能核心区空间发展提出了新的要求，强化“两轴、一城、一环”的城市空间结构，塑造平缓开阔、壮美有序、古今交融、庄重大气的城市形象；加强空间秩序管控与特色风貌塑造，保护好传统文化基因；完善支持疏解腾退空间

① 《中共中央　国务院关于对〈首都功能核心区控制性详细规划（街区层面）（2018年～2035年）〉的批复》，中央人民政府网站，2020年8月27日，http：//www.gov.cn/zhengce/2020-08/27/content_5538010.htm。

资源统筹利用的政策，疏解腾退空间要优先保障中央政务功能，完善城市服务功能；注重街区保护更新；等等。这些重要政策措施为首都核心区发展文化创意产业提供了更加广阔的空间。

与老旧小区改造和首都核心区非首都功能疏解相适应，未来首都核心区将会有更多城市空间被释放，这些新释放的城市空间不仅可以用于城市核心功能的发挥，而且可以用于首都特色风貌的再塑造。文化创意产业作为新兴业态，在提升城市品质方面也需要更多的实体空间，首都功能核心区控制性详细规划的发布，为未来文化创意产业发展提供了更大的可能性。

（二）乡村振兴，京郊旅游带动文化休闲体验大发展

随着全国脱贫攻坚取得决定性胜利，北京地区乡村振兴也进入新的发展阶段，全面推进乡村振兴、农业农村现代化步伐不断加快，京郊农村发展离不开文化创意产业的助力。

2021 年 3 月 31 日，中共北京市委、市政府印发了《关于全面推进乡村振兴加快农业农村现代化的实施方案》，对北京地区加快补齐农业农村发展短板、推动解决城乡区域间发展不均衡不充分问题、推进率先基本实现农业农村现代化提出了新的要求。同时，提出了推动首都农业农村高质量发展，满足人民日益增长的美好生活需要，不断提升农民的获得感、幸福感、安全感的发展方向。在牢牢守住耕地红线的前提下，促进乡村产业融合发展。深入推进乡村文化旅游融合，挖掘农业文化遗产、民俗风情等特色元素，发展田园观光、耕读教育、农耕体验、森林康养等业态，更好地满足广大市民到乡村消费的需求。实施休闲农业“十百千万”畅游行动，打造一批旅游精品线路、休闲度假乡村和示范园区。充分发挥农村集体经济组织在乡村民宿建设发展中的组织与引导作用，带动传统农家乐转型升级为精品民宿。开展乡村民宿星级评定，引导其规范化和标准化发展，提高乡村旅游特色化、现代化服务水平。在城乡融合发展方面，推进窦店镇、马坊镇、马坡镇等新市镇建设，培育张家湾设计小镇、台湖演艺小镇、长沟基金小镇等一批特色小镇，打造城乡融合发展的重要节点。同时，建设具有北京特色风貌的美丽乡

村，加强村庄风貌管控，做好传统村落保护发展。

乡村振兴战略的实施，为文化创意产业融入农业农村发展提供了更大的空间。特别是京郊新农村建设已经取得了令人瞩目的成就，乡村旅游、特色小镇建设等在提升京郊农村高质量发展方面发挥了巨大的作用。脱贫攻坚任务完成以后，京郊农村的经济社会发展将迈入新的阶段，期待文化创意产业的更多元素融入乡村振兴中，推动文化休闲体验等文化创意相关产业发展，为京郊率先基本实现现代化提供更多支撑。

（三）数字经济支撑智慧化发展，文化创意不断涌现新的增长点

北京是数字经济的蓝海，发展数字经济的基础好、优势足、前景广阔。按照国家统计口径，2019 年，北京市数字经济增加值超过 1.3 万亿元，占 GDP 比重达 38%。2020 年 1～11 月，北京市规模以上软件和信息服务业实现营收 14906.1 亿元，以电子信息传输服务、数字技术服务领域为主的数字经济继续保持快速发展。① 2020 年新冠肺炎疫情期间，北京市数字经济为拉动区域经济增长做出了巨大贡献，数字内容产业提升了经济发展的质量。在 2021 年 1 月召开的北京市第十五届人民代表大会第四次会议上，北京市市长陈吉宁在做政府工作报告时提出，要坚持以数字经济为先导，建设全球数字经济标杆城市。

数字经济的发展为文化创意产业提供了广阔的空间，特别是在支撑文化创意产业智慧化发展、推动内容产业进一步升级等方面，国家级数字内容文化产业集群的发展在新冠肺炎疫情期间为抗疫和复工复产提供了重要支撑。2020 年 9 月，北京市经济和信息化局发布了《北京市促进数字经济创新发展行动纲要（2020～2022 年）》，提出到 2022 年，数字经济增加值占地区 GDP 比重达到 55% 的发展目标，数字经济发展水平持续提高，力争将北京打造成为全国数字经济发展的先导区和示范区。文化创意产业作为数字内容

① 《北京：数字经济快速发展　占 GDP 比重近四成》，光明网，2021 年 1 月 13 日，https://m.gmw.cn/baijia/2021－01/13/1302030600.html。

经济的重要组成部分，未来将不断涌现新的经济增长点。

在新产业形态方面，视听产业作为一个趋势性较强的产业，在各组团中都实现了较大程度的发展，特别是北京经济技术开发区通过打造产业要素与城市协同发展的新型“产业社区”，实现了产城良性互动。同时，大力发展现代文化产业，促进文化与科技、文化与旅游融合发展，积极培育电子竞技、科幻产业、网络视听等文化新生态。北京经济技术开发区科文融合产业园区面积已达到50万平方米，2018年到2021年初，累计实现科文融合产业收入609.7亿元。[①] 这充分说明未来一个时期，以电子竞技、科幻产业、高新视听等为主的新文化业态在推进科文融合产业加速发展、突出区域发展特色方面将更加出彩。

（四）新冠肺炎疫情影响绵长，文化创意产业发展更需密切关注新的形势

2020年，面对突如其来的新冠肺炎疫情、世界经济衰退等多重严重冲击，我国在疫情防控方面取得了重大战略性成果，成为全球主要经济体中唯一实现正增长的发展中国家，脱贫攻坚取得全面胜利，全面建成小康社会取得决定性成就。北京顺利完成“十三五”规划的主要目标任务，三大攻坚战取得决定性成果，率先全面建成小康社会，建设国际一流和谐宜居之都取得重大进展。一系列成就的取得离不开人民群众的共同努力和奋斗，也为疫情防控常态化下经济社会发展奠定了良好的基础。但是随着疫情的发展，病毒不断变异，国际抗疫形势风云突变，更需要我们审时度势，贯彻新发展理念，构建新发展格局，实现高质量发展，不断开拓首都经济社会发展新局面。

文化创意产业作为促进首都高质量发展的重要引擎，在抗击疫情、促进复工复产、提升经济社会发展质量方面发挥了巨大作用。国家和北京制定的各项规划与政策为文化创意产业发展提供了广阔的空间。面对新的发展形

① 《划重点！　从北京市政府工作报告看北京经开区发展机遇》，澎湃网，2021年1月24日，http://m.thepaper.cn/newsDetail_forward_10928916。

势，要将首都文化创意产业发展放到“两个一百年”奋斗目标的重要历史交汇期以及“世界百年未有之大变局”和中华民族实现伟大复兴战略全局的高度，以高度的历史责任感和使命感，努力适应新形势，探索发展新途径，推动北京文化创意产业不断取得新成绩。

（五）文化产品更加丰富，文化消费规模有望再创新高

2019 年 8 月，国务院办公厅印发《关于进一步激发文化和旅游消费潜力的意见》，指出要顺应文化和旅游消费提质转型升级新趋势，深化文化旅游领域供给侧结构性改革，提升文化旅游消费质量和水平，不断激发文化旅游消费潜力，以高质量供给增强人民群众的获得感、幸福感。

2019 年，北京市居民人均教育文化娱乐支出为 4311 元，同比增长 7.8%。这意味着越来越多的首都市民愿意把钱花在“看电影、观赛事、玩科技、购文创、逛商圈”等文化消费上。2020 年第八届北京惠民文化消费季吸引了 327 家文化企事业单位参与，共举办各类文化消费活动 1.1 万场。2021 年春节假期释放的文化消费需求引领了假日经济的新增长。受新冠肺炎疫情影响，“就地过年”使文化消费市场供需两旺，文化消费活力日益增强，文化消费潜力持续释放。

未来 5 年，北京市还将从国内和国外、供给和需求两个方面入手，推动文化消费转型升级。随着惠民文化消费季、文惠券、文化消费品牌榜的持续运作，以及环球影城开业、冬奥会筹办的持续推进，“十四五”期间，北京市民的文化生活将更加丰富多彩，文化消费也将持续增长。

专题研究篇

Special Subjects

B.2
新发展格局视域下北京文化产业高质量发展研究

陆小成 *

摘 要： 文化产业因其覆盖范围广、产业链条长、关联效应好等特点，在扩大内需、带动就业、构建新发展格局中具有独特优势。北京文化产业发展取得了辉煌成就，在构建新发展格局中地位突出、意义重大。立足新发展阶段，加快北京文化产业高质量发展，奋力谱写首都文化发展新篇章，应在守正创新上发力，坚持主流价值和传承优秀文化；在薄弱环节上发力，加快弥补短板和优化布局；在科技融合上发力，激发消费活力和提升创新力；在供需两侧改革上发力，提升产业附加值和综合效益；在开放合作上发力，加快促进国内国际双循环。

* 陆小成，博士，北京市社会科学院城市问题研究所所长、研究员，日本山梨学院大学访问学者，主要研究方向为城市发展、公共政策、文化产业治理。

关键词： 新发展格局 文化产业 高质量发展 北京

党的十九届五中全会提出，要繁荣发展文化事业和文化产业，提高国家文化软实力。党中央对文化产业发展高度重视，对“十四五”期间文化产业提出了新要求新期待。习近平总书记在中央经济工作会议上再次强调，要加快形成以国内大循环为主体、国内国际双循环相互促进的新发展格局。文化产业因其覆盖范围广、产业链条长、关联效应好等特点，在扩大内需、带动就业、构建新发展格局中具有独特优势。进入新时代，我国文化产业由高速发展向高质量发展转变，以高质量的文化供给来满足人们对美好生活的需求，应加快推动新时代文化产业高质量发展。[①] 文化产业高质量发展是中国特色现代文化产业体系的重要支撑，蕴含了文化产业的支柱性产业特质、优质文化供给的升级、文化消费的持续繁荣以及文化贸易能力的增强等诸多产业内涵。[②] “十四五”期间乃至更长时期，北京建设全国文化中心、推动文化产业高质量发展，应加快文化产业优化升级，打通生产、分配、流通、消费等各个环节，发挥超大城市规模市场优势，提升文化竞争力和产业引领力，在推动首都新发展中大有潜力，在促进国内大循环中大有可为。

一 北京文化产业基础与消费潜力分析

党的十九届五中全会明确提出，要加快构建以国内大循环为主体、国内国际双循环相互促进的新发展格局。构建新发展格局是践行新发展理念、应对国际挑战、拉动消费内需、推动高质量发展的战略选择。当前，消费成为

① 李培峰：《新时代文化产业高质量发展：内涵、动力、效用和路径研究》，《重庆社会科学》2019 年第 12 期，第 113 ~ 123 页。

② 魏鹏举：《中国文化产业高质量发展的战略使命与产业内涵》，《深圳大学学报》（人文社会科学版）2020 年第 5 期，第 48 ~ 55 页。

应对国内外挑战、满足人民美好生活需要的关键动力，其中文化消费具有经济效益和社会效益并存的突出作用。当前，我国文化消费市场呈现多元化、品质化、高端化、低碳化的发展态势，推动文化产业提质增效，为我国经济高质量发展提供了强大动力与活力。文化产业作为朝阳产业、绿色低碳产业，对优化经济结构、促进消费、提升文化软实力、构建新发展格局具有突出作用。文化产业作为以创意为核心的新兴朝阳产业，扮演了不可或缺的重要角色，发挥了不可替代的独特作用。[①] 文化产业作为北京的支柱性产业，既是全国文化中心建设的重要支撑，也是满足人民美好生活需要、满足文化消费需求的重要途径，在以扩大内需为战略基点、以国内大循环为重要基础的新发展格局中优势凸显。

北京一直高度重视文化产业的发展，积极优化营商环境，创新文化产业政策，聚焦全国文化中心、文化产业发展引领区建设，不断推动文化产业高质量发展取得新成效。例如，北京市委、市政府制定《关于推进文化创意产业创新发展的意见》等，加快文化产业高质量发展，各区进一步完善文化产业发展措施。自北京明确新时期“四个中心”的战略定位以来，发展文化创意产业成为全市产业结构调整升级和科学发展的重要引擎、关键抓手与核心路径。[②] 北京实施“十百千”文化企业培育工程，制定精准扶持政策，深化国有文化企业改革，积极培育文化龙头企业。积极发挥北京文化产业园区、文创空间的孵化服务功能，打造高质量、一条龙的文化产业综合服务平台。北京重视发展创新活力强、运行机制灵活的中小企业，推进中小微企业朝“专、精、特、新”方向转型，不断提升文化产业的市场竞争力。在北京文化产业政策体系的推动下，中央在京文化企业、市属大型文化企业、民营独角兽企业等各类企业加强资源共享、优势互补、创新合作，形成了较为完整的文化产业链和创新链。

---

① 聂辰席：《金融危机背景下文化产业的独特作用及发展路径》，《光明日报》2009 年 4 月 7 日，第 10 版。

② 刘京晶：《加大力度推进北京文化产业链发展》，《投资北京》2018 年第 6 期，第 40 ~ 42 页。

从构建新发展格局的要求看，进入高质量发展新阶段，应发挥文化消费在激发产业活力、提升发展动力中的基础性作用，坚持以国内大循环为主体，以需求侧改革为支撑，加快构建完备的内需体系。北京文化产业基础雄厚，在总体规模、企业综合实力、居民文化消费、国际文化贸易等多项指标上领先全国，应发挥全国文化中心的示范带动作用。2019 年末北京市常住人口为 2153.6 万人，其中城镇人口为 1865 万人，占常住人口的比重为 86.6%。按常住人口计算，人均 GDP 为 16.4 万元，服务性消费对市场总消费增长的贡献率达 72.7%，教育文化娱乐消费支出等保持较快增长。应立足首都城市战略定位，剥掉“白菜帮”，集中发展“白菜心”，推动文化产业实现质量变革、效率变革、动力变革。从全国占比情况看，2019 年北京市规模以上文化企业法人单位为 4831 个，占全国的比重为 7.9%；资产总计 19020.3 亿元，占全国的比重为 13.9%；营业收入为 12997.3 亿元，占全国的比重为 13.1%（见表 1）。

表 1　2013～2019 年北京市规模以上文化企业经营情况

年份	法人单位数（个）	平均用工人数（万人）	资产总计（亿元）	营业收入（亿元）	利润总额（亿元）
2013	3981	41.6	5731.0	5155.2	390.2
2014	3820	47.8	7937.9	6876.9	495.6
2015	3418	47.4	9419.6	7548.1	550.8
2016	3539	48.1	10870.2	8195.4	530.5
2017	3994	54.1	13887.9	9586.0	802.9
2018	3887	53.5	16579.0	10963.0	852.7
2019	4831	54.8	19020.3	12997.3	739.1

资料来源：相关年份《北京统计年鉴》。

《北京统计年鉴》数据显示，2011～2018 年，北京文化产业增加值从 1358.7 亿元逐年增加到 3075.1 亿元，文化产业增加值占 GDP 比重从 7.9% 提高到 9.3%，占比稳居全国首位（见表 2）。2019 年，文化消费规模继续保持全国前列，全市居民人均教育文化娱乐消费支出为4311元，同比增长7.8%，创造了“十三五”以来最大增速，支出额超出全国平均水平近72%。“十四五”期间，首都市民在物质生活消费基本满足后，精神生活越来越富足，市民人均教育文化娱乐消费支出将进一步增加，越来越多的市民愿意为文化“埋单”，文化消费将迎来“井喷”。

表2　2011～2018年北京文化产业增加值及其占GDP比重

年份	增加值(亿元)	占GDP比重(%)
2011	1358. 7	7. 9
2012	1569. 4	8. 2
2013	1754. 2	8. 3
2014	1937. 2	8. 5
2015	2081. 4	8. 4
2016	2217. 4	8. 2
2017	2723. 5	9. 1
2018	3075. 1	9. 3

资料来源：相关年份《北京统计年鉴》。

从整体上看，北京文化消费潜力巨大。在文化产业中，与供给侧结构性改革主要通过优化要素资源配置不同，需求侧改革主要是从依靠传统文化投资转向更具潜力的文化消费驱动，依靠提振文化消费信心、增强文化消费意愿、提升文化内需水平来实现的。北京作为中国的首都，千年古都的历史文化积淀、中央级文化机构与知名文化企业的集聚、文化服务设施的不断完善、庞大的城市人口基数和巨大的消费市场潜力为其文化产业发展集聚了丰富的市场资源和基础条件。北京加快建设全国文化中心，以“两区”“三平台”为重要机遇，推动“一核一城三带两区”总体框架落实，推进传统商业街区改造升级，加强国家文化产业创新实验区等建设，将首都文化优势转化为发展优势，文化产业成为推动首都新发展的支柱性产业、增强人民获得感的幸福产业、构建新发展格局的引擎产业。

二　北京文化产业发展的主要短板

北京文化产业尽管取得了辉煌成就，但在构建新发展格局中，由于多方面的原因，自身还存在不少薄弱环节或突出短板，文化消费水平还有较大的提升空间。

（一）要素供给质量不高，文化创新能力不足

北京文化资源要素供给已经不是缺不缺、够不够的问题，而是好不好、精不精的问题，存在有“数量”缺“质量”、有“高原”缺“高峰”的现象，技术、资本、人力等基本要素供给仍然乏力。文化创新与创造转化是实现文化资源向文化产业转化的重要途径，也是构建新发展格局、扩大国内文化消费市场的主要引擎。相较于全国其他省、自治区、直辖市，北京的文化创新能力名列前茅，但与国际发达城市以及自身发展水平相比，北京的文化产业技术含量低、创新能力弱、附加值低，导致文化产业在全球的竞争力还有待提升。高学历、高层次、高技能的文化人才不足，创新、管理、服务等方面的人才水平不高，工资水平较低，获得感不强。

（二）市场机制不够完善，消费活力有待激发

当前，文化消费主导下的文化产业发展迅速，特别是“十三五”以来我国消费对经济增长的贡献率平均在60%以上，成为经济增长“三驾马车”的核心驱动力。云计算、大数据、物联网、5G等新一代信息技术的发展，压缩了文化消费的时空距离，文化消费引领人们的生活方式和消费行为发生转变，但文化产业发展的市场体制机制未能及时予以优化调整，制约了消费活力的激发。畅通国内大循环要求打通消费存在的各种堵点和痛点，全面促进消费。对于文化消费而言，文化消费的堵点主要集中在消费供给层次低、消费观念落后、消费环境不完善、

消费渠道不畅通等方面。①

北京经济实力雄厚，市民拥有较高的收入水平和消费能力，这为北京文化产业的高质量发展提供了广阔市场，但与国外发达国家和发达城市相比仍存在一定的差距。发达国家和城市居民文化消费占比超过30%，而《北京统计年鉴2020》数据显示，2019年北京市居民家庭人均消费支出为43038元，其中教育文化娱乐消费支出为4311元，占比仅为10.02%，低于发达国家和城市居民文化消费占比，北京市居民文化消费潜力还有较大的提升空间（见表3）。北京文化产业发展领域的市场机制和体系建设有待完善，巨大的文化资源难以进入市场，从创作到生产环节不通畅，市场机制在文化产业资源配置中的主体地位还有待提升。2019年末北京市常住人口为2153.6万人，庞大的人口基数所带来的文化消费市场未能被充分激活，市民的文化消费结构单一，文化消费习惯尚未养成，文化消费意愿不强，需求与供给失衡，文化消费市场还存在较大提升空间。

表3　2015～2019年北京市居民家庭人均消费支出

单位：元

类别	2015年	2016年	2017年	2018年	2019年
食品烟酒	7584	7609	7549	8065	8489
衣着	2426	2433	2238	2176	2230
居住	10350	11188	12295	14110	15751
生活用品及服务	2098	2327	2492	2372	2387
交通通信	4490	4702	5034	4767	4979
教育文化娱乐	3635	3687	3917	3999	4311
医疗保健	2229	2456	2900	3275	3740
其他用品及服务	991	1015	1000	1079	1151
人均消费支出	33803	35416	37425	39843	43038

资料来源：相关年份《北京统计年鉴》。

① 李凤亮、刘晓斐：《新发展格局中的文化消费》，《中国社会科学报》2021年4月16日。

（三）空间布局不够合理，“老北京”文化亟待升级

北京文化事业、服务设施和文化产业发展在空间布局上存在区域差距、城乡差距、南北失衡等问题，文化产业的空间布局还不够合理。如集聚80多万人口的“回天地区”、城南地区、生态涵养区等区域缺乏大型的文化设施和消费场所，文化企业和文化服务机构少，没有形成文化产业集群态势，难以满足区域内市民多样化的文化消费需求。与此同时，许多“老北京”传统文化、特色文化远在乡村无人知，如大兴区的中医技法、布艺、面人、剪纸等，房山区的上万村小车会、“四弦”戏、高跷会、雕漆等，平谷区的舞狮、太极大杆、古琴、金属錾刻等非物质文化遗产知道的人甚少，文化设施薄弱。北京作为多朝古都和文化名城，源远流长的皇城文化和独具特色的京味文化都代表了首都的文化标签和发展优势，但对这些丰富的文化资源的开发利用程度有待提高，文化旅游吸引力不强。① 不少地方尽管拥有丰富的传统文化资源，但缺乏文化企业带动，文化产业结构单一，“老北京”文化亟待升级。

三　新发展格局视域下北京文化产业高质量发展的对策选择

立足新发展阶段，北京面临全面转型升级、加速创新提质的新机遇和新要求。文化消费结构、文化消费方式、文化消费场景发生新变革，文化消费将是内需发展最快、弹性消费最大的领域。新发展阶段的文化产业高质量发展，是适应新时代社会主要矛盾转变、满足人民群众对美好生活需求的战略选择，也是提升文化软实力、增强文化自信、推动经济高质量发展的必经之路。文化产业的高质量发展更加强调低能耗、低污染、高质量、高效益的发

① 李夏卿：《新时代北京文化产业发展的思考》，《领导科学论坛》2018年第15期，第35～36页。

展，不仅强调经济效益，而且强调社会效益、文化效益、生态效益等的高度统一。深刻理解文化产业高质量发展的内涵，需要从“五位一体”总体布局出发进行历时性、战略性和前瞻性的把握，体现为经济维度上的旺盛增长力、政治维度上的强大凝聚力、文化维度上的坚定自信力、社会维度上的广阔辐射力、生态文明维度上的先进引领力。[①] 推动北京文化产业高质量发展，应立足新发展阶段，贯彻新发展理念，强化多方发力、多元协同、多策并举，在构建国内国际双循环相互促进的新发展格局中实现大有可为、示范引领、辐射带动。

（一）在守正创新上发力，坚持主流价值和传承优秀文化

习近平总书记指出，要牢牢把握正确导向，坚持守正创新，确保文化产业持续健康发展。看北京，首先要从政治上看。北京文化产业发展贯彻落实首都城市战略定位，面向“四个中心”功能建设和“四个服务”水平提升，应坚持正确的政治方向，以守正创新加强文化创作引导，坚持以人民为中心的发展理念，在坚持主流价值和传承中华优秀文化中发挥主力军作用，打造弘扬主旋律的“思想精深、艺术精湛、制作精良”的文化作品。以创新思维推动文化产业高质量发展，要坚持守正创新，正确把握文化产业发展的出发点。北京应坚持守正和创新相统一，坚持社会效益和经济效益有机统一，坚守以人民为中心、内容为王、质量第一的文艺创作要求，加强文化产业发展的顶层设计和政策创新，推动文化产业高质量发展。

北京文化产业的发展要加快对传统文化特别是京味文化的传承与创新，要结合新时代、新发展阶段的要求，适应时代语境发生的重大转变，加快文化资源要素的创造性转化与创新性发展，实现传统文化的活化传承，赋予其新的时代内涵，推动现代社会语境下的优秀传统文化再传播、先进文化价值再实现。文化产业高质量发展是未来文化发展的重要主题，在内涵旨向层

---

① 宗祖盼：《深刻理解文化产业高质量发展的内涵与要求》，《学习与探索》2020 年第 10 期，第 131 ~137 页。

面，是“互联网+”赋能传统文化业态转型升级的过程，在发展路径上要以满足人民日益增长的美好生活需要为目的，以改革创新为动力，以完善产业发展体系为重要任务。[①] 进一步围绕古都文化、红色文化、京味文化、创新文化等，充分发挥资源优势，坚持以高质量发展为主线，全面加强创新驱动，提高全要素生产率，加快迈向产业链高端，积极构建以传统文化产业为基础、数字文化产业为中坚的产业格局，建设具有国际竞争力的创新创意城市。[②] 引导北京文化企业自觉肩负起社会责任，发扬工匠精神，传播当代中国价值观念，传承古都历史文化，满足市民“七有”目标和“五性”需求，在旅游、住宿、餐饮、会展、影视等服务业领域以及工业、农业等其他领域融入首都文化元素和北京文化品牌，打造引领新时代发展潮流、彰显首都特色的传世之作、精品力作，推动北京文化产业在国内大循环中示范引领发展。

（二）在薄弱环节上发力，加快弥补短板和优化布局

“十四五”期间，要发挥北京文化底蕴深厚、文化资源丰富等优势，释放首都巨大的文化消费市场潜力，满足首都市民对美好文化生活的消费需求，加快促进国内大循环。促进要素自由流动、加强文化市场区域一体化合作、畅通文化产业内外循环是文化产业高质量发展的首要条件。[③] 北京要推动文化资源要素的自由流动，加快弥补文化短板和消除薄弱环节，完善要素市场，创新体制机制，不断提高文化产品和服务质量，扩大高质量文化供给。应进一步促进财税政策支持、金融扶持、人才引进奖励等多种方式形成合力，搭建政策、信息、科技、人才等要素交流共享平台，促进文化产业要素的合理流动，特别要重视文化资本、技术等基本要素供给，依靠数据、技术、人力、

① 王林生：《深刻理解文化产业高质量发展的内涵》，《中国国情国力》2020 年第 12 期，第 4～6 页。

② 刘绍坚：《北京文化产业高质量发展路径》，《前线》2020 年第 3 期，第 68～70 页。

③ 高宏存、纪芬叶：《区域突围、集群聚合与制度创新——“十四五”时期文化产业高质量发展的大视野》，《行政管理改革》2021 年第 2 期，第 16～27 页。

信息等新要素的创新和完善，提升北京文化产业链、供应链的现代化水平。

要加快落实新版城市总规，注重文化遗产保护与利用，加强文化事业和文化产业空间优化布局，以“疏整促”为契机，加大对公共文化空间少、文化设施相对薄弱的“回天地区”、城南地区、副中心、自贸区等区域的文化设施投入力度，以群众实际需求为出发点，坚持实用、适用、便利、服务等原则，弥补文化短板，消除薄弱环节，增加文化消费机会，重视社区文化中心建设，强化资源整合与空间合理布局。特别是要借鉴日本城市的“便利店”模式，鼓励综合型社区服务中心、超市增加图书、报纸销售以及打印、复印等文化服务功能，打造15分钟文化服务圈，扩大公共文化产品和服务的覆盖面。盘活北京乡村特色文化资源，以“文旅消费+特色生态村”建设为突破口，加强设施建设，优化空间布局，创新扶持政策，吸引优质资源进入，实现特色文化、生态等资源的价值转化，塑造特色文化新品牌，建设美丽乡村新空间，打造北京文化产业新集聚区和新高地。

（三）在科技融合上发力，激发消费活力和提升创新力

科技与文化融合发展彰显出蓬勃的生命力。新冠肺炎疫情防控常态化下，技术加速创新变革，科技创意元素为文化产业提供了内容来源，技术迭代更新加速文化创意转化。“文化－技术”关系是理解现代文化产业的重要维度，二者的深度融合是促进现代文化产业高质量发展的重要途径，在互联网信息技术所支撑的裂变期，要从强化“文化－技术”关系价值、抓好“文化－技术”融合关键、用好“文化－技术”耦合规律等方面入手推动文化产业高质量发展。[①]“十四五”期间，要发挥北京文化科技资源集聚优势，加快5G、人工智能、云计算、物联网等新技术应用与新基建布局，依托科技创新激发文化消费新需求，提升产业创新创意水平。紧抓新一代信息技术和“互联网+”“文化+”等发展契机，以科技创新为引擎，加快文化产业

① 雷杨、金栋昌、刘吉发：《“文化－技术”关系视角下现代文化产业高质量发展对策研究》，《理论导刊》2020年第3期，第123～128页。

结构转型升级，减少高污染、高能耗的低端产业投资，加大“文化＋科技”“文化＋旅游”“文化＋体育”“文化＋生态”等领域投资，加快构建高附加值、绿色低碳、符合首都特色的“高精尖”文化创意产业集群，助推北京文化产业高质量发展。加大文化创作、生产、传播和消费等环节共性关键技术研究的投入，布局更多的文化科技研发基地或科创中心，着力攻关一批文化关键技术，推动文化产业数字化、智能化、创新化发展。加强北京文化科技创新的知识产权保护，强化知识产权法治建设，参与国际知识产权与标准制定，加快制定新业态、新领域、新技术的产权保护机制和国际规则，提升北京文化产业创新活力和竞争力。

（四）在供需两侧改革上发力，提升产业附加值和综合效益

以市场为导向推动供给侧改革，以消费为导向推动需求侧改革，在推动供给侧与需求侧改革上双向发力，促进文化消费方式、文化传播方式迭代升级。加快北京文化产业与其他产业的深度融合，面向全国大市场，整合京内外资源，延长产业链、提高附加值、提升综合效益，在促进国内大循环中发挥辐射带动作用。

一方面，创新北京文化产业政策，完善市场准入、资格认定、文化监管等机制，加强文化领域的供给侧结构性改革，增强对文化消费需求的适应性和灵活性。加快取消北京一些行政性限制消费购买的规定，打通堵点，补齐短板，贯通生产、分配、流通、消费各环节，形成需求牵引供给、供给创造需求的更高水平的动态平衡，把握文化产业规律和资源要素条件，提升北京文化产业的韧性和整体效能。加强金融体制改革，破解文化产业贷款难、社会投资动力不足等难题，发挥首都金融资源集聚优势，夯实文化企业在资本市场中的主体地位，鼓励社会资本参与重大文化活动运作，引导民营企业参加群众文化活动，吸纳社会资金投入博物馆、纪念馆、图书馆和文化馆建设，构建独具北京特色的文化金融体系。加强文化产业领域的人才培养与政策供给，提升人才素质和服务能力，提高文化产业领域人才工资待遇，增强文化产业领域人才获得感。

另一方面，挖掘北京超大城市人口规模的市场优势和内需潜力，加快北京文化产业链各环节的无缝连接，加强文化领域需求侧改革。引导文化企业加强对文化消费市场调研和需求分析，在选题、表达、对接上下功夫，精准掌握首都市民“七有”目标和“五性”文化消费需求动向。既要进一步完善社会保障制度，优化收入分配结构，扩大中等收入群体，把扩大文化消费同改善人民生活品质结合起来；也要顺应北京数字阅读、数字展览、网络视听、短视频、网络直播等线上消费以及亲子游、研学游、康养游、文博旅游等新文旅消费需求增长态势，从顶层设计到具体实践，加强供给侧和需求侧的改革对接与协同推进。以满足新的文化消费需求为导向，加强需求侧改革与多业态融合发展，让文化赋能北京各行业，提升北京产业体系的文化内涵和文化品牌，实现从“浅度融合”到“深度融合”，为首都新发展提供新动能、培育新增长点。

（五）在开放合作上发力，加快促进国内国际双循环

利用建设国家服务业扩大开放综合示范区和中国（北京）自由贸易试验区“两区”叠加政策红利，高水平扩大开放，放宽市场准入，加速文化新主体、新业态、新模式落地，加快促进国内国际双循环。优化市内免税店布局，强化跨境电商消费支撑，持续吸引消费回流，推动文化新消费提档升级，加快建设国际消费中心城市。利用服贸会、金融街论坛、中关村论坛等平台优势，吸引国际优质品牌首店、顶尖设计机构和文化人才集聚，鼓励举办国际性文娱演出、艺术品和体育用品展会。根据北京各区资源禀赋和文化产业发展实际，加强开放合作与协同融合发展，加快构建以北京为文化中心功能核心层、京津冀协同发展区域为文化中心功能拓展层，服务全国、面向全球的首都文化产业高质量发展新格局。特别是贯彻落实“一带一路”倡议，畅通对外文化交流渠道，与共建“一带一路”国家持续深入合作，推动北京文化贸易发展和对外文化交流，重塑北京在国际上的文化强国首都形象，提升北京文化产业的国际竞争力和全球引领力，加快构建国内国际双循环相互促进的新发展格局，奋力谱写“十四五”期间首都文化发展新篇章。

B.3

推动国家文化产业创新实验区高质量发展的策略建议

王 昭　曹白云*

摘　要：　国家文化产业创新实验区（以下简称实验区）自2014年12月正式揭牌以来，以文化产业改革探索区、文化经济政策先行区和产业融合发展示范区为建设目标，取得了良好的发展成效，为全国文化产业创新发展提供了示范。着眼于新时期文化强国和全国文化中心建设对实验区创新发展的新要求，北京市提出了“十四五”时期实验区发展愿景以及促进实验区高质量发展的关键举措。

关键词：　文化产业　高质量发展　国家文化产业创新实验区

国家文化产业创新实验区（以下简称实验区）位于北京长安街东延长线，是连接首都功能核心区和北京城市副中心的廊道，文化资源丰富、文化市场繁荣、文化氛围浓郁、文化产业发达，是北京文化产业创新发展的核心承载区域，是展示首都文化形象和中华文化魅力的重要窗口，也是国家文化产业政策先行先试的试验田。实验区自 2014 年 12 月 15 日正式揭牌以来，以文化产业改革探索区、文化经济政策先行区、产业融合发展示范区为建设目标，以制度创新为着力点，文化产业发展迅速、高端要素资源集聚、改革

* 王昭，均衡博弈（北京）研究院院长、高级研究员；曹白云，均衡博弈（北京）研究院副研究员。

创新不断突破、空间布局加速优化，取得了良好的发展成效，为全国文化产业创新发展提供了示范。

一 国家文化产业创新实验区发展成效显著

聚焦政策创新，形成提升产业能级的有效探索。以文化产业政策创新为着力点，探索形成了“政策引领、改革创新、企业培育、高效服务、多方联动”的现代文化产业促进体系。国务院批复的北京市服务业扩大开放综合试点政策在实验区率先落地，成功引进了一批知名外资文化公司落户实验区。《国务院关于深化北京市新一轮服务业扩大开放综合试点建设国家服务业扩大开放综合示范区工作方案的批复》明确规定北京市要以实验区为依托，支持文化创新发展。实验区被列入《北京城市总体规划（2016 年～2035 年）》文化中心建设的整体布局中，中国（北京）自由贸易试验区国际商务服务片区内 CBD 有 4.96 平方公里位于实验区范围内。北京市级层面出台《关于加快国家文化产业创新实验区核心区高质量发展的若干措施》，形成推动实验区建设的 18 条政策举措，服务构建“高精尖”经济结构和文化产业创新格局。区级层面出台促进实验区高质量发展的“政策 50 条”，支持一批优质企业（项目），不断激发文化企业的创新创造活力；实施“蜂鸟计划”助飞行动，每年认定一批创新性强、成长性高的“蜂鸟企业”，培育更多“隐形冠军”，建立了上市企业和独角兽企业的战略储备库。

聚焦“腾笼换鸟”，形成文化赋能带动城市更新的有效路径。深入挖掘文化资源，加快存量空间资源转型升级发展，以文化赋能带动城市更新，形成了“文化产业融入城市发展的朝阳实践”，在首都“疏解整治促提升”上发挥了示范作用。通过工业厂房改造利用、有形市场腾退转型和传统商业设施升级三种方式，加快存量空间转型升级，形成了 59 个特色文化产业园区。其中，郎园、莱锦、懋隆等文化产业园区对全国老旧厂房改造升级文化产业园形成了品牌和示范带动效应。持续推进文化产业园区高质量发展，朝阳区共有 32 个文化产业园区入选市级园区名单，占全市的 32.6%，居全市首位，其中位于实验区的文化产业园区有 16 个。积极引导园区布局图书馆、美术馆、电影院等公共文化空间，打造一批“城市文化公园”，促进文化产业和文化事业充分融合，实现社会效益和经济效益的有机统一。

聚焦文化金融，形成金融助力文化产业发展的创新突破。以“搭建体系、务求实效”为原则，突破体制机制障碍，逐步构建多层次、多渠道、宽领域的实验区文化金融服务创新体系，探索形成了“依托两大载体、提供两个支撑、形成两个闭环、满足两类需求”的文化金融服务模式，推动文化金融模式创新发展。成立全国首个文化企业信用促进会，打造信用融资服务闭环，累计为朝阳区 1323 家文化企业提供贷款融资 234 亿元。建成全市首个文化金融服务中心，形成了股权融资服务闭环，推动“金融 + 政策”产业促进机制更好地发挥效力。设立全市首只区级文化产业发展基金，投资了一批优质的文化精品项目，引导社会资本助力文化产业发展。

聚焦文化科技融合，形成深度融合、加速发展的新态势。深入实施“文化 +”和“科技 +”战略，促进 5G、云计算、大数据、人工智能等新技术在文化产业的应用创新，加快构建以数字内容、文化传媒、网络游戏等为支撑的文化产业体系，打造成为全国数字文化产业的重要承载区。出台全市首个《文化创意企业申请高新技术企业认定指南》，2019 年朝阳区共有 442 家文化企业被认定为高新技术企业，央视频、影谱科技等一批文化科技融合类企业在实验区争相涌现，实验区文化产业活力不断增强，创意创新氛围浓厚。

聚焦协同发展，形成文化产业发展引领协同的新格局。立足“试验田”功能定位，加强跨领域、跨区域协同创新和经验共享，在激发全社会文化创新创造活力方面提供了有效借鉴。联合高等院校、行业组织、智库机构，牵头成立京津冀文化产业协同发展中心、全国老旧厂房保护利用与城市文化发展联盟、国际文化产业园区发展联盟，搭建了联动京津冀的全国性和国际性文化产业协同发展平台。一批文化产业园区实现跨地区品牌输出，文化产业带动城市更新的“朝阳模式”在全国得到复制推广。

截至“十三五”末，实验区登记注册文化企业 3.48 万家，上市挂牌文化企业 52 家，文化类独角兽企业 5 家，文化类高新技术企业 200 余家，文化类总部企业 164 家，其中外资文化总部企业 92 家。2019 年末，实验区 1111 家规模以上文化企业实现收入 1362.2 亿元，占全区文化产业收入的 50.4%，约占北京市的 10%、全国的 1.57%，在全国文化产业发展中的引领示范作用凸显。

二　新时代建设全国文化中心对国家文化产业创新实验区创新发展提出了更高要求

不断提升国家文化软实力的愿景目标对实验区发展提出了新要求。党的十九届五中全会对“十四五”期间繁荣发展文化事业和文化产业、提高国家文化软实力做出全面部署，提出到 2035 年建成文化强国的战略目标，为我国的社会主义文化建设指明了奋斗方向。实验区作为全国文化产业改革发展的试验田，“十四五”时期要更加坚定文化自信，坚持以社会主义核心价值观引领文化建设和文化产业发展，围绕健全现代文化产业体系，深化文化领域供给侧结构性改革，完善文化产业规划和政策，加速推动文化产业结构优化和转型升级，促进形成文化产业发展新格局，为全国文化产业创新发展进一步探路径、做示范。

深入推进全国文化中心建设对实验区发展提出了新任务和新目标。“十四五”时期是北京贯彻实施新版城市总体规划、围绕“一核一城三带两区”总体框架深入推进全国文化中心建设的关键期。同时，文化产业发展的体制机制、政策法规、服务体系日益完善，文化产业资源更加丰富，发展环境不断优化，文化产业进入新的发展机遇期。实验区作为首都全国文化中心建设的重要承载区，需要更好地发挥示范引领作用，在社会主义核心价值观的引领下，坚持把社会效益放在首位，实现社会效益和经济效益相统一，深化改革创新，构建要素汇集、功能聚合的创新生态体系，形成立足首都、面向全国的引领示范。

技术的快速迭代和数字经济的快速发展为实验区提供了文化产业创新突

破和产业体系完善升级的机遇。随着文化与科技的深度融合发展，迎来了文化产业全面数字化、智能化的快速变革时期，网络视频、网络游戏、在线直播、数字营销等新兴业态成为主流，核心主体也从传统文化企业转变为新兴数字文化企业。“十四五”时期，实验区需要把握下一阶段文化产业变革机遇期，立足文化、国际化、科技的融合互促，加快推动新业态、新模式发展，助力传统业态升级，深入推进文化体制机制改革，优化文化产业政策环境，不断加大优质文化产品及服务供给，推动文化产业高质量发展。

国内国际双循环相互促进的新发展格局将有利于实验区促进文化消费升级、推进文化领域开放。“十四五”时期，实验区需要扭住扩大内需的战略基点，充分发挥朝阳区消费市场的规模优势，以市场需求为导向，加快丰富文化消费场景，培育壮大各类文化消费市场主体，提升文化消费竞争力。同时，立足“两区”建设契机，发挥政策制度先行的优势，在落实文化领域开放政策、促进文化服务贸易发展等方面发挥引领示范作用，更好地融入全球文化产业体系。

三　国家文化产业创新实验区发展愿景展望

秉承面向全球、引领未来、创新示范的宗旨，努力将实验区建设成为全国文化产业改革探索区、全国文化经济政策先行区、全国产业融合发展示范区、国际时尚文化消费中心、国际文化传播交互中心。

全国文化产业改革探索区。加大文化体制机制改革力度，构建和培育统一开放、要素集聚、竞争有序的现代文化市场体系，文化产品和服务供给质量与效率不断提升，成为世界一流的文化产业创新策源地，文化产业生态体系更加完善，形成一批可复制、可推广的文化改革创新经验模式。

全国文化经济政策先行区。加快推动文化经济政策落地，积极争取文化产业相关政策先行先试，重点推进文化金融、版权交易、人才培养等领域的政策创新，多级政策叠加的产业促进与保障体系更加完备。

全国产业融合发展示范区。文化与科技、旅游、金融等深度融合发展，融合创新动能持续增强，不断引领文化业态融合趋势，培育发展一批新型文化企业，以“文化+”为特点的赋能发展模式在全国的引领示范效应凸显。

国际时尚文化消费中心。文化消费业态丰富，文化消费供给模式多元，文化消费品牌效应显著增强，消费活力引领全国，打造多个具有特色、文化氛围浓厚、具有国际知名度的文化消费地标和商圈。

国际文化传播交互中心。文化领域开放政策持续落地，培育一批具有国际竞争力的外向型文化企业，形成一批具有核心竞争力的文化产品，对外文化贸易额显著增长，国际文化展示与交流的广度和深度不断延展。

四　国家文化产业创新实验区高质量发展的关键举措

（一）植根首都文化特色，促进国际文化交流

助力首都文化传承创新。发挥首都文化资源荟萃优势，支持文艺院团开展主题创作，提炼中国文化符号和精神内涵，创新文化内容形式，重点扶持弘扬社会主义核心价值观，具有较高思想、艺术水准和市场价值的优秀作品创作生产。立足首都文化特征，推动“古都文化、红色文化、京味文化、创新文化”等文化品牌的创意开发，将文化创新思维渗透于经济社会发展的各个领域，全面展示大国首都多元包容的文化魅力。发挥实验区创新创意资源汇聚优势，引领新兴文化潮流示范，促进传统文化元素与现代时尚符号融合创新，丰富创意之都的首都特色，为城市文化发展注入新活力。

打造全方位国际传播平台。充分发挥实验区具有国际影响力的媒体集群优势，利用好国内外传播渠道，讲好中国故事，传播好中国声音，积极推动中华文化“走出去”，展示真实、立体、全面的中国。推动国内媒体与海外华文媒体紧密联系合作，采用贴近不同国家、不同区域、不同群体受众的精准传播方式，推进中国故事和中国声音的全球化表达、区域化表达、分众化表达，提升国际传播的亲和力和实效性。

助推国际文化交流合作。依托区域内涉外使领馆、国际组织集聚的优

势，加强与联合国教科文组织等国际组织的联系对接，积极承办和参与国际知名文化节事活动，大力推动与共建“一带一路”国家的文化交流合作，支持海外中国文化中心建设，促进国际文化交流交往与商业合作。鼓励各类企业在境外参加中国文化展、电影节、电视节等活动，让更多国外受众感受到中华文化的独特魅力。搭建文化产业国际交流合作平台，加强政府、企业、社会组织的交流合作，推动实验区文化产业园区与国际知名文化产业园区的交流合作。支持国际大型交易博览会、知名展览、品牌活动、高端会议在实验区举办。

（二）扩大文化开放融通，促进文化贸易繁荣

全方位推进“文化＋”对外开放。紧抓北京市建设国家服务业扩大开放综合示范区和设立中国（北京）自由贸易试验区的战略契机，持续推进外商投资音像制品、独资开办演出经纪机构等文化领域开放政策落地实施。积极推动区域内影视类文化企业制作的影视作品，优化审批流程。优先支持符合条件的文化企业申报信息网络传播视听节目许可证和游戏版号。聚焦动漫游戏、文化艺术、数字出版、影视制作、文物等领域，进一步争取各项开放政策先行先试，有效破解文化发展的机制约束。

全力提升文化贸易发展水平。鼓励引导文化企业加大内容创新力度，以海外需求为牵引，培育具有中国特色、高附加值的文化创意产品和服务，推进文化信息、创意设计、动漫游戏版权等融入全球文化产品体系，把更多富含中华优秀文化元素的精品力作推向国际市场。支持文化企业整合“走出去”产业链环节，扶持具有较高成长性和较大海外发展潜力的文化企业发展成为大型跨国文化企业集团。依托朝阳区金融、商务服务业的发展优势，鼓励专业服务机构为文化企业“走出去”发展提供投融资、贸易担保、国别信息等服务。

加速推进文化投资和贸易便利化。全面落实“准入前国民待遇＋负面清单”管理制度，加快完善文化领域外商投资企业管理服务机制，创新外资项目落地机制。把握中国（北京）自由贸易试验区试行跨境服务贸易负

面清单管理模式的机遇，争取放宽跨境交付、境外消费、自然人移动等模式下文化服务贸易市场准入限制。加强国际贸易“单一窗口”服务功能在文化贸易领域的应用，全面落实国家关于文化贸易投资的外汇管理便利化、减少文化出口的行政审批事项等政策。对国内外文化企业出入境演出、展览交易以及进行影视节目摄制和后期加工等所需货物，按照规定加速验放，全面提升文化投资和贸易便利化水平。

（三）聚焦关键领域环节，打造高质量文化生态

发展数字文化产业新业态。实施文化产业数字化战略，全面推动数字新视听、数字出版、网络文学、网络游戏等数字文化业态发展。全面促进文化产业上线上云，支持文化场馆、文娱场所、景区景点、街区园区开发数字化产品和服务，将创作、生产和传播等向云上拓展。支持原创内容创作，提升动漫、游戏产业发展质量，引导企业创作弘扬中华民族优秀传统文化的动漫、游戏产品。注重新技术对文化体验的改变，培育壮大云游戏、虚拟演唱会等新兴数字文化形态。推动 VR 眼镜、智能穿戴设备等数字终端发展，加强标准、内容和技术装备的协同创新。围绕数字文化新业态，大力推动 IP（知识产权）开发运营等相关新兴服务业态发展。

推动传统优势行业融合升级。把握新技术、新产业、新潮流变革趋势，推动文化传媒、广告会展、创意设计、艺术品交易等传统优势行业融合升级发展。紧抓新媒体发展机遇，加快推动媒体融合发展，大力推动社交媒体、流媒体、门户媒体等新媒体、新业态发展，加快构建多网、多终端的文化网络传播体系。立足区域广告创意人才等要素集聚优势，加快推动区域品牌广告企业迭代升级。培育壮大数字艺术品产业，吸引国际艺术资源集聚，完善艺术品租赁、保税、保险等配套服务。发挥“设计之都”的创新设计资源汇聚优势，大力发展工业设计、建筑与环境设计、服装设计、交互设计等设计行业，支持和培育创意设计类众创众包服务平台建设发展。立足创新趋势，链接全球设计资源，推动创意设计与软件、智能制造、消费品等领域融合发展，打造一批国际知名的北京设计、北京创造品牌。

培育文化消费新兴业态。以文化产业园区为载体，支持文化、艺术、社交和零售跨界融合，汇聚艺术展演、小剧场、互动体验娱乐等消费业态，在实验区打造一批特色文化消费街区，成为体现首都文化魅力和城市风貌的新型文化消费地标。立足朝阳区时尚消费集聚优势，推动文化与商业融合，发展文化类、艺术类“网红”场馆和商品，打造一批文化消费时尚打卡地。鼓励和支持文化消费新业态嵌入各类消费场所，打造群众身边的文化消费场所。策划推出文化休闲活动品牌，精心挖掘一批主题鲜明的文化精品走入商业街区、走近消费人群，打造夜间文化消费业态。制定文化消费街区和示范企业认定标准，优先支持符合条件的企业申请市、区消费促进的相关政策。

（四）立足区域功能优势，引领多元融合示范

促进文化科技深度融合。鼓励加快科技创新成果向文化领域转化应用，支持企业开发技术上有创新性、拥有自主知识产权及技术标准、具有市场潜力的文化科技创新产品，增强文化产品的表现力、感染力、传播力。培育基于虚拟现实、人工智能等新一代信息技术的新兴文化业态，培育新型文化科技企业，塑造文化领域的高精尖优势。把握 5G 时代的发展机遇，推动新技术在新闻出版、广播影视、广告会展、文化旅游等领域的深度应用，全面提升文化产业链的数字化、智能化水平。加强实验区与朝阳区国际研发创新集聚区、北京科技创新中心“三城一区”的对接互动。

支持文化金融融合创新。依托文化企业信用促进会平台，深化信用体系建设，形成文化企业信用成长机制，提高文化企业与金融机构、金融产品匹配效率。探索完善文化企业无形资产评估机制，推广著作权、专利权、商标权等无形资产融资租赁创新模式，促进文化产品投融资便利化。鼓励版权资产证券化、文化资产集合信托、文化行业房地产信托投资基金（REITs）、文化保险等创新型文化金融产品开发应用。鼓励文化企业合理利用资本市场，扩大直接融资规模。探索推动设立重点支持文化产业发展的民营银行。

突出文化商务融合特色。利用 CBD 国际商务的服务功能优势，大力引进国内外知名文化经纪公司、国际知名拍卖机构、文化贸易代理机构以及专

业会展服务机构，提升实验区文化领域中介服务的质量。强化国际文化版权交易市场的核心功能，培育完整的知识产权经济链条，汇聚国内外优质版权，推动版权运营、保护、增值，大力发展版权代理、专利代理、技术转让等中介服务。发挥企业总部、咨询机构、高等学校集聚的优势，促进文化智库行业发展。

强化文化旅游融合优势。加快高新技术成果向文化旅游领域的转化应用，开发数字文化旅游体验产品，推动影视拍摄、动漫游戏与旅游相结合，利用VR、AR、动漫、游戏等现代科技手段增强文化旅游产品的表现力、感染力、传播力。推动传统旅游服务的转型升级，加快在线旅游信息服务平台的集聚，形成以开放共享为特征的“旅游+互联网”运行模式，引导旅游资源的整合提升。围绕由老旧厂房改造建设的文化产业园区等各类文化空间，打造文化产业旅游精品线路。鼓励旅游演艺产品优化创新，推动演出剧目与旅游市场有效对接。

推动文化产业和文化事业融合发展。发挥国家文化产业创新实验区和国家公共文化服务体系示范区“双区”叠加优势，推动文化产业和公共文化服务协同创新发展。鼓励社会力量参与公共文化设施的运营，探索公共项目社会运作的管理模式、绩效评估机制。建立健全政府向社会购买公共文化服务的机制，引导支持文化产业园区以及经营性文化单位、文化企业提供优惠或免费的公益性文化服务，支持实验区文化企业的产品和服务纳入文化惠民工程覆盖范围。完善文化领域民办公助的机制，支持社会机构兴办图书馆、实体书店、公共阅读空间、博物馆、美术馆。

（五）优化文化空间承载，引导综合效能提升

构建跨区域协同的联动支撑格局。依托京津冀文化产业协同发展中心，构建协同发展机制，从项目、政策、资金、人才等方面加大资源共享和统筹力度。加强与副中心的文化协同发展，着力构建朝阳－副中心首都东部文化产业带。与国家对外文化贸易基地、中国（怀柔）影视产业示范区、北京环球度假区等文化功能区建立基于产业链的分工协作体系。

优化实验区城市空间与用地结构。落实新版北京城市总规定位，按照“多规合一”的要求，推动实验区空间规划编制工作，提升实验区文化设施、文化产业类空间规模占比，支持零散文化用地向实验区聚集，支持原有文化设施规划提级实施。创新土地储备、供给、开发模式，优先鼓励和支持重点项目及重点企业落地，优先保证符合产业定位的重大项目规划审批和土地供应。

强化实验区“一廊两核多基地”的空间布局。以 CBD－定福庄国际传媒产业走廊为核心承载，支持重大文化项目（园区）连片发展，高水平建设连接首都功能核心区与北京城市副中心的“文化创新发展廊道”。以 CBD 区域“国际文化商务核”为空间承载，聚焦投资交易、交流展示、信息传播等功能环节，推动文化与商务、金融、现代服务等深入融合发展。以定福庄区域“文化创意创新核”为空间承载，发挥理论创新、技术创新、文化创新的优势，全面提升人才培养、内容原创、市场转化、消费体验等产业链及服务链的竞争力。依托莱锦、塞隆、懋隆、郎园 Vintage 等市级文化产业园区和示范园区，打造产业链条完整、关联企业集聚、综合服务齐全的“特色文创示范基地”。

探索文化引领城市更新的模式。全面支持各类市场主体合理利用现有工业厂房、仓储用房、老旧商业办公楼等存量用地发展文化产业。鼓励和支持兴办图书馆、文化馆、博物馆、美术馆等非营利性公共文化设施。

（六）建立要素涵养机制，完善发展支撑体系

培育壮大多元文化主体。全面落实文化事业建设费减免、研发费用加计扣除、固定资产加速折旧等减税降费政策。探索开展实验区重点文化企业认定工作，建立重点文化企业、重大项目名录库，对于获得认定的文化企业在所得税减免等方面可享受高新技术企业的税收扶植政策。实施“领航计划”，引进和培育数十家年收入为百亿元级的文化企业。实施“领鹰计划”，重点培育扶植数百家高成长性、具有行业领先地位的头部文化企业。继续实施“蜂鸟计划”，培育众多创新性强、发展潜力大的“专、精、特、新”文化企业。

优化人才引进和培养机制。实施“百名文化菁英”计划，每年引进一批“文化菁英”人才，在落户创业、住房保障、子女教育、医疗服务等重点领域提供支持。积极引进文化商务人才等高层次人才，满足文化人才的多层次、多元化需求。鼓励文化企业以知识产权、无形资产、股权激励等方式，加大对重点人才的激励力度。鼓励高等学校、科研院所与文化产业园区、文化企业等合作开展多种形式的职业教育培训。鼓励社会力量参与，培育、引进知名文化人才培训机构。

实施文化产业园区品牌工程。充分挖掘老旧厂房的文化内涵和再生价值，加快推动郎园 Vintage、莱锦等园区专业化、品牌化、特色化、智慧化发展，完善配套服务，提升服务水平和综合运营管理能力。实施“精品园区”品牌工程，打造一批文化特色鲜明、文化消费活跃、公共服务完善、管理运营规范、功能布局合理、园区环境优美的文化产业精品园区。推动创意文化元素植入城市广场、绿地、街区建设，促进城市文化氛围与文化品质的提升，打造充满活力的新型城市文化空间。

构建综合服务平台体系。完善公共服务平台体系，整合公共服务资源，为企业搭建集行政服务、人力资源、技术支持、产权交易、金融服务、信息咨询等于一体的线上线下综合服务平台，建设国内具有先进性和示范性的文化产业公共服务体系。利用社会化市场化机制，采取购买服务等方式，加大公共服务平台扶持力度，帮助文化企业降低运营成本。实施实验区高端智库建设行动，为文化产业发展提供政策、理论、技术、战略等智力服务。

B.4
加快推进智慧文化产业园区建设研究

——基于北京10家代表性文化产业园区的调查

叶雨菁　廖旻*

摘　要：智慧化是产业升级和创新发展的加速器。智慧文化产业园区作为智慧城市的重要组成部分，正逐渐成为智慧城市建设的重要基础。本报告在调查北京10家代表性文化产业园区智慧化建设成果的基础上，分析了北京智慧文化产业园区的发展需求及目标，指出当前北京智慧文化产业园区建设仍存在缺乏市级层面的顶层设计和全面统筹、对智慧文化产业园区的内涵理解不够深入、尚未形成多方共赢的建设运营机制、资金投入不足、可持续运营模式不成熟等问题，并提出以下对策建议：加强规划引导，做好智慧文化产业园区顶层设计；加强统筹协调，建立市级园区数据服务平台；强化标准引导，加快制定智慧文化产业园区创建标准；坚持试点先行，探索推进智慧文化产业园区示范创建工程；聚合多方资源，形成智慧文化产业园区多方共赢格局；完善管理机制，建立健全管理评估保障体系。

关键词：智慧文化产业园区　应用场景　产业升级　北京文创

* 叶雨菁，传媒艺术学博士，北京印刷学院新媒体学院讲师；廖旻，硕士，北京市文化创意产业促进中心产业发展部副部长。

随着城市现代化进程的加快推进，在“智慧城市”概念引导下，智慧文化产业园区成为重要的基础和先行者。在此形势下，准确摸清当前北京文化产业园区智慧化建设的现状和问题，以及5G加速商用布局等新基建背景下园区智慧化建设面临的新需求和新趋势成为十分重要而紧迫的课题。

一　北京智慧文化产业园区建设背景

（一）智慧城市建设加速推进智慧文化产业园区建设进程

随着大数据、物联网、人工智能等新技术在经济社会生活中的广泛应用，“智慧城市”的概念加快普及。许多发达国家将建设智慧城市作为刺激经济发展和提高核心竞争力的重要战略。美国、韩国、瑞典、芬兰等国家不断加大投入，我国也把北京、深圳和上海等90余个城市作为首批试点城市重点推进。在先进理念的指导下，“智慧园区”的概念逐渐为公众所熟知。“智慧文化产业园区”是在原有文化产业园区信息化基础上的升级，其层次构成和发展模式是缩小版的智慧城市，充分体现了智慧城市的建设模式和发展特征，同时拥有不同于智慧城市的独特开发模式。

（二）智慧文化产业园区成为5G应用场景化的重要试点

随着5G发展进入规模商用期，智慧文化产业园区迎来重要发展机遇，成为5G应用场景化的模拟器、试点试验基地。例如，5G的万物互联特点可以实现高密度的设备接入，更好地服务于智慧文化产业园区的统一管理和控制服务；5G高速传输带宽可助力智慧文化产业园区4K/8K高清视频会议、高清视频直播、远程培训等智慧办公功能得到更好应用；5G低功耗的特点也将进一步降低物联网设备的传输功耗，有效降低智慧文化产业园区运行维护的难度和成本，推动绿色园区建设。

（三）智慧文化产业园区成为支撑新基建的重要环节

“新基建”的概念自提出以来被赋予了稳增长、促转型等诸多期望。智慧文化产业园区作为产业转型升级的重要载体，其建设也已上升为重大战略，更是北京以及诸多先行示范区建设的重要内容。2020年4月17日，工信部召开的数字基础设施建设推进专家研讨会提出，要加快5G建设进度，探索新基建在智慧城市领域的应用。北京作为全国文化中心和科技创新中心，在文化产业发展引领区建设中肩负着重要使命，更应抓住智慧城市建设和新基建的重大机遇，通过加快智慧文化产业园区建设提升园区能级、集聚优质资源、增强产业竞争力，推动全市文化产业提质升级。

（四）疫情防控常态化下文化产业园区智慧化需求更加强烈

经过多年的发展，越来越多的文化产业园区出现了特色不鲜明、同质化竞争等问题，传统发展模式难以为继，迫切需要通过智慧化建设实现转型增效。另外，一场突如其来的新冠肺炎疫情给世界各国和各行各业带来了深刻影响，文化产业也迎来了新挑战与新机遇。在此形势下，通过智慧文化产业园区建设推动文化产业园区发展来应对疫情冲击、提升服务和管理水平的需求更加强烈。同时，智慧文化产业园区建设也成为推动文化科技深度融合，促进文化产业早日复苏、创新发展的重要途径。

（五）5G供应商对参与智慧化建设的意愿更加强烈

目前，依托5G推动智慧文化产业园区建设与运营的市场逐渐成熟，成为5G供应商密切关注的焦点。例如，北京移动加快推进园区5G商业部署，与文化产业园区倾力合作，共同开展5G数字化智慧文化产业园区建设，充分利用5G网络、物联网、人工智能、云计算等信息技术手段，推动人工智能与实体经济融合发展，合力打造人工智能产业集群；中国联通则提出打造智慧“城市微单元”产品，围绕文化产业园区等“城市微单元”领域，推出智能运营管理平台、“5G＋北斗定位”、智能专网等核心产品，深入推动应用落地，助力中国联通在智慧文化产业园区领域的业务发展。

二　北京智慧文化产业园区建设有基础有需求

本次调查的10家文化产业园区包括隆福寺文化创意园、中关村雍和航星科技园、北京设计之都大厦园区、经济日报文化金融融合创新园、E9区创新工场、郎园Vintage文化创意产业园、768创意产业园、中关村东升科技园、首科大厦文化创意产业园和首钢文化产业园，覆盖了东城、西城、朝阳、海淀、石景山、丰台等区，占地总面积为353.59万平方米（其中首钢文化产业园为291万平方米），入驻企业共784家。2019年上述园区总收入达到771.46亿元，在很大程度上能体现出全市文化产业园区发展的现状和特征。调查表明，以上10家文化产业园区在智慧化建设上均有着力，智慧化建设呈现稳步推进的趋势（见表1）。

表1　10家文化产业园区智慧化建设情况

园区	宽带基础	现有服务系统	智能化系统建设和应用情况	5G建设意愿/覆盖需求
768创意产业园	中国联通	1. 视频监控 2. 门禁	1. 智能安防管理：ETCP停车系统、人脸识别门禁系统 2. 云办公管理：远程视频会议平台	考虑建设/重点区域保障覆盖
E9区创新工场	1. 中国移动 2. 中国联通	1. 视频监控 2. 门禁 3. 访客管理 4. 集中管控平台 5. 固话/呼叫中心	智能办公区服务：用于园区企业入驻登记和信息查询	正在筹备/室内深度覆盖
中关村东升科技园	1. 中国联通 2. 中国铁通 3. 中国电信	1. 视频监控 2. 门禁 3. 访客管理	1. 智能办公区服务 2. 智能安防管理 3. 智能商业配套服务：一卡通	考虑建设/室内深度覆盖

续表

园区	宽带基础	现有服务系统	智能化系统建设和应用情况	5G建设意愿/覆盖需求
中关村雍和航星科技园	1. 中国联通 2. 中国铁通 3. 中国电信 4. 电信通	1. 视频监控 2. 集中管控平台 3. 固话/呼叫中心	1. 云办公管理 2. 智能商业配套服务	考虑建设/室内深度覆盖
郎园Vintage文化创意产业园	1. 中国移动 2. 中国联通 3. 中国铁通	1. 视频监控 2. 门禁 3. 访客管理 4. 集中管控平台 5. 固话/呼叫中心	1. 智能办公区服务 2. 智能安防管理 3. 云办公管理 4. 智能商业配套服务	考虑建设/全面覆盖
隆福寺文化创意园	1. 中国移动 2. 中国联通 3. 中国电信	1. 视频监控 2. 门禁	智能安防管理	正在筹备/全面覆盖
北京设计之都大厦园区	中国联通	1. 视频监控 2. 门禁 3. 访客管理 4. 固话/呼叫中心	智能安防管理	考虑建设/重点区域保障覆盖
首钢文化产业园	1. 中国移动 2. 中国联通 3. 中国电信	1. 视频监控 2. 门禁	1. 智能办公区服务 2. 智能安防管理 3. 智能商业配套服务 4. 娱乐配套	正在建设/全面覆盖
首科大厦文化创意产业园	1. 中国联通 2. 其他	1. 视频监控 2. 门禁 3. 固话/呼叫中心	智能办公区服务	考虑建设/重点区域保障覆盖
经济日报文化金融融合创新园	1. 中国联通 2. 其他	1. 视频监控 2. 集中管控平台 3. 固话/呼叫中心	1. 智能办公区服务 2. 智能商业配套服务	正在筹备/全面覆盖

资料来源：北京市文化创意产业促进中心调查数据。

（一）10家文化产业园区基本上代表了全市智慧文化产业园区发展需求

10 家文化产业园区地均产值超过 2.18 亿元/万米^2，整体上呈现文化产业园区立足创新和高质量发展、积极迎合“互联网＋”发展新模式激发出的强劲发展动能，其中大部分园区认识到了智慧文化产业园区建设的重要性，通过不断推进园区智慧化建设，有效提升园区的运营管理服务品质。

（二）园区已经引入了基础运营商的设施和运营服务

中国联通、中国电信、中国移动三大运营商占据绝对优势，都以“独享、共享”等不同的合作方式进入了文化产业园区，为园区提供包括5G在内的基础电信和宽带网络服务。调查显示，中国联通表现更为突出，10家文化产业园区全部都有其宽带网络服务的身影，中国移动、中国电信、中国铁通也分别与其中的3～4家文化产业园区开展宽带网络服务业务。

（三）园区都不同程度地建设了智能化管理服务系统

调查显示，“视频监控”“门禁”等基础智能管理服务系统已成为大多文化产业园区的“标配”；有6家文化产业园区配置了“固话/呼叫中心”系统，4家文化产业园区配置了“访客管理”系统，4家文化产业园区配置了“集中管控平台”系统，各园区正处在从“智能化”园区迈向“智慧化”园区的进程中。例如，E9区创新工场和郎园Vintage文化创意产业园两家园区在智慧管理服务系统建设方面已初具规模，配备了“视频监控”“门禁”“访客管理”“集中管控平台”“固化/呼叫中心”等智能化基础设施，在园区的综合管理服务、基于数据平台的公共文化服务和品牌活动运营方面取得了显著成效。

（四）部分园区对5G设施深度部署有着强烈的需求

目前10家文化产业园区周边都已经架设和安装了5G基站，基本上实现了信号覆盖。其中，首钢文化产业园由于面积大，现已在园区内开通布局了10个5G宏蜂窝基站，实现了园区北部区域5G的基本覆盖。E9区创新工场由于重点聚焦数字创意、人工智能等领域，园区和驻园企业对基于5G建设的智慧园区要求更为超前，需要进行更多的深度部署。其他大部分园区已经利用周边5G宏蜂窝基站的信号覆盖，也有部分园区受周边设施、位置、距离、环境等的影响，5G信号未能覆盖园区，需要在园区内建设5G微蜂窝基站。

三　北京智慧文化产业园区建设有共识有目标

调查表明，上述10家文化产业园区在智慧化建设方面具备一定基础和强烈发展意愿，体现了全市文化产业园区智慧化建设发展的阶段性特征，主要表现在以下几个方面。

（一）达成广泛共识：各园区积极筹划运用5G技术推进园区智慧化建设，呈现文化产业园区发展的内涵之变

此次调查的10家文化产业园区中绝大多数已落地或正在规划建设智慧化应用项目，尤其是在运用5G技术推进园区智慧化建设方面表现出强烈的意愿。其中，E9区创新工场、首钢文化产业园、首科大厦文化创意产业园、经济日报文化金融融合创新园和郎园Vintage文化创意产业园等园区，正在积极筹备和加强园区智慧化建设，推动新技术、新手段与园区产业和服务场景深度融合。调查表明，市级文化产业园区评审对智慧园区的要求以及《北京市级文化产业园区认定管理办法（试行）》（京文领办发〔2020〕4号）对园区公共服务的政策资金支持，正成为各园区加紧布局智慧园区建设工程的“助推器”。随着5G新一代信息技术的普及，利用智能技术装备应用提升管理服务能力，必将有效提升文化产业园区的综合绩效和服务附加值。

（二）具备清晰目标：从传统园区管理到创新型智慧化管理的切换，呈现文化产业园区发展的模式之变

调查发现，很多园区正逐步从传统管理模式向智慧化管理模式过渡，首钢文化产业园就是典型代表。对于体量庞大的首钢文化产业园而言，采用传

统方式管理园区不仅效率低，而且成本很高。2018 年首钢文化产业园与中国联通签署协议，携手将首钢文化产业园打造成国内首个 5G 示范智慧园区。实践表明，通过 5G 技术，极大地缩减了首钢文化产业园的管理成本，不仅提高了效率，而且提升了园区管理服务品质。同样，以人工智能为代表业态的 E9 区创新工场也非常重视智慧化建设。这些园区作为承载文化产业创新主体的空间载体，正从传统园区管理迈向创新型智慧化管理，呈现富有活力、具有潜力和创造力的生机，在促进文化产业增长、提升城市魅力等方面发挥着重要作用。

（三）探索建设路径：从智慧园区管理服务到智慧产业生态驱动的嬗变，呈现文化产业园区发展的动力之变

调查显示，经过近几年的创新探索，北京文化产业园区正在积极利用 5G、AI、大数据等技术，围绕打造适宜驻园企业发展的园区生态，瞄准提升服务品质和空间绩效，积极推进从智慧园区管理服务迈向智慧产业生态驱动。以北京设计之都大厦园区为例，通过充分借助智慧城市建设、物联网和大数据等手段，以北京设计之都大厦园区为试点，自主创新开发了“创 N 智慧生态域产业社区”“创 N 智慧产业社区”等应用程序，不仅可以实现北京设计之都大厦园区空间范围内服务设备的智慧连接，提升空间和生态品质，而且可以打造形成服务园区“企业”和“社群”的产业生态智慧社区平台。北京文化产业园区正在朝智慧化、绿色化、服务化、产业化方向转变，场景经济、平台经济、共享经济正在广泛渗透，行业新模式、新服务不断涌现，行业智慧化管理创新与实践成果初见成效，智慧化创新已成为园区发展的核心动力。

（四）打造消费新场景：从文化科技园区智能化应用到开放式商业空间智慧消费的场景延展，呈现文化产业园区发展的格局之变

调查显示，北京文化产业园区智慧化建设正逐步与智慧城市建设形成融合态势，园区不仅是承载文化科技等业态的产业空间，而且积极融入城市更

新过程中，成为城市文化新空间、消费新场景。如中关村雍和航星科技园积极前瞻布局智慧文化产业园区建设，高点定位开展推进智慧园区建设发展规划与深入调查工作，形成了适合园区特色的智慧文化产业园区建设方案。另外，隆福寺文化创意园是2019年改造完成并投入运营的开放性园区，商业氛围浓厚，园区内有酒店、网红餐厅、艺术展馆、书店等打卡地，成为新的文化体验消费地标。隆福寺文化创意园也积极布局智慧文化产业园区建设，立足以智慧化建设为牵引，实现将智慧文化产业园区管理融入城市智慧管理和新型消费体验，打造具备区域影响力的智慧化新兴文化产业和城市新空间。

四　北京智慧文化产业园区建设有短板有挑战

（一）缺乏市级层面的顶层设计和全面统筹

虽然从政府到企业都意识到了智慧化建设是今后文化产业园区发展的必然趋势，但目前来看，全市智慧文化产业园区建设还缺乏市级层面的顶层设计和全面统筹，主要体现在以下两个方面。一是相关部门尽管制定了发展规划和支持政策，但是对于立足智慧文化产业园区建设来促进优化园区发展环境、增强园区服务能力、培育文化新经济业态的顶层设计和实施部署的力度显得不够。二是智慧文化产业园区建设缺少市级统筹、联动互促、多级协同、可持续运营的体系架构和市级层面的综合服务平台。

（二）对智慧文化产业园区的内涵理解不够深入

调查显示，不少园区的运营管理者对智慧文化产业园区建设存在一定的偏差，更多的是关心智慧园区“硬件”设施和系统建设，如安装安防系统、出入口管理系统、智慧能源系统等，本质上是楼宇信息化建设方面的系统性集成，是物业管理和物业服务的优化，并非园区真正意义上的“智慧化”，而对构建“软性”的智慧园区运营服务体系以及形成智慧产业和消费生态等的重视程度远远不够。例如，当前很多智慧园区项目的实施方案是安装摄像头，然后把监控数据传上云端，这样既可以远程观看也可以再次调用，认为这就是全部的“智慧化”。然而，在庞大的园区体系中，这些海量数据不仅给安保人员带来了繁重的负担，而且不能在安全隐患发生之前自主判断问题。这种智慧园区项目中出现的海量数据成为孤岛，从摄像头数据到更多环境、物流、车辆、人流等数据，都是相互孤立的收集与输出，无法进行主动判断与整体判断，仅仅是“智能”而绝不能算是“智慧”。

究其原因，一方面是缺乏足够的意识以及从整体上进行深度思考、规划和统筹的能力，使得部分园区在智慧文化产业园区建设上创新不足、动力不足。另一方面是园区与驻园企业之间缺乏有效沟通，缺乏对智慧园区需求和场景的精准把握，使得园区为入驻企业提供的服务和具有针对性的支撑手段很少，未能在智慧园区建设方面形成协同共促。

（三）尚未形成多方共赢的建设运营机制

目前文化产业园区的智慧化建设还缺乏创建标准、行业规范和实施准则，智慧园区体系化的建设、管理、统计、监测等仍然滞后，缺乏联动协同的园区“信息孤岛”局面仍没有得到改善。另外，有效促进智慧文化产业园区建设的财税、金融等经济政策还有待进一步完善，再加上创新驱动不足、市场激励和约束机制不健全，导致园区在一定程度上缺乏智慧文化产业园区建设的内生动力，尚未形成网络运营商、专业服务提供商、社会资本等参与建设运营的渠道和机制。

（四）资金投入不足

智慧文化产业园区建设与政府主导的智慧城市建设的主体和动力不同，作为智慧文化产业园区建设主体的运营方，经济账是其更多考量的因素。对于一个小到几千平方米的承载产业空间，或者大到几十万平方米的产业园区而言，智慧化体系建设意味着数百万元级的一次性投入以及未来每年开支不小的运营维护成本，而回收的周期不仅较长，而且有一定的不确定性，从而导致园区在安排资金投入时尤为谨慎。调查还发现，不少园区的智慧化建设大多采用分步实施的方式，这在一定程度上导致体系化不足的问题，容易造成低效甚至浪费。

（五）可持续运营模式不成熟

对于园区而言，只要资金有保障，设备设施的智慧化建设和改造就相对容易。由于大部分园区对智慧园区运营的认识和重视程度有限，在建设时往往忽略了智慧化管理体系、管理标准、流程制度的同步建设，最终有可能导致后期维护和运营不理想。调查显示，目前园区运营方对智慧化建设运营缺乏深度思考，在智慧园区的推进建设模式、功能科学部署、创新高效运营、借力政府支持、价值有效呈现等方面没有经验可循，这些都在一定程度上制约了智慧文化产业园区的建设进程。

五　推进智慧文化产业园区建设的对策建议

（一）加强规划引导，做好智慧文化产业园区顶层设计

发挥好顶层设计的牵引作用，推动制定全市智慧文化产业园区创建标准和导则，进一步强化全市智慧文化产业园区规划与行动计划的部署和落实。利用5G和云计算平台的技术支撑，在全市层面统筹智慧园区建设，深度挖掘和综合利用全市文化产业园区数据资源，实现智慧园区在管理、服务和运行等方面对全市文化产业园区的示范带动作用。

一是明确顶层设计逻辑。立足全市层面做好引导和统筹，明确智慧文化产业园区建设的战略定位和发展目标，探索全市智慧文化产业园区支撑体系构建的路径模式，做好指标体系、运管模式、服务流程等功能规划，形成全市智慧文化产业园区建设的设计图、架构图、施工图。二是引导园区制定规划。统筹全市智慧文化产业园区的规划和建设，引导规划能够有效支撑各园区建设、管理、决策、运行、服务等功能的智慧园区数据平台建设。

（二）加强统筹协调，建立市级园区数据服务平台

加强政府在智慧文化产业园区建设中的指导作用，利用5G、AI、云计算、大数据等技术，探索建立基于“5G＋云平台”的市、区和园区联动管理服务平台，加快形成集数据统计、运行监测、安全监管、融资服务等功能于一体的市级智慧文化产业园区管理和服务平台，建立市级园区统计信息监测体系和快报机制。

（三）强化标准引导，加快制定智慧文化产业园区创建标准

围绕智慧文化产业园区的建设运营、数据交换、联动协同、管理服务等环节，研究制定《关于推进引导全市智慧文化产业园区建设导则》《北京智慧文化产业园区创建和数据交换标准》等文件，对全市智慧文化产业园区的建设标准、运营服务、推进路径等进行统一规范和指导，全方位推进北京智慧文化产业园区标准化建设。

（四）坚持试点先行，探索推进智慧文化产业园区示范创建工程

在全市范围内遴选一批具有良好产业发展基础、管理服务规范的园区进行先行示范试点部署。支持园区在满足智慧化管理服务的基础上，立足5G和云平台重点部署集政务服务、公共文化服务、投融资服务、协同创新、智慧安防、物业管理、消费场景等于一体的智慧文化产业园区云服务平台，打造特色突出、水平领先的“文创智慧园区示范”样板工程，为后续全面推进5G智慧文化产业园区建设奠定基础。

（五）聚合多方资源，形成智慧文化产业园区多方共赢格局

一是围绕文化产业园区信息基础设施、公共服务平台建设以及智能化改造提升，遴选优秀网络运营商、专业服务提供商、系统集成商、平台开发运营商等作为全市智慧文化产业园区建设推荐供应商，形成多方共赢的智慧文

化产业园区建设格局和生态体系。二是鼓励各园区围绕智慧文化产业园区建设进一步释放外包服务需求，与优质服务商实现精准对接。三是引导社会力量积极参与智慧文化产业园区建设，积极探索股权合作、投资共建、委托管理等多种运营模式，加强规范化、专业化建设，让智慧文化产业园区真正发挥推动产业转型升级的支撑作用。

（六）完善管理机制，建立健全管理评估保障体系

进一步探索健全智慧文化产业园区管理运行的绩效监督管理体系，为开展市级文化产业园区认定、考核及绩效评估提供基础数据支撑。鼓励园区企业和相关社会组织加强智慧文化产业园区技术标准和应用体系建设，发挥标准的技术支撑作用。

综上，通过智慧文化产业园区建设，进一步提升园区发展水平，更重要的是拓宽文化产业园区发展空间，打造云上文化产业园区，做到线下实体园区和线上虚拟园区有机结合，形成全新的文化产业发展新空间和新模式。

B.5
北京文创产业低碳发展研究

刘 霞*

摘 要：面向碳达峰、碳中和"3060"目标，各级政府和各行各业都需要行动起来。北京市2021年政府工作报告指出，要明确碳中和时间表、路线图。作为北京文创产业的重要载体，文创园区的碳中和路径更具操作性。本报告引入碳中和概念及其目标范围，明确北京文创产业的发展现状，梳理近年来北京市进行的碳中和实践，从针对北京文创产业的碳中和路径、针对北京文创园区的碳减排行动、针对供应链的碳减排行动、尝试使用碳抵消方案四个方面探索北京文创产业低碳发展的路径。

关键词：北京文创产业 文创园区 碳中和 低碳发展

2020年9月22日，国家主席习近平在第七十五届联合国大会一般性辩论上发表重要讲话，向世界庄严承诺"中国将提高国家自主贡献力度，采取更加有力的政策和措施，二氧化碳排放力争于2030年前达到峰值，努力争取2060年前实现碳中和"。随后，在多个国内外重要会议上重申这一重要目标，并将其写入《中华人民共和国国民经济和社会发展第十四个五年规划和2035年远景目标纲要》，各级政府和全社会都已行动起来。实现碳达峰、碳中和是一场广泛而深刻的经济社会系统性变革。① 北京市2021年政府

* 刘霞，中国绿色碳汇基金会低碳旅游专项基金执委会主任，北京兴博旅投规划设计院有限公司董事长。

① 《习近平主持召开中央财经委员会第九次会议强调 推动平台经济规范健康持续发展 把碳达峰碳中和纳入生态文明建设整体布局 李克强王沪宁韩正出席》，《思想政治工作研究》2021年第4期，第9~10页。

工作报告指出，要明确碳中和时间表、路线图。文化产业作为首都经济的重要支柱性产业、增强全市人民获得感的幸福产业，已成为助推北京高质量发展的重要引擎。① 面对碳中和的目标，北京文创产业需要进行积极探索。

一　碳中和及相关概念

（一）碳中和的概念

碳中和是指人为排放量（化石燃料利用和土地利用）被人为作用（木材蓄积量、土壤有机碳、工程封存等）和自然过程（海洋吸收、侵蚀－沉积过程的碳埋藏、碱性土壤的固碳等）所吸收，即净零排放。② 具体来讲，就是实现零碳足迹的过程，是指将企业、机构、个人、产品生产或具体活动，在特定时间、空间尺度和范围内的全部温室气体排放量核算清楚，然后通过其自身的减排行动、自愿购买碳信用，或者自身参与或捐赠资金支持植树造林等基于自然的解决方案的增汇活动，产生碳汇指标，对其产生的全部温室气体排放进行抵减，最终达到零碳排放的目标。

（二）碳中和的目标范围

基于国际惯用的“温室气体核算体系”③，对园区（企业）的温室气体排放进行测算和报告时，应该在三个范围内进行统计。

范围一：只考虑园区（企业）拥有或控制的排放源产生的直接排放。

范围二：测算的是与园区（企业）购买的电力、蒸汽、供热或制冷有关的间接排放量。

---

① 梅松、郑妍、刘利文：《北京文化产业运行与成效分析》，载张京成主编《北京文化创意产业发展报告（2020）》，社会科学文献出版社，2020。

② 《丁仲礼院士：中国“碳中和”框架路线图研究》，搜狐网，2021 年 6 月 26 日。

③ 世界可持续发展工商理事会、世界资源研究所编《温室气体核算体系：企业核算与报告标准》（修订版），许明珠、宋然平译，2012。

范围三：覆盖了园区（企业）供应链中产生的所有间接排放，包括所采购的原料、数据中心服务、员工商务差旅、员工集中通勤租用车辆、产品运输和配送等环节中产生的排放。

二 北京文创产业发展现状

（一）发展规模

2006 年至今，北京市出台了一系列涉及文创产业的政策，包括综合类政策、财税类政策、规划类政策、投融资类政策、贸易类政策、产业区划类政策、知识产权类政策等，极大地促进了北京文创产业的发展。2020 年 11 月北京市国有文化资产管理中心与中国传媒大学文化产业管理学院联合发布的《北京文化产业发展白皮书（2020）》指出，北京市文化创意产业综合实力持续增强，主要指标领先全国。2019 年，全市规模以上文化产业法人单位共有 5252 个；资产总计 20198 亿元，同比增长 5.6%；收入合计 13544.3 亿元，同比增长 14.4%；从业人员平均人数 61.8 万人，同比增长 0.3%。截至 2019 年底，北京市拥有 5 个国家文化和科技融合示范基地、98 个市级文化产业园区。

（二）发展特征

北京文创产业发展特征主要表现在以动漫游戏、数字音乐、短视频为代表的数字内容行业发展继续领跑全国；新闻信息服务行业产值占全国总规模的半壁江山，以绝对优势领跑全国。北京每年都诞生一大批优秀的影视作品。互联网广告成为广告业的主力，而中国排名前四的互联网巨头齐聚京城。北京市创意设计服务行业持续稳定发展，这得益于北京拥有大量优质设计服务资源。文博文创、公园文创成为近年来文化创意的主战场。“世界演艺之都”更需要文旅融合做支撑。“文化 +”战略促使“文化 + 旅游”“文化 + 科技”“文化 + 金融”“文化 + 体育”在首都文化产业中取得长足的发展。

三　北京在碳中和方面的实践

（一）多部门参与编制系列标准

2013 年至今，由北京市园林绿化局、北京市发展和改革委员会、北京市环境保护局、北京市农业局等单位牵头，编制了一系列涉及二氧化碳核算、减碳技术、低碳产品、林业碳汇等的地方标准，指导各行各业减碳行动（见表 1）。

表 1　2013 ~ 2020 年北京市与碳相关的地方标准

序号	标准号	标准名称
1	DB11/T 1787—2020	二氧化碳排放核算和报告要求　其他行业
2	DB11/T 1786—2020	二氧化碳排放核算和报告要求　道路运输业
3	DB11/T 1785—2020	二氧化碳排放核算和报告要求　服务业
4	DB11/T 1784—2020	二氧化碳排放核算和报告要求　热力生产和供应业
5	DB11/T 1783—2020	二氧化碳排放核算和报告要求　石油化工生产业
6	DB11/T 1782—2020	二氧化碳排放核算和报告要求　水泥制造业
7	DB11/T 1781—2020	二氧化碳排放核算和报告要求　电力生产业
8	DB11/T 1644—2019	测土配方施肥节能减碳效果评价规范
9	DB11/T 1566—2018	环境空气和废气　三甲苯的测定　活性炭吸附/二硫化碳解吸 - 气相色谱法
10	DB11/T 1562—2018	农田土壤固碳核算技术规范
11	DB11/T 1561—2018	农业有机废弃物（畜禽粪便）循环利用项目碳减排量核算指南
12	DB11/T 1559—2018	碳排放管理体系实施指南
13	DB11/T 1558—2018	碳排放管理体系建设实施效果评价指南
14	DB11/T 1555—2018	小城镇低碳运行管理通则
15	DB11/T 1539—2018	商场、超市碳排放管理规范
16	DB11/T 1534—2018	建筑低碳运行管理通则
17	DB11/T 1533—2018	企业低碳运行管理通则
18	DB11/T 1532—2018	社区低碳运行管理通则
19	DB11/T 1531—2018	园区低碳运行管理通则
20	DB11/T 1471—2017	高等学校碳排放管理规范
21	DB11/T 1437—2017	森林固碳增汇经营技术规程
22	DB11/T 1423—2017	低碳小城镇评价技术导则

续表

序号	标准号	标准名称
23	DB11/T 1420—2017	低碳建筑(运行)评价技术导则
24	DB11/T 1419—2017	通用用能设备碳排放评价技术规范
25	DB11/T 1418—2017	低碳产品评价技术通则
26	DB11/T 1404—2017	高等学校低碳校园评价技术导则
27	DB11/T 1371—2016	低碳社区评价技术导则
28	DB11/T 1369—2016	低碳经济开发区评价技术导则
29	DB11/T 1370—2016	低碳企业评价技术导则
30	DB11/T 1214—2015	平原地区造林项目碳汇核算技术规程
31	DB11/T 1089—2014	林业碳汇项目审定与核证技术规范
32	DB11/T 953—2013	林业碳汇计量监测技术规程

资料来源：地方标准信息服务平台网站，http：//dbba. sacinfo. org. cn/stdList？key = &ministry = bjzjj。

（二）承接排放交易试点功能

2011 年 10 月，国家发改委发布《关于开展碳排放权交易试点工作的通知》，提出选取北京市、天津市、上海市、重庆市、湖北省、广东省及深圳市开展区域碳排放权交易试点，于 2013 年正式启动交易。北京绿色交易所（以下简称绿交所）是经北京市特许批准的，由北京产权交易所联合中国石化、中国海油等 7 家央企联合打造，集中提供各种环境权益交易服务的平台。绿交所的业务范围包括碳排放权交易、排污权交易、用能权交易以及低碳转型服务等，目标是成为海内外环境类权益标杆平台。绿交所主要承接以下功能。一是北京碳强制减排交易试点。二是自愿减排交易市场，包括个人碳中和市场。三是气候股权基金。根据国内外主流机构的测算，我国“碳达峰、碳中和”每年需要投入资金超万亿元。从国家层面来看，政府需要对绿色股权融资给予更多的政策支持，以解决绿色股权融资问题。四是在北京城市副中心探索设立全国自愿减排等碳交易中心。①

① 《北京绿色交易所梅德文：完善碳交易市场是实现“碳中和”的有效路径》，搜狐网，2021 年 1 月 12 日。

（三）大型活动赛事践行低碳理念

1. “2019北京世园会”：低碳世园

2019 年在北京市延庆区举办的世界园艺博览会，从规划设计、施工建设到运营维护，始终坚持低碳环保理念。其中，中国馆利用外部的梯田大型覆土建筑结构来实现建筑的隔热保湿，为室内采暖降温提供节能支撑。另一处低碳标志片区——国际马铃薯中心展园，选用 3500 条旧轮胎，打造了南美“莫瑞梯田”的景观，引进多个品种、花色的薯类作物，让轮胎摇身变为讲述绿色低碳的重要载体。①

2. “2022北京冬奥会”：绿色办奥

2019 年 6 月，北京 2022 年冬奥会和冬残奥会组织委员会发布了《北京 2022 年冬奥会和冬残奥会低碳管理工作方案》，倡导全民积极参与绿色低碳生活方式，目前各项措施已取得阶段性成果。该方案具体包括四个目标：一是低碳能源，通过建立跨区域绿电合作机制，满足场馆的电力消费需求；二是低碳场馆，永久性场馆按照绿色建筑的规范和要求来打造；三是低碳交通，赛区交通尽量实现绿色能源的升级；四是低碳标准，推动林业固碳工程。

（四）碳中和实践尝试

1. 连续举办11年零碳音乐会

2010 年元旦，第一场“零碳音乐会”在中山公园音乐堂举办，标志着北京首个“零碳音乐季”正式拉开帷幕。自此“零碳音乐会”成为北京碳中和 IP，后期逐步从室内转向室外。2020 年 10 月，第八届北京西山森林音乐会拉开帷幕。本届音乐会由北京市园林绿化局主办，北京市林业碳汇工作办公室、北京林学会、北京西山国家森林公园共同承办。音乐会采取“线

① 黄欣、吕亦佳：《基于生态园区建设的绿色建筑探索与实践——以 2019 北京世园会为例》，《建设科技》2019 年第 20 期，第 70 ~ 74 页。

下录制+线上宣传”“森林音乐+森林课堂”的宣传形式，给参与者留下了深刻的印象。

2. 国内第一家 PAS 2060 碳中和酒店诞生

2013 年前后，北京稻香湖景酒店在节能减排、循环经济和低碳生活方面做出了不懈的努力，先后获得了国家、北京等有关部门授予的各项荣誉称号及奖项。该酒店在太阳能集热系统、空气助压节水设备、天然硅藻土涂料墙面、隔热玻璃、地源热泵系统、LED 照明系统改造、餐余垃圾处理系统、园林垃圾处理系统等方面采用的一系列节能环保高新技术令人称赞。北京稻香湖景酒店率先通过 BSI PAS 2060 碳中和审定，这是酒店积极履行社会责任、实施减排努力的有力证明，为酒店行业深入实施节能减排树立了标杆。①

3. 30个碳足迹助推碳中和概念的宣传

2020 年 11 月，北京市 30 个站点安装了碳中和宣传触摸查询系统，这 30 个站点主要分布在 20 个园林绿化科普基地和生态文明教育基地，包括北京动物园、北京植物园、北京西山国家森林公园等多个公园以及大兴小学等单位。碳足迹计算器具有“一算二看”两项主要功能。其中，“一算”是指市民的衣、食、住、行、用等日常生活的方方面面都能通过计算器进行测算，引导市民通过林业碳汇的方法实现碳中和；“二看”是指市民可以了解到北京在碳中和方面所做的工作，内容涉及生物多样性保护、全球气候变化、林业碳汇等科普知识。针对本项举措，北京市林业碳汇工作办公室就是采用林业碳汇中的修枝、抚育、增汇、管护来实现安装设备产生的碳排放的。②

4. 国内首个“碳中和”园区落地北京

2021 年是中国开启“碳中和”征程的元年，国内“碳中和”园区建设也迈出了第一步。新疆金风科技股份有限公司亦庄智慧园区荣获北京绿色交

① 郑晓芳：《Urbn Hotel：践行“零碳”价值观 “碳中和”概念使这家精品酒店与众不同》，《经理人》2010 年第 1 期，第 49 页。

② 马蕴、何建勇：《30 个碳足迹计算器帮助市民碳中和》，《绿化与生活》2020 年第 11 期，第 2 页。

易所颁发的碳中和证书。该园区通过发挥自身在可再生能源、智慧水务、智能微网等方面的技术优势，并融合中国核证减排量（CCER）等多种方式实现了整个园区的碳中和。

四　北京文创产业低碳发展路径初探

（一）针对北京文创产业的碳中和路径

碳中和对于各行各业来说都是新的命题，为有效探索文创产业实现碳中和之路，北京应依托自身的技术、产品研发等优势，率先垂范。

1. 立足研究，组建联盟

北京文创产业主管部门和行业协会可以与高等院校、科研院所成立文创产业碳中和研究联盟，搭建产学研一体化的平台，为文创产业实现碳中和提供理论指导和技术支撑，为不同的文创产业主体设计不同的碳中和之路。

2. 制定标准，树立典范

在借鉴其他园区碳中和经验的基础上，主管部门可以组织编制文创产业碳中和通用标准，并在市级文创产业园区进行示范建设，推进公益活动，践行碳中和活动，建设一批低碳产业园区、零碳产业园区、低碳科普研学基地，并加大宣传力度。

3. 引入 PDCA 机制，树立低碳理念

根据园区低碳发展规划，明确园区低碳发展目标，通过应用 PDCA 机制①，实现园区低碳运行管理系统的建立、运行和持续改进（见图 1）。

P——策划（Plan）：基于低碳发展的政策法规要求，依托园区碳排放的基础，制定适合园区的具体低碳目标，并制订切实可行的实施方案。

D——实施（Do）：在执行过程中要以目标为导向，结合园区的动态情况，配套人力、技术、资金等资源，落实好低碳运行的相关标准。

---

① 《园区低碳运行管理通则》（DB11/T 1531—2018）。

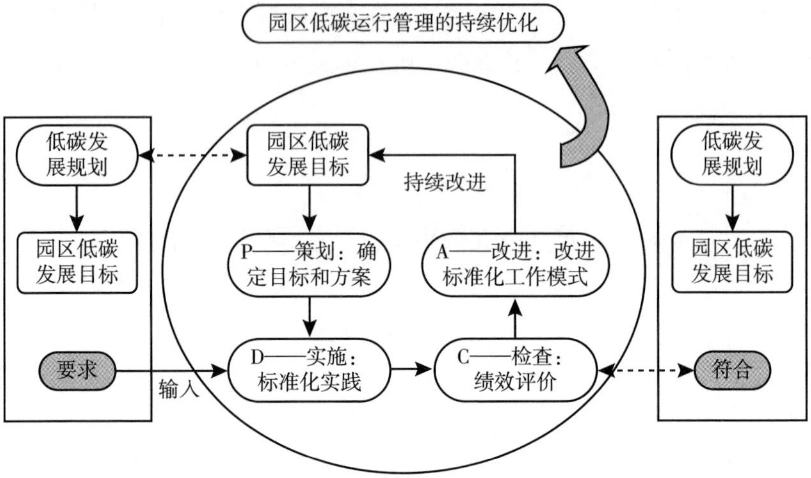

图 1　园区低碳运行 PDCA 管理流程

C——检查（Check）：基于园区低碳目标，结合园区的发展阶段，制定标准化的绩效考核方法，评测园区低碳运行的情况。

A——改进（Act）：基于检查结果，对实施情况和目标进行重新评估，尤其是具体措施方面要进行持续改进，以确保园区低碳目标的实现。

（二）针对北京文创园区的碳减排行动

1. 节能减排，提高能效

对于有条件的园区和企业，应逐步推行使用可再生能源电力，积极拥抱清洁能源，优化园区的能源供应结构。对于大型活动，应按照《大型活动碳中和实施指南（试行）》，落实碳中和措施。对于现有办公园区，应进行绿色化改造，包括优化中央空调负荷及空调系统的冷、热源机组能效，使用节能设备，等等，从源头减少能源消耗，同时对园区和企业的能源消耗实施精细化管理。新建文创园区应按照绿色建筑标准进行设计、建设与运营，使用低碳水泥、环保涂料等绿色建材建设办公园区。

2. 增强意识，鼓励参与

建立激励机制，倡导从业人员践行低碳办公行为。倡导绿色出行，乘坐绿色能源交通工具，减少碳排放量；每张纸双面打印，保护森林；通过植树造林，抵消自身产生的二氧化碳排放量。在日常生活中，参考执行《低碳生活50条准则》。

（三）针对供应链的碳减排行动

1. 持续推动数据中心节能

推动文创园区数据中心进行持续低碳创新。一是通过优化选址，利用自然冷源、液冷技术等，建设绿色低碳数据中心。二是与供应链共同推进数据中心使用或通过电力市场化交易方式购买所在地区的可再生能源电力。在确保安全的前提下，优先使用可再生能源电力，打造高效可靠的绿色数据中心。三是推进可再生能源投资，保障数据中心实现可再生能源替代。推动其他供应环节减排，建立绿色采购机制，逐步推进供应链的碳中和，全面推进无纸化采购。持续提升环保产品的设计与应用能力，优先选择采用低碳高效生产或服务模式的供应商。①

2. 推进绿色投资

引导资本向低碳领域流动。文创园区应坚持稳步推进绿色投资，设立碳中和技术创新基金。在文创产业相关领域及其上下游推动节能减排投资，积极寻求绿色科技的投资契机，并着力提升碳中和信息透明度。

（四）尝试使用碳抵消方案

积极参与林业碳汇及其他基于自然的解决方案。在主管部门的指导下，文创园区可以采用以员工名义种植碳汇林等方式，适时开发合格的碳抵消项目，用于抵消剩余排放量。

尝试购买碳信用产品。随着碳中和理念的推进，由中国绿色碳汇基金会低碳旅游基金等专业机构开发的“爱绿行”碳中和标签对文创园区、文创产品、创意活动等进行评价认证将迎来高速发展，文创园区将通过设置

---

① 蚂蚁集团：《碳中和路线图》，2021年4月。

“爱绿行”碳中和标签，创建“爱绿行”碳中和文创园区，开发“爱绿行”碳中和门票、“爱绿行”碳中和文创产品、“爱绿行”碳中和创意活动等多种方式来实现园区、企业和个人层面的碳中和。

2021 年是碳中和的元年，在新冠肺炎疫情防控常态化下，北京文创产业面临迭代升级的压力，在碳达峰和碳中和目标下，北京文创产业应以产业园区为载体，摸索出一条产业升级、可持续高质量发展的路径。同时，全国碳中和的路线也处于大讨论和摸索过程中，全国碳中和路线图的确定，必将为北京文创产业发展提供更加明确的指导。

B.6 2020年以来北京市文化产业投融资发展情况分析

刘德良*

摘　要：　2020年新冠肺炎疫情突袭而至，北京市文化产业遭受重创，为帮助文化企业尽快恢复健康发展，北京市先后出台多项利好政策，不断优化文化企业投融资环境。随着疫情防控常态化，北京市文化产业投融资市场逐步回暖，2021年第一季度社会融资规模出现大幅增长；私募股权融资、上市首发融资、上市后投融资、信托等渠道的活跃度均有不同程度回升，新三板市场也逐步趋于理性发展。疫情防控常态化下，伴随着创业板注册制的推行、新三板市场改革的不断深入以及各项利好政策的落地实施，北京市IPO上市文化企业数量有望进一步增加，文化产业新三板、文化产业专项债等多个市场或有望升温。

关键词：　文化产业　投融资　私募股权融资

一　北京市文化产业投融资环境不断优化

（一）文化产业总体规模持续扩大，保持稳中向好发展态势

近年来，北京市文化产业增加值保持平稳快速增长势头，占全市GDP

* 刘德良，北京新元文智信息技术有限公司总经理。

的比重稳步上升，从2004年的6.4%提升至2019年的9.6%，稳居全国首位，在加快新旧动能转换、推动经济高质量发展中发挥了积极作用，在国民经济发展中的支柱性地位愈加凸显。北京市规模以上文化产业收入也呈现持续上升的走势。2018~2019年全市规模以上文化产业法人单位收入分别达到10703.0亿元、12849.7亿元，同比增长11.9%、8.2%，收入增速均高于同期全国增速，占全国的比重始终高于10%。2020年即使受新冠肺炎疫情影响，北京市文化产业发展仍呈现逐季回升的态势，全年规模以上文化产业实现营业收入14209.3亿元，同比增长0.9%，增速比前三季度提高0.2个百分点，全年实现正增长。可见，北京市文化产业发展向好态势未变，文化企业生产经营稳步复苏回暖。

（二）政策利好不断释放，持续推动文化金融融合发展

2020年以来，北京市出台了《关于新时代繁荣兴盛首都文化的意见》《关于加强金融支持文化产业健康发展的若干措施》《北京市文化企业“房租通”支持办法（试行）》《北京市文化产业“投贷奖”风险补偿资金管理办法（试行）》《关于加快优化金融信贷营商环境的意见》等一系列文件，持续推动文化与金融深度融合发展。例如，2020年2月，北京市印发《关于加强金融支持文化产业健康发展的若干措施》，从加大信贷融资对文化企业的支持力度、加大风险投资对文化企业的支持力度、引导文化企业充分利用资本市场金融工具、加大财政资金对文化企业的扶持力度、加快国家文化与金融合作示范区建设、夯实文化金融基础工作六个方面提出具体举措，推动文化与金融融合发展。同年4月，北京市委发布《关于新时代繁荣兴盛首都文化的意见》，提出要实施“文化+”融合发展战略，推动文化与科技、旅游、体育、金融等深度融合发展。

（三）积极应对疫情冲击，多重扶持举措帮助文化企业复工复产

为帮助文化企业应对新冠肺炎疫情冲击，北京市各级政府及相关部门积极制定政策，围绕疫情期间文化企业最为关注的房租、贷款、社保等问题，

提出了房租减免、融资租赁贴租、贷款贴息、扩大信贷投放、发债奖励和股权融资奖励、延缴社会保险、返还失业保险等针对性举措，直击文化企业痛点、难点，通过资金减免来降低企业经营成本及投融资成本，缓解企业资金压力，促进文化企业持续健康发展。例如，2020 年 2 月，北京市发布的《关于应对新型冠状病毒感染的肺炎疫情影响促进中小微企业持续健康发展的若干举措》提出，对符合条件的中小文化企业融资，通过“投贷奖”政策给予贴息、贴租等奖励；对符合条件的小微、初创型文化企业房租，通过“房租通”政策给予房租补贴；等等。同期，《关于应对新冠肺炎疫情影响促进文化企业健康发展的若干措施》提出，北京宣传文化引导基金、文化艺术基金等新闻出版、电影领域的支持资金要提前拨付、扩大范围，确保企业尽快获得资金以缓解运营压力。

（四）积极搭建文化金融服务平台，文化金融营商环境不断优化

除了在政策方面不断发力，北京市还积极搭建文化金融公共服务平台，不断优化营商环境。例如，搭建文创金服、文创板等线上服务平台，为文化企业、金融机构提供投融资对接等服务。推出国家文化产业创新实验区文化金融服务中心，为文化企业打造“一站式”金融服务平台。举办北京文化创意大赛，与金融机构合作设立大赛专属的投融资服务平台，为广大中小微文化企业、项目提供专业服务。此外，借助北京国际文化创意产业博览会、首都文化产业投融资沙龙、首都文化产业投融资峰会等活动，为文化企业融资及交流创造机会，营造良好的文化金融营商环境。

二　北京市文化产业投融资市场逐步回暖

（一）疫情防控常态化下社会融资市场明显升温，全国领先优势明显

2020 年，新冠肺炎疫情突袭而至，再加上经济下行等多重因素影响，北京市文化产业社会融资市场迅速降温，融资事件数量及融资规模

分别同比下降19.92%、14.98%。但是随着疫情防控逐步常态化，北京市文化产业的融资活跃度及融资规模逐渐回升。尤其是2021年第一季度，受快手、百度、知乎等大型文化企业集体上市的影响，北京市文化产业社会融资规模出现了大幅上升，同比增长16倍有余，市场明显升温（见图1）。

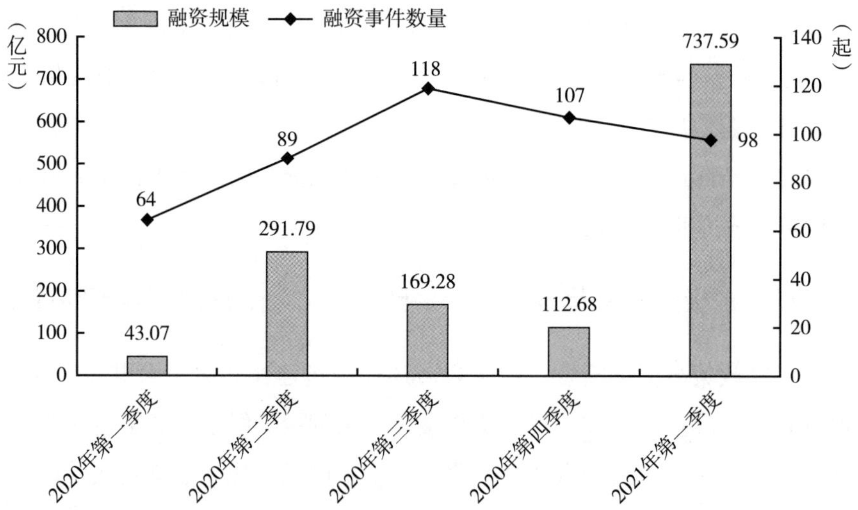

图1　2020年第一季度至2021年第一季度北京市文化产业社会融资情况

注：①因银行信贷数据未公开披露，故本报告计算社会融资规模时未计入银行信贷数据；②为避免重复计算，上市再融资、新三板融资中不计相应的债券、信托融资；③由于数据四舍五入的原因，本报告中可能存在总计（或差值）与各项求和（或相减）不等、同比增长率有偏差等情况，下同。

资料来源：新元文智－文化产业投融资大数据系统（文融通）。

分地区来看，北京市作为全国文化中心，文化、金融资源集聚优势明显，为文化产业及社会融资市场的发展提供了有力的保障。新元文智－文化产业投融资大数据系统（文融通）数据显示，2020年第一季度至2021年第一季度，北京市文化产业社会融资事件共计476起，融资规模达1354.41亿元，在全国的占比分别高达21.35%、33.36%，均居全国首位，区域领先优势明显（见表1）。

表1　2020 年第一季度至 2021 年第一季度各地区文化产业社会融资情况（TOP10）

排名	地区	融资事件数量(起)	融资规模(亿元)	融资规模占比(%)
1	北京	476	1354.41	33.36
2	广东	420	924.73	22.78
3	上海	287	649.61	16.00
4	江苏	264	252.66	6.22
5	浙江	184	230.46	5.68
6	安徽	34	94.45	2.33
7	陕西	38	85.68	2.11
8	江西	29	83.21	2.05
9	山东	45	76.11	1.87
10	湖北	36	63.59	1.57

资料来源：新元文智－文化产业投融资大数据系统（文融通）。

（二）私募股权融资活跃度逐步回升，资金趋向成熟期文化企业

新元文智－文化产业投融资大数据系统（文融通）数据显示，2020 年，受资本寒冬、新冠肺炎疫情等多重因素影响，北京市文化产业私募股权融资市场明显降温，融资事件数量及融资规模分别为 107 起、91.11 亿元，同比下降 27.70%、76.58%。分季度来看，2020 年，北京市文化产业私募股权融资活跃度呈现持续上升态势，由第一季度的 13 起增加至第四季度的 36 起，2021 年第一季度虽然有轻微下滑，但较 2020 年同期有了明显增加，增加近 1 倍。从融资规模来看，疫情防控常态化下，北京市文化产业私募股权融资规模在 2020 年第三季度出现了反弹式增长，之后两个季度虽然略显疲态，但与 2020 年第一季度相比市场整体发展有所升温（见图 2）。

从融资类型来看，新冠肺炎疫情发生以来北京市文化产业私募股权融资市场的资金多向成熟期企业集聚。据统计，2020 年第一季度至 2021 年第一季度，北京市文化产业私募股权融资市场共发生 PE 融资事件 84 起，融资规模达 89.72 亿元，占北京市文化产业私募股权融资总规模的比重高达 85.81%（见表 2）。可见，新冠肺炎疫情发生以来，北京市文化产业私募股

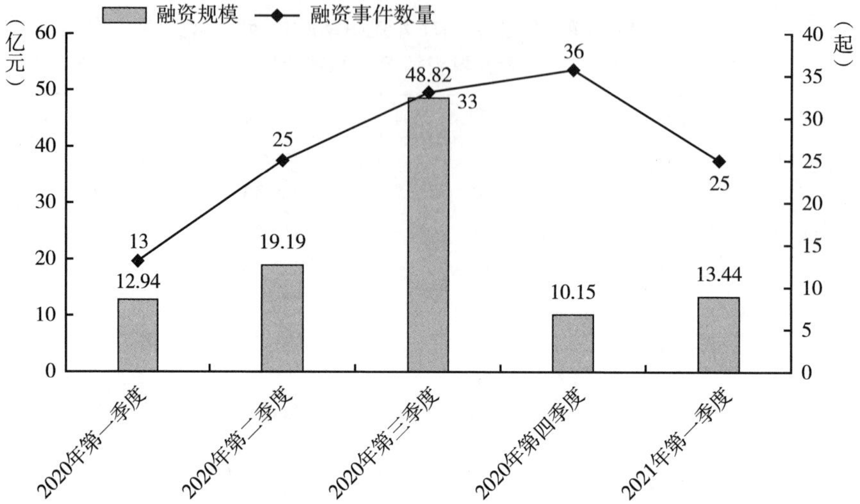

图 2　2020 年第一季度至 2021 年第一季度北京市文化产业私募股权融资情况

资料来源：新元文智－文化产业投融资大数据系统（文融通）。

权融资愈加谨慎，投资者更青睐发展更为成熟、投资风险较低的成熟期文化企业。

表 2　2020 年第一季度至 2021 年第一季度北京市文化产业私募股权融资类型

类型	融资事件数量(起)	融资规模(亿元)	融资规模占比(%)
VC	48	14.83	14.19
PE	84	89.72	85.81

资料来源：新元文智－文化产业投融资大数据系统（文融通）。

（三）新增挂牌文化企业数量减少，新三板市场趋于理性发展

近年来，随着新三板市场主体情绪渐趋理性，全国新增新三板挂牌文化企业数量减少，北京市也不例外。新元文智－文化产业投融资大数据系统（文融通）数据显示，2020 年全年及 2021 年第一季度，北京市各新增 1 家文化企业挂牌新三板，分别为喂呦科技、乐视网。未来，随着门槛提高、退

市制度实施，北京市新三板挂牌企业数量预计不会出现大幅增加，部分业绩较差的企业会逐渐被淘汰。

从已挂牌企业投融资规模来看，2020 年第一季度以来，北京市新三板文化企业投融资市场均呈现触底后反弹式增长，然后逐步回落的发展态势。其中，2020 年第三季度，北京市新三板文化企业投融资规模均攀至小高峰，分别达到 2. 88 亿元、2. 17 亿元。随后两个季度，投融资规模双双出现下滑，北京市文化产业新三板市场逐步恢复理性、平稳发展（见表 3）。

表 3　2020 年第一季度至 2021 年第一季度北京市新三板文化企业投融资情况

时间	投资		融资	
	事件数量(起)	规模(亿元)	事件数量(起)	规模(亿元)
2020 年第一季度	20	1. 18	1	0. 23
2020 年第二季度	26	1. 91	3	0. 27
2020 年第三季度	26	2. 88	2	2. 17
2020 年第四季度	32	0. 93	2	0. 23
2021 年第一季度	17	0. 68	2	0. 13

资料来源：新元文智 - 文化产业投融资大数据系统（文融通）。

（四）互联网文化企业上市活跃，上市企业投融资市场发展向好

截至 2021 年第一季度末，北京市上市文化企业累计 93 家（不含退市转型企业），占全国上市文化企业总数的 22. 46%，居全国第二位。首发融资规模达 1756. 04 亿元，占全国上市文化企业首发融资总规模的 43. 29%，高居全国各省（自治区、直辖市）之首，领先优势明显。分季度来看，2020 年第一季度至 2021 年第一季度，北京市新增上市文化企业数量总体呈现波动中增长态势，其中 2021 年第一季度新增上市文化企业数量多达 9 家，首发融资规模为 703. 25 亿元，均较上年同期明显增长（见图 3）。从上市文化企业所属行业来看，2020 年第一季度至 2021 年第一季度新增上市文化企业中，60% 以上为互联网新兴文化企业，其中不乏快手、百度、知乎等知名企业，可见互联网文化业态已经成为北京市文化产业发展的重要引擎之一。

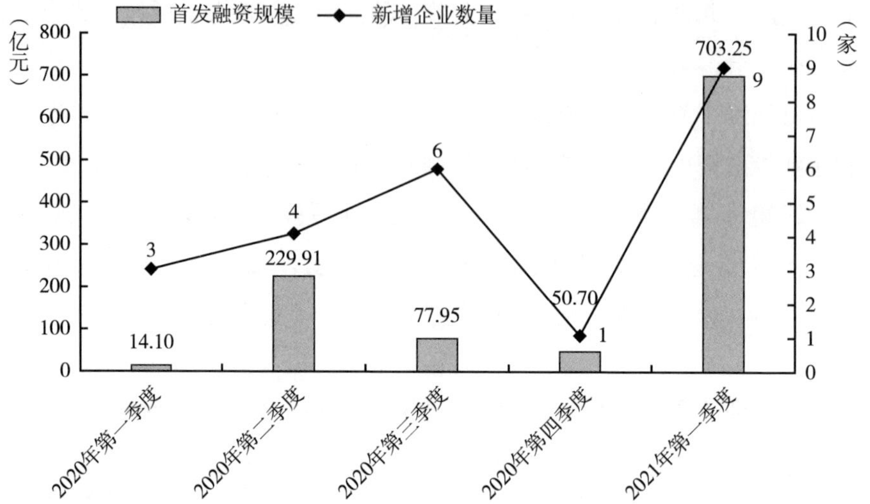

图3　2020 年第一季度至 2021 年第一季度北京市新增上市文化企业融资情况

资料来源：新元文智－文化产业投融资大数据系统（文融通）。

从上市文化企业投融资情况来看，2020 年第一季度至 2021 年第一季度，北京市上市文化企业投融资市场均呈现波动变化的发展态势。其中，投资事件数量及投资规模自 2020 年下半年以来均有了明显增长。2021 年第一季度，投资事件数量为 26 起，同比增长 52.94%，投资规模为 45.88 亿元，同比增长 99.38%，整体发展态势良好。融资方面的情况类似，2021 年第一季度，融资事件数量及规模同比分别增长 66.67%、248.76%，新冠肺炎疫情给资本市场带来的负面影响正在逐步消退（见表 4）。

表 4　2020 年第一季度至 2021 年第一季度北京市上市文化企业投融资情况

时间	投资		融资	
	事件数量(起)	规模(亿元)	事件数量(起)	规模(亿元)
2020 年第一季度	17	23.01	3	5.58
2020 年第二季度	15	6.78	3	32.28
2020 年第三季度	31	27.30	4	9.41
2020 年第四季度	29	252.04	6	50.44
2021 年第一季度	26	45.88	5	19.45

资料来源：新元文智－文化产业投融资大数据系统（文融通）。

（五）文化产业债券融资活跃度明显上升，超短期融资券备受青睐

2020 年第一季度至 2021 年第一季度，北京市文化产业共发生债券融资事件 16 起。其中，2020 年共发生 15 起，同比增长 36.36%（见图 4）。可见，在新冠肺炎疫情发生后，有更多文化企业选择以发债的方式缓解资金压力。从债券类型来看，超短期融资券由于具有风险低、流动性好、期限短的特点，成为疫情发生以来北京市文化企业债券融资的首选方式，融资事件数量最多，共 9 起，占北京市文化产业发债总数的 50% 以上（见图 5）。

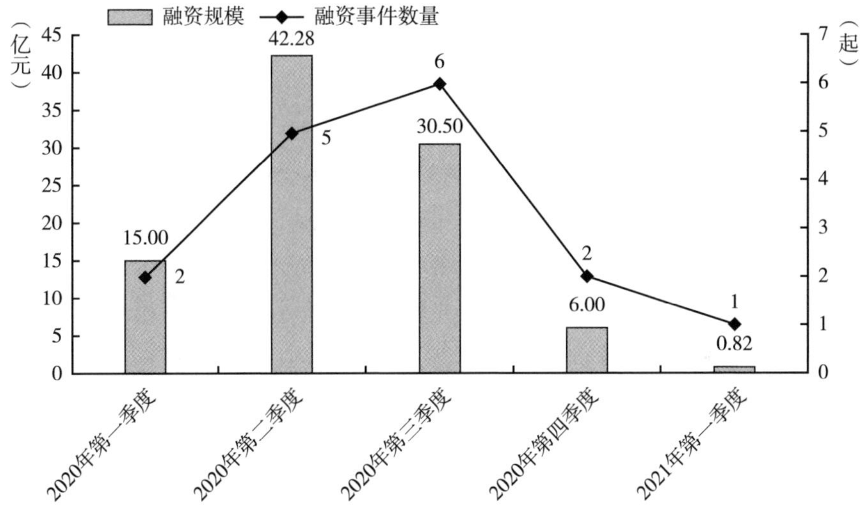

图 4　2020 年第一季度至 2021 年第一季度北京市文化产业债券融资情况

资料来源：新元文智－文化产业投融资大数据系统（文融通）。

（六）信托市场成功突破“零融资”，或有望打开新局面

信托融资由于具有程序简单、审批环节少、对企业规模要求不高等特点，成为文化企业重要的融资方式。但其融资成本也比较高，在北京市文化产业融资市场的地位仍然较低，与同为债权融资的债券融资相比存在较大差距。2020 年，北京市共发生 9 起信托融资事件，涉及资金规

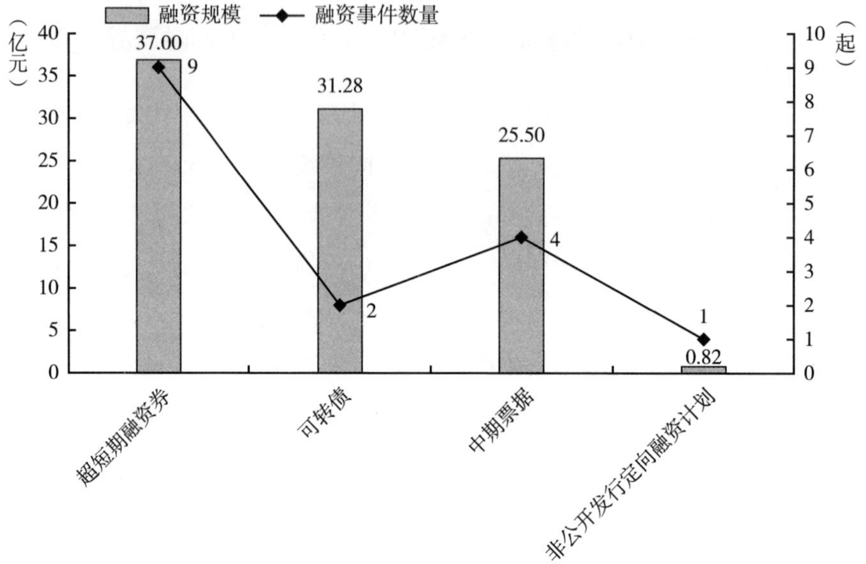

图5　2020年第一季度至2021年第一季度北京市文化产业债券融资类型

资料来源：新元文智－文化产业投融资大数据系统（文融通）。

模为6.32亿元，成功打破上年"零融资"局面。分季度来看，这9起信托融资事件均发生在新冠肺炎疫情相对稳定的下半年，结合债券融资多集中在前三季度的情况可以看出，疫情发生初期，发债比信托更受北京市文化企业青睐。2021年第一季度，北京市文化企业共发生信托融资事件5起，虽然较上季度减少了2起，但较上年同期有了明显增长，并且融资规模环比、同比均有上升，若保持现有发展趋势，北京市文化产业信托融资市场或有望打开新局面（见图6）。

三　北京市文化产业投融资案例分析

（一）私募股权：《无限引力》获千万元Pre-A轮融资

2020年3月，引力波互动科技（北京）有限公司完成Pre-A轮1000万元融资，投资方为猎豹移动。

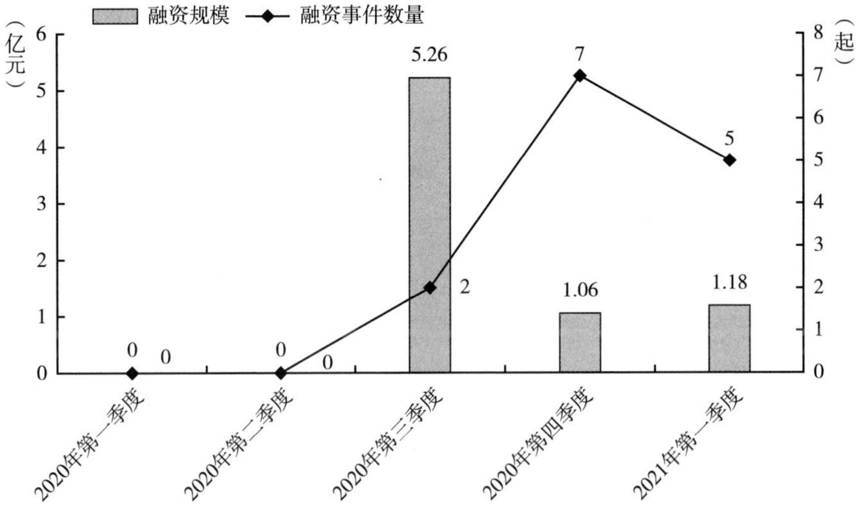

图6　2020 年第一季度至 2021 年第一季度北京市文化产业信托融资情况

资料来源：新元文智 - 文化产业投融资大数据系统（文融通）。

1. 融资方介绍

引力波互动科技（北京）有限公司是一家综合性沙盒游戏研发运营商，主要从事国产沙盒类游戏的开发运营工作，主要作品有《无限引力》。

2. 赢利模式

《无限引力》致力于在 To B 和 To C 两个层面实现商业变现。面向 To B 市场，《无限引力》可以针对不同企业需求定制扩展版本，目前已有 Steam 教育版案例，之后会有 VR 版本等。面向 To C 市场，《无限引力》可以通过以下方式来变现：数据及内容贩卖，即常规外观非数值物品售卖、个性化便捷服务售卖；交易抽成，即玩家间交易抽成；流量变现，即对用户内容订阅收费，取得 UGC（用户生成内容）用户社群内广告位收入；IP（知识产权）变现，即打造泛娱乐生态链，实现 IP 跨界合作，进行 IP 衍生品周边售卖。

3. 融资分析

目前，游戏市场整体收入增长率呈现放缓趋势。而相比之下，根据伽马数据（CNG）发布的《2018 年功能游戏报告》，通过对功能游戏目标用户规模进行评估发现，仅国内功能游戏目标用户就已达 4.8 亿人，功能游戏仍具有人口红利的优势。根据业内人士分析，原创内容的价值将不断攀升，UGC 创作必须得到重视。在此背景下，以 UGC 创作为核心玩法的沙盒类作品，预计将逐渐成为中国游戏市场的一片蓝海。资本的扶持，有利于引力波互动科技（北京）有限公司快速发展壮大，《无限引力》的开发也进入加速阶段，先后完成了生存模式及灾难系统上线、种植系统上线和多人联机模式上线等，移动版本也进行了公开测试。

（二）新三板：非常时代定增融资137.5万元

1. 公司简介

非常时代（北京）影视广告传媒股份公司（以下简称非常时代）成立于 2001 年，2016 年以前主要从事商务经纪业务，在多年的业务发展过程中积累了丰富的客户资源和艺人资源，自 2016 年开始从事影视经纪业务，于 2018 年 6 月 15 日挂牌新三板，证券简称为非常时代，证券代码为 872819。非常时代立足影视行业，通过影视剧本创作、影视经纪触及影视制作行业的全过程。由于非常时代可以参与影视剧本的创作，可以在早期介入影视作品制作，凭借其专业的服务成功促成影视制作公司与艺人、艺人与品牌客户间的良好合作，在影视制作公司、艺人、品牌客户中均收获了良好的口碑。

2. 赢利模式

非常时代为影视制作公司提供艺人资源，影视制作公司支付相关的服务费；同时也为品牌客户提供商务经纪业务服务，为其聘请艺人参与品牌的宣传推广或者为其寻找品牌宣传推广渠道，通过为品牌客户提供商务经纪服务获取收益。此外，为了实现多元化的发展目标，非常时代积极拓展软件开发、数据采集处理及应用平台等技术服务业务，并利用优势资源拓展此项业务，培养新的业务增长点。

3. 融资分析

2020 年 7 月 6 日，非常时代发布《股票定向发行情况报告书》，宣布完成股票发行，共募集资金137.5万元。本次股票的认购对象为王燕钊、张巍、徐萌等7名自然人投资者。本次股票发行募集资金用于补充流动资金。公司正处于业务转型时期，业务规模不断扩大，对流动资金的需求相应增加，本次募集资金用以补充流动资金，可以缓解公司业务快速扩张带来的资金周转压力，优化财务结构，提升公司赢利能力和竞争力，扩大业务规模，增强实力，进一步提升综合实力和抗风险能力，有利于公司的长期可持续发展。

（三）债券：保利文化发行2亿元超短期融资券

2020年4月8日，保利文化集团股份有限公司（以下简称保利文化）成功发行公司2020年度第一期超短期融资券，债券简称为20保利文化SCP001，债券代码为012001237。本期超短期融资券所募资金用于归还公司本部以及下属公司到期债务（偿还金融机构借款）。

1. 公司简介

保利文化是专业从事文化产业的大型央企，2014年在香港联交所主板上市。经过多年的发展，保利文化已经形成了艺术品经营与拍卖、演出与剧院管理、影院投资管理等主要业务，其中艺术品经营与拍卖、演出与剧院管理等业务在行业内居领先地位。立足三项主业，保利文化积极开拓新业务，范围涉及艺术教育、文化金融、文化旅游、文化资产运营管理等，不断寻求产业升级，致力于打造中国文化领军企业，树立世界一流文化品牌。

2. 竞争优势

保利文化的艺术品经营与拍卖、演出与剧院管理业务均居行业领先地位，拥有较大的品牌影响力及较强的竞争实力。2018年，保利文化艺术品拍卖成交额约为83.03亿元，实现年度全球中国艺术品拍卖成交总额九连冠。截至2019年6月末，保利文化管理的剧院规模达到66家，不仅拥有国内最大的剧院演出平台及最大的剧院管理团队，而且是国内规模最大的剧院演出运营商。

受益于艺术品拍卖成交额的上升、艺术品融资租赁业务的开展以及剧院规模的扩大，近年来保利文化营业总收入稳步提升，2016～2018 年及 2019 年上半年分别为 26.98 亿元、34.91 亿元、37.22 亿元和 17.56 亿元。

3. 偿债能力

从短期偿债能力指标来看，2016～2018 年及 2019 年上半年，保利文化的流动比率分别为 2.51、1.56、1.87 和 1.61，速动比率分别为 1.75、1.16、1.38 和 1.24。其债务结构以短期债务为主，由于艺术品拍卖的行业特性，公司应付和预收款项金额占比相对较大，流动负债在负债总额中的比重较高，2016～2018 年及 2019 年上半年，流动负债在负债总额中的比重分别为 91.38%、93.60%、79.17%、82.58%，公司短期资金偿付压力较大。

从长期偿债能力指标来看，2016～2018 年及 2019 年上半年，资产负债率分别为 35.91%、52.76%、52.12% 和 56.98%，由于业务发展，资产负债率总体呈现上升趋势。

4. 事件概要

债券名称：保利文化集团股份有限公司 2020 年度第一期超短期融资券。

债券简称：20 保利文化 SCP001。

发行人：保利文化集团股份有限公司。

发行金额：2 亿元。

期限：270 日。

发行价格：面值 100 元。

票面利率：2.5000%。

信用评级：中诚信国际信用评级有限责任公司给予发行方的主体评级为 AA +。

付息及兑付方式：一次性还本付息，到期日前 5 个工作日，由债券发行人按相关规定在指定的媒体上刊登《兑付公告》，然后在付息日按照票面利率由上海清算所代理完成相关付息工作。

募集资金用途：用于归还公司本部以及下属公司到期债务，增加公司直接融资规模，优化公司融资结构，降低公司融资成本。

四　北京市多个文化产业融资渠道发展态势向好

（一）私募股权融资规模大幅下滑，未来短期内难以出现大幅提升

在经济下行、金融去杠杆、严监管背景下，近年来北京市文化产业股权融资市场趋冷，尤其是新冠肺炎疫情发生以来，文化企业融资环境急剧恶化，多个股权融资渠道尤其是私募股权融资规模大幅下滑。新元文智 - 文化产业投融资大数据系统（文融通）数据显示，2020 年，北京市文化产业私募股权融资规模同比下降 76.58%，众多中小文化企业私募股权融资难度增大。从私募股权二级市场来看，近年来在私募股权投资机构退出压力增大的背景下，因投资回报周期较短、份额价格优惠、投资风险较小等优势而受到投资机构青睐的私募股权二手份额转让交易需求逐渐增加，但受新冠肺炎疫情影响，部分投资机构间原有的交易计划“被拖延”，交易周期延长，并且原份额持有机构的管理运营成本不断增加，私募股权二手份额转让交易受限，这在一定程度上限制了资本流向文化产业。尽管 2021 年第一季度北京市文化产业私募股权融资规模较上年同期出现小幅上升，再融资新规、险资投资限制取消等政策的推出也有利于调动投资者积极性，但政策的落地实施具有一定的时间滞后性，预计北京市文化产业私募股权融资规模在短期内不会出现大幅提升。

（二）创业板注册制正式落地，IPO 上市文化企业数量有望增长

2020 年 6 月，证监会发布《创业板上市公司证券发行注册管理办法（试行)》《创业板首次公开发行股票注册管理办法（试行)》《创业板上市公司持续监管办法（试行)》《证券发行上市保荐业务管理办法》，深圳证券交易所、中国证券业协会、中国证券登记结算有限责任公司等同步推出了相关配套规则，创业板注册制细则正式落地。过去，企业选择借壳上市而非 IPO 上市，是因为在核准制的背景下，企业 IPO 上市审核时间较长，且监管严格。注册制

的推出极大地简化了IPO上市流程，提高了上市审核效率。未来，随着以信息披露为中心的注册制及其配套的严格退市制度逐步在科创板、创业板等板块深入实施，企业IPO上市时间将大幅缩短，借壳上市的优势或将不复存在。从长期来看，将有更多文化企业选择在科创板、创业板等板块上市，北京市文化企业尤其是科技类、成长创新型文化企业IPO上市数量有望进一步增长。

（三）政策“组合拳”持续改善新三板市场流动性，精选层文化企业融资规模有望增长

2020年7月27日，精选层正式开板，标志着全面深化新三板改革主要措施全部落地实施，改革取得初步成效。为了不断推进新三板市场改革创新，证监会及全国股转公司推出一系列政策“组合拳”，持续改善新三板市场流动性。例如，2020年7月31日，证监会发布《监管规则适用指引——机构类第1号》，并提出“放开保荐机构直接投资新三板精选层公司的时点限制”，这意味着在保荐机构对发行人提供保荐服务前后，保荐机构、控股该机构的证券公司，以及相关子公司均可对发行人进行投资。同日，全国股转公司发布《关于公募基金管理人参与新三板交易有关事项的通知》，提出公募基金管理人在原有模式外，还可以通过券商经纪模式投资新三板精选层公司，这无疑将为公募基金加码新三板市场提供畅通渠道，为后续长期资金进入市场扫清障碍。2020年8月，全国股转公司宣称，下一步将在不断完善基础制度、着力提高市场流动性、进一步改善市场环境、推动完善政策体系、不断完善市场服务体系五个方面持续深化改革，包括加快落地混合交易和融资融券制度、尽快畅通各类中长期资金投资新三板市场的渠道等。从长期来看，在一系列利好政策的推动下，预计新三板市场的流动性将逐步提高，北京新三板文化企业的融资环境将逐步改善，精选层文化企业的融资规模或将增加。

（四）被纳入专项债重点支持范围，文化产业专项债市场或将升温

受新冠肺炎疫情影响，多个在建文化项目停工、数家景区及娱乐休闲场

所关闭，为助力文化企业纾困解难，政府先后出台多项扶持政策。2020 年 5 月，文化和旅游部办公厅出台《关于用好地方政府专项债券的通知》，提出各地文化和旅游行政部门要主动与所在地财政、发展改革等部门沟通对接，争取将文化和旅游行业纳入各地地方政府专项债券（以下简称专项债券）重点支持范围。各地要充分利用好专项债券的优势，推动文化和旅游领域重大项目落地实施。未来，随着政策的落地实施，北京市文化专项债券规模或将有所增长。作为对冲疫情影响的重要财政政策工具，专项债券不仅将给重大文化项目带来直接资金支持，而且将撬动更多的社会资本参与到北京市重大文化项目投资建设中来。

（五）疫情防控常态化下，北京市文化产业投融资市场向好态势显现

2020 年新冠肺炎疫情发生以来，北京市文化产业遭受前所未有的重创，企业经营发展面临巨大挑战。为缓解首都文化企业经营压力，北京市政府先后出台了《关于应对新冠肺炎疫情影响促进文化企业健康发展的若干措施》《关于加强金融支持文化产业健康发展的若干措施》《北京市文化产业“投贷奖”风险补偿资金管理办法（试行）》等文件，通过加快补贴发放、延缴社保、减免房租、增加信贷投放、降低文化企业投融资成本、优化行政审批流程等一系列政策“组合拳”，帮助北京市文化企业渡过难关。尽管在 2020 年第二季度北京地区新冠肺炎疫情出现反弹的现象，跨省旅游、演出、会展等人群密集型产业短暂停摆，但总体情况可控。并且，随着一系列利好政策的逐步落实推进，北京市文化产业逐步恢复健康发展。北京市统计局数据显示，2020 年，北京市规模以上文化产业营业收入同比增长 0.9%，与第一季度（同比下降 8.0%）相比，向好态势逐步显现，文化产业投融资市场也有望随之回暖。

B.7
北京市文化企业生产效率动态分析*

池建宇　逯萌思**

摘　要：本报告在三阶段DEA模型的框架下对北京市文化企业的生产效率进行动态分析。考虑到数据的可得性，本报告使用北京市28家文化产业上市公司2016~2020年的财务数据，对其生产效率进行动态评价。主要结论如下：从整体来看，北京市文化企业的全要素生产率呈上升趋势；北京市文化企业发展现状与其所处的外部环境不匹配；北京市文化产业两个细分行业的技术效率都处于上升态势。

关键词：文化企业　企业生产效率　动态分析　上市公司

一　引言

随着我国文化体制改革的进一步深化，文化产业已经进入快速发展的新时期，展现出强大的生机与活力。国家统计局发布的《文化及相关产业分类（2018）》中，将文化及相关产业定义为社会公众提供文化产品和文化相关产品的生产活动的集合。该分类将文化及相关产业划分为9个大类43个中类146个小类，其中9个大类中文化核心领域有6个，文化相关领域有3

* 北京市社会科学基金一般项目“北京市文化创意企业生产效率的测度及影响因素研究”（项目编号：17LJB006）。

** 池建宇，博士，中国传媒大学经济与管理学院副教授，研究方向为产业经济学、文化经济学；逯萌思，中国传媒大学经济与管理学院硕士研究生。

个，与之前学术界沿用较多的《文化及相关产业分类（2012）》划分的10个大类不同，反映了我国文化及相关产业生产活动的最新统计标准和分类依据。

北京市作为全国文化体制改革试点的综合性地区，主要围绕发展文化企业、培育文化市场等推进文化体制改革，使得文化创意产业逐渐成为推动当地经济发展的新引擎。《北京文化产业发展白皮书（2020）》指出，2019年北京市文化产业规模稳步增长，全市共有规模以上文化企业法人单位4831个，文化产业总资产共计20198亿元，比上年增长5.6%。文化核心领域的主导地位更加巩固，排在前四位的领域收入合计占全市规模以上文化产业收入合计的87.3%，其中新闻信息服务和内容创作生产领域分别列第二位和第四位，成为推动全市文化产业高质量发展的主导产业。以线上阅读、短视频、直播带货、网络视听和数字展览为代表的新媒体业务迅猛发展，文化消费的新热点逐渐形成，文化"走出去"企业竞争力日益增强。① 本报告最终选取28家文化产业上市公司进行三阶段DEA模型实证研究，这28家样本公司的详细情况见表1。

生产效率是指在生产活动中各种生产要素的有效利用程度，反映了要素资源在生产过程中投入要素转变为实际产出的效率，是当代经济学中一个重要的概念。本报告主要从动态角度研究北京市文化产业的生产效率，采用2016~2020年北京市28家文化产业上市公司投入产出各指标的面板数据。为了能直观地反映样本公司的生产效率和技术进步在不同时期的变化情况，本报告运用RD-Malmquist指数法对所选取的28家文化产业上市公司的生产效率进行动态评价，并且对结果分别进行文化产业整体分析和分行业分析。

① 北京市国有文化资产管理中心、中国传媒大学文化产业管理学院：《北京文化产业发展白皮书（2020）》，2020年11月。

表 1　北京市 28 家文化产业上市公司股票代码及所属细分行业

公司名称	股票代码	所属细分行业
北巴传媒	600386	零售业
盛通股份	002599	印刷和记录媒介复制业
北京文化	000802	广播、电视、电影和影视录音制作业
华录百纳	300291	
光线传媒	300251	
万达电影	002739	
捷成股份	300182	
中国电影	600977	
歌华有线	600037	电信、广播电视和卫星传输服务
华扬联众	603825	互联网和相关服务
昆仑万维	300418	
人民网	603000	
数知科技	300038	
掌趣科技	300315	
掌阅科技	603533	
腾信股份	300392	
天地在线	002995	
新华网	603888	
数码科技	300079	计算机、通信和其他电子设备制造业
蓝色光标	300058	商务服务业
引力传媒	603598	
元隆雅图	002878	
华谊嘉信	300071	
宣亚国际	300612	
中国出版	601949	新闻和出版业
中国科传	601858	
中文在线	300364	
中信出版	300788	

资料来源：巨潮资讯网，http：//webapi. cninfo. com. cn/。

二 RD-Malmquist 指数法

Malmquist 指数法是基于生产前沿面法和距离函数构造的多投入、多产出的非参数效率分析方法，该方法不需要设定具体函数或价格信息，也不需要设定行为假设，具有普遍适用性。同时，该方法可以对不同时期的生产率变化进行分解，从而深入探析效率变化背后的原因。① 本报告选取基于规模报酬可变假设的 RD-Malmquist 模型，运用三阶段 DEA 模型进行实证分析。该模型的表达式及分解式为：

$$M(x^t,y^t,x^{t+1},y^{t+1}) = (M_t \cdot M_{t+1})^{\frac{1}{2}} = \left[\frac{D^t(x^{t+1},y^{t+1})}{D^t(x^t,y^t)}\frac{D^{t+1}(x^{t+1},y^{t+1})}{D^{t+1}(x^t,y^t)}\right]^{\frac{1}{2}}$$

$$= \left[\frac{D_V^t(x^t,y^t)}{D_V^{t+1}(x^t,y^t)}\frac{D_V^t(x^{t+1},y^{t+1})}{D_V^{t+1}(x^{t+1},y^{t+1})}\right]^{\frac{1}{2}} \times \frac{D_V^{t+1}(x^{t+1},y^{t+1})}{D_V^t(x^t,y^t)} \times$$

$$\left[\frac{D_C^t(x^{t+1},y^{t+1})/D_V^t(x^{t+1},y^{t+1})}{D_C^t(x^t,y^t)/D_V^t(x^t,y^t)}\frac{D_C^{t+1}(x^{t+1},y^{t+1})/D_V^{t+1}(x^{t+1},y^{t+1})}{D_C^{t+1}(x^t,y^t)/D_V^{t+1}(x^t,y^t)}\right]^{\frac{1}{2}}$$

其中，$D^t(x^t,y^t)$ 和 $D^{t+1}(x^{t+1},y^{t+1})$ 分别表示在 t 时期技术条件下 t 时期和 $t+1$ 时期 DMU 的距离函数，D_C 和 D_V 分别表示规模收益不变（CRS）和规模收益可变（VRS）的距离函数。

该方法计算出的全要素生产率变动率（$TFPCH$）反映了全要素生产率的变化趋势，可以进一步分解为技术进步变动率（$TECH$）和技术效率变动率（$EFFCH$），其中 $EFFCH$ 是反映经济体管理水平和资源利用水平变化的纯技术效率变动率（$PECH$）与反映经济体生产规模设置合理程度变动的规模效率变动率（$SECH$）综合作用的结果，即：

$$M(x^t,y^t,x^{t+1},y^{t+1}) = TFPCH = TECH \times EFFCH = TECH \times PECH \times SECH$$

由于文化产品的特殊性，文化产业的生产技术所涉及的范围更加广阔，不仅涉及传统的工业技术，而且包括反映文化产品内容创新的创意技术。当

① 刘颖：《中国文化创意企业创意效率研究》，中国矿业大学（北京）博士学位论文，2015。

以上生产效率指标的变动率大于1时，说明 *DMU* 的效率值上升；当以上生产效率指标的变动率小于1时，则说明 *DMU* 的效率值有所下降。

三　变量设计与数据来源

学界关于文化产业投入产出指标的选择还未达成共识，因此本报告在前人研究的基础上，同时考虑指标量化的可行性、文化产业的特殊性和数据来源的可得性，构建了文化产业投入产出指标体系，共纳入5个投入指标和2个产出指标。现将投入产出变量汇总，见表2。

表2　文化产业生产效率投入产出变量

类别	变量名称	含义	单位
投入变量	主营业务成本	反映文化领域的生产成本	万元
	固定资产投资	反映文化企业投入的原始价值	万元
	资产总额	反映资本要素的投入情况	万元
	销售费用	反映文化产品推广力度	万元
	应付职工薪酬	反映劳动力要素投入的质量	万元
产出变量	主营业务收入	反映企业的全面产出水平	万元
	净利润	反映企业的赢利水平	万元

另外，在三阶段DEA模型的框架下，第二阶段的计算中主要选取了5个环境变量，包括GDP、常住人口数、北京市各区固定资产投资、一般公共预算支出和居民人均可支配收入。

本报告涉及的文化产业上市公司的投入变量和产出变量数据来源于Wind数据库，环境变量数据来源于《北京区域统计年鉴》。

由于DEA模型的效率测算需满足一项基本要求，即投入变量和产出变量间存在一定的相关性且影响方向相同。因此，基于本报告选取的投入变量与产出变量，首先应用SPSS 22.0软件对2016～2020年28家文化产业上市公司共140个样本进行Pearson相关性分析，检验结果见表3。

表 3　投入变量与产出变量的 Pearson 相关性分析

变量名称	主营业务收入	净利润	主营业务成本	固定资产投资	资产总额	销售费用	应付职工薪酬
主营业务收入	1	0.128	0.987*	0.273*	0.704*	0.675*	0.634*
净利润	0.128	1	0.089	0.162	0.231*	0.117	0.101
主营业务成本	0.987*	0.089	1	0.235**	0.622*	0.597**	0.559*
固定资产投资	0.273*	0.162	0.235*	1	0.592*	0.100	0.452*
资产总额	0.704*	0.231*	0.622**	0.592*	1	0.502**	0.708*
销售费用	0.675*	0.117	0.597*	0.100	0.502*	1	0.639*
应付职工薪酬	0.634*	0.101	0.559*	0.452*	0.708*	0.639**	1
观察值	140	140	140	140	140	140	140

注：*、** 分别表示 5%、1% 的显著性水平。

从表 3 可以看出，投入变量与产出变量的相关系数为正值，满足“同向性”要求，且均在 0.05 的显著性水平下通过双尾检验。

投入变量与产出变量的描述性统计结果见表 4。从表 4 可以看出，本报告选取的文化产业上市公司数据标准差较大，说明所选样本公司的生产规模差距较大。但是因为目前国内运用 DEA 模型的研究均未将投入变量与产出变量标准化，所以本报告参照前人做法不进行标准化处理。

表 4　投入变量与产出变量的描述性统计结果

单位：万元

变量名称	最小值	最大值	平均值	标准差
主营业务收入	34935.26	2810571.77	339827.05	413915.22
净利润	-472174.08	162177.36	20320.99	80808.92
主营业务成本	18004.89	2559972.54	250871.48	350989.40
固定资产投资	146.91	414833.55	49471.08	93794.48
资产总额	19542.39	2648808.13	632087.51	584743.10
销售费用	205.20	114167.49	23348.19	26306.43
应付职工薪酬	51.64	36901.51	5895.53	6868.57
观察值	140	140	140	140

由此可以确认，本报告所选择的投入变量与产出变量符合模型的应用条件，同时也表明本报告的前提假设是有效的，即对于样本公司的文化生产活动来说，当期投入与当期产出之间具有很强的正相关性。

四 动态效率的整体分析

（一）环境差异下的效率变动

表5主要显示了使用三阶段DEA模型的第一阶段对投入产出数据分析得到的文化产业整体生产效率及其分解指标的变动情况。变化率由表中所计算出的Malmquist效率值来表示，这些数值大小均接近1，本报告所涉及的均值均采用几何平均值。

表5 DEA模型第一阶段北京市文化产业整体生产效率及其分解指标

年份	*EFFCH*	*TECH*	*PECH*	*SECH*	*TFPCH*
2016～2017	0.992	1.190	0.991	1.002	1.181
2017～2018	0.975	0.968	0.982	0.993	0.944
2018～2019	0.963	1.362	0.987	0.976	1.312
2019～2020	1.046	1.058	1.009	1.037	1.107
均值	0.994	1.135	0.992	1.002	1.128

由表5可知，总体来看，2016～2020年选取的28家文化产业上市公司*TFPCH*的均值为1.128，年均上升12.8%，除了2017～2018年的*TFPCH*小于1，其余各年份的*TFPCH*均大于1，说明北京市文化产业呈现良好的发展态势，生产率不断提高。

选取的28家文化产业上市公司整体的*TECH*在2016～2020年年均上升13.5%，与*TFPCH*相同，除了2017～2018年的*TECH*小于1，其余各年份的*TECH*均大于1，说明文化产业生产技术取得了创新性突破。由于创意技术和工业技术共同构成了文化产业生产技术，而一般情况下工业技术进步相对稳定，所以 *TECH* 年均上升速度较快的原因，也就是北京市文化产业实现技术进步的原因，更应归功于创意技术的进步，创意技术的进步进而推动文化产品内容质量的提升。结合现代社会公众尤其是年轻人对精神文化需求不断增长这一消费趋势，高文化附加值的产品更易受到青睐。从企业的角度来看，这些具有代表性的文化企业已经意识到文化附加值的重要性，一方面，依靠政府的政策支持和行业内逐步完善的制度；另一方面，企业内创新型人才的供应能力持续增强，创新型人才作为文化产业发展的新鲜血液和强大助推力，能够使文化产品和服务拥有更广阔的应用场景和更多元的表达方式，从根本上解决长期以来困扰文化企业的产品同质化问题。

EFFCH 的均值为0.994，且只有2019～2020年 *EFFCH* 有所提升，说明总体来看28家文化产业上市公司的技术效率呈现下降趋势，以年均0.6%的速度缓慢下降。进一步分解可得，*PECH* 和 *SECH* 的均值分别为0.992和1.002。前者以年均0.8%的速度小幅下降，是由于2019～2020年纯技术效率上升的幅度远小于其余年份纯技术效率下降的幅度之和；后者以年均0.2%的微弱速度上升，则是由于2016～2017年以及2019～2020年规模效率上升的幅度之和大于其余年份规模效率下降的幅度之和。综合评价两者的作用，可得纯技术效率变动率下降是造成技术效率变动率下降的主要影响因素，说明这些文化企业亟待提高其在资源利用、管理和综合配置等方面的能力，在对生产规模的合理性进行改善的过程中应当做到持续和稳定。

2016～2017年全要素生产率上升主要是技术进步（19%）导致的，而2017～2018年全要素生产率下降则是由技术效率下降和技术退步（分别下降2.5%和3.2%）共同作用的结果。以各生产效率指标均值在2016～2020年是否增长为标准，采用分类统计的方法，对28家文化产业上市公司进行更详细的分析。由表6可知，75.00%的样本公司的 *TFPCH* 具有增长趋势，这是由于85.71%的样本公司处于生产前沿的条件下生产技术（创意技术）是有效的，尽管几乎同等比例（89.29%）的样本公司技术效率普遍下降，但表6的统计显示，仅有7家文化企业的 *TFPCH* 小于或等于1，说明技术进步产生的作用巨大。综合这28家样本公司各年份的表现来看，技术进步对全要素生产率的贡献最大，成为推动北京市文化产业生产效率提高的主要原因，技术效率的下降并未扭转全要素生产率整体上升的趋势。对于大部分企业技术效率下降的情况，需要引起高度重视，不仅要对生产规模进行适当调整，而且要注意改善企业的资源利用效率和管理水平。

表6 2016~2020年北京市文化企业各生产效率指标均值的分类统计

划分标准	指 标	*EFFCH*	*TECH*	*PECH*	*SECH*	*TFPCH*
≤1	企业数量（家）	25	4	28	24	7
	占总样本比例（%）	89.29	14.29	100	85.71	25.00
>1	企业数量（家）	3	24	0	4	21
	占总样本比例（%）	10.71	85.71	0	14.29	75.00

（二）同一环境下的效率变动

通过对投入产出数据进行调整，表7显示了去除环境差异后的结果。

表7 DEA模型第三阶段北京市文化产业整体生产效率及其分解指标

年份	*EFFCH*	*TECH*	*PECH*	*SECH*	*TFPCH*
2016~2017	1.052	1.210	0.995	1.058	1.273
2017~2018	0.990	1.027	0.985	1.006	1.016
2018~2019	0.987	1.428	0.996	0.990	1.408
2019~2020	1.034	1.023	1.008	1.026	1.058
均值	1.015	1.161	0.996	1.020	1.178

由表7可知，28家文化产业上市公司的*TFPCH*均值为1.178，表明北京市文化产业的全要素生产率年均上升17.8%。分指标来看，各年份的*TFPCH*均大于1，说明调整后样本公司的生产效率整体保持稳中有升的状态，北京市文化产业蓬勃发展。与表5进行对比，在不考虑环境异质性的条件下，调整后的*TFPCH*提高的幅度更大，表明部分文化企业的实力在调整前是被低估的，环境的调整使这一部分企业加入生产前沿面的行列中，其生产效率实际上是提高的。

与 *TFPCH* 的情况几乎一致，调整后的 *TECH* 除 2019 ~ 2020 年外均高于调整前。由表 7 可知，调整后的 *TECH* 在 2016 ~ 2020 年均大于 1，尤其是在 2016 ~ 2017 年和 2018 ~ 2019 年这两个时间段内 *TECH* 较大，仅 2019 ~ 2020 年的 *TECH* 与调整前相比略微减小，其余时间段的 *TECH* 均有所提高，说明调整后技术进步的趋势更加显著，环境的差异会低估文化企业的技术水平，同一环境条件下更能反映出北京市文化产业上市公司生产技术的进步。从实际的角度出发，环境异质性必然存在，文化产业的生产活动一定会受到不同环境状况的影响，因此加大创新力度，实现在环境差异条件下与同一环境下同等的技术进步，才能真正实现文化产业生产效率的改善。

EFFCH 调整前后的情况如下。2016 ~ 2020 年 28 家文化产业上市公司调整后的 *EFFCH* 均值为 1.015，年均提高 1.5%，说明文化产业整体的技术效率呈上升趋势。2016 ~ 2017 年 *EFFCH* 发生的变化非常明显，由调整前的 0.992 变动到调整后的 1.052。2017 ~ 2019 年无论是调整前还是调整后样本公司的 *EFFCH* 都小于 1，但调整后的结果较调整前有所提高，这表明环境的调整使部分样本公司生产效率提高的优势体现出来。而 2019 ~ 2020 年调整前后的变动情况却不容乐观，*EFFCH* 由调整前的 1.046 下降为调整后的 1.034，暴露了其中部分样本公司综合资源配置能力较差的事实，说明这部分样本公司的实力在之前是被高估的。

进一步分解 *EFFCH* 指标，发现整体上 *PECH* 和 *SECH* 的均值都比调整前高。其中，2016 ~ 2019 年调整后的 *PECH* 均小于 1，但调整后的结果较调整前有所提高，这说明实际上该时间段内样本公司在资源综合配置能力方面有优势，但还存在差距；而只有 2019 ~ 2020 年 *PECH* 略大于 1，说明样本公司的管理和资源利用水平差距有所拉大。调整后的 *SECH* 整体处于上升趋势（1.020），其中 2016 ~ 2018 年以及 2019 ~ 2020 年规模效率差距在缩小，仅 2018 ~ 2019 年规模效率略微有所下降（0.990），但是并未影响整体规模效率差距的缩小。在两者的作用下，技术效率整体呈上升趋势，原因是规模效率变动带来的积极作用（上升 2%）大于纯技术效率变动带来的消极作用（下降0.4%）。因此，整体上样本公司的技术效率有所改善但仍然较低，在市场上仍然是相对缺乏竞争力的。

综上所述，2016～2020年调整后的*TFPCH*始终处于上升趋势，尤其是2018～2019年*TFPCH*达到1.408，说明近年来北京市文化产业的生产效率持续提升，发展前景向好。综合各年份情况来看，调整后的*EFFCH*对*TFPCH*的影响最大，是拔高全要素生产率上升幅度的主要原因。因此，相关政策带动和文化产业大环境的改善，能够帮助这些极具潜力的文化企业进一步提高自身的生产效率，成为助推其未来健康快速发展的重要增长点。

五　细分行业效率的动态分析

本报告以国家统计局发布的《文化及相关产业分类（2018）》为参考，将2016～2020年北京市28家文化产业上市公司划分成两个细分行业进行动态效率评估，包括16家新闻信息服务行业企业和12家内容创作生产行业企业。具体划分情况见表8。

表8　北京市28家文化产业上市公司划分情况

行　业	公司名称
新闻信息服务	北巴传媒、歌华有线、华扬联众、昆仑万维、人民网、数知科技、掌趣科技、掌阅科技、腾信股份、天地在线、新华网、蓝色光标、引力传媒、元隆雅图、华谊嘉信、宣亚国际
内容创作生产	盛通股份、数码科技、北京文化、华录百纳、光线传媒、万达电影、捷成股份、中国电影、中国出版、中国科传、中文在线、中信出版

（一）环境差异下的效率变动

表9列示了环境差异下两个细分行业的效率变动情况。

表 9　DEA 模型第一阶段北京市文化企业动态效率分行业比较

行业	效率指标	2016～2017 年	2017～2018 年	2018～2019 年	2019～2020 年	均值
新闻信息服务	*EFFCH*	0.985	0.978	0.995	1.022	0.995
	TECH	0.946	0.985	1.037	1.068	1.008
	PECH	0.995	0.984	0.996	1.011	0.996
	SECH	0.990	0.995	0.999	1.011	0.999
	TFPCH	0.932	0.964	1.031	1.091	1.003
内容创作生产	*EFFCH*	0.994	0.995	1.004	1.006	1
	TECH	0.816	0.953	1.003	1.093	0.961
	PECH	1	0.994	1.006	1	1
	SECH	0.994	1.002	0.997	1.006	1
	TFPCH	0.811	0.949	1.007	1.100	0.961

根据表 9，从 2016～2020 年文化产业上市公司 *TFPCH* 的均值来看，新闻信息服务行业的全要素生产率处于上升趋势，年均上升 0.3%，而内容创作生产行业的全要素生产率表现平平，呈下降态势，年均下降 3.9%。下面针对各分解指标进行分行业现状的分析。

两个细分行业在 *TECH* 这一指标上的表现也不尽相同，新闻信息服务行业的 *TECH* 年均上升 0.8%，而内容创作生产行业的 *TECH* 则年均下降 3.9%，说明后者在创新生产技术特别是创意技术方面的能力不足，因此要想扭转该行业全要素生产率下降的态势，最有效的做法就是激发创新活力。

新闻信息服务行业和内容创作生产行业的 *EFFCH* 均小于或等于 1，可以推断出这些文化企业的综合资源配置能力有所下降或停滞不前，也可以推断出新闻信息服务行业的全要素生产率提升主要是受到技术进步的积极作用。

对于新闻信息服务行业，进一步分解 *EFFCH* 来看，其 *SECH* 和 *PECH* 的均值都小于 1，说明 2016～2020 年该行业技术效率的下降受到这两项指标的双重作用。就该行业各年份的情况来看，2016～2019 年规模效率和纯技术效率都有所下降，仅在之后的 2019～2020 年呈现上升趋势，说明该行业的生产规模在前几年出现不契合外部环境的征兆，之后其生产规模以及业内的管理和资源利用效率均有所改善。进一步分析可得，由于新闻信息服务行业包含大量传统媒体，而当今时代信息技术高速发展，网络基础设施日益完善，消费者的阅读习惯也发生了较大的改变，相比较而言，这些传统媒体往往生产效率低下，意味着新闻信息服务行业的生存优势和竞争力正在逐渐消退，业内企业应当努力顺应时代发展潮流，积极进行转型升级，探索媒体融合的成功之路，才能继续拥有生存发展的空间，否则终将被时代所淘汰。

对于内容创作生产行业，可以看出该行业 *SECH* 和 *PECH* 的均值都为 1，2016～2020 年这两项指标的结果都在 1 左右小范围浮动，说明该行业的规模效率和纯技术效率都没有出现进步或退步。结合现实发展情况分析，近年来市场对内容创作生产行业的需求不断扩大，但上述指标显示该行业资源的生产效率还有待提高，说明该行业处于即将进入高速发展阶段之前的准备阶段，部分企业的实力已经培育起来并逐渐凸显，而另一部分企业可能还处在发展速度和质量相对低下、需要进行转型升级的阶段。

（二）同一环境下的效率变动

表 10 为 DEA 模型第三阶段北京市文化企业动态效率分行业比较结果。将表 9 和表 10 进行对比，发现新闻信息服务行业和内容创作生产行业调整后的 *TFPCH* 均值均高于调整前，说明在这两个行业中均存在部分企业的资源管理和利用水平实际较高，却受到较差的外部环境的消极影响，从而拉低了自身的生产效率水平，进而导致行业整体的平均水平被低估。观察 *TFPCH* 分解指标，各行业的 *TECH* 和 *EFFCH* 均值相较于调整前都有所提高，意味着在同一环境条件下全要素生产率的提高是这两项指标共同作用的结果。另外，对两个细分行业进行对比发现，2019～2020 年调整后内容创作生产行业的 *EFFCH* 高于调整前，而调整后新闻信息服务行业的 *EFFCH* 则低于调整前，说明近几年内容创作生产行业的发展势头迅猛，拥有更好的发展前景，这也印证了之前的分析中新闻信息服务行业处于劣势地位的结论。

表 10　DEA 模型第三阶段北京市文化企业动态效率分行业比较

行业	效率指标	2016～2017 年	2017～2018 年	2018～2019 年	2019～2020 年	均值
新闻信息服务	*EFFCH*	1.019	0.999	1.007	1.003	1.007
	TECH	1.302	1.070	1.522	1.068	1.227
	PECH	0.995	0.991	0.996	1.007	0.997
	SECH	1.024	1.008	1.011	0.996	1.010
	TFPCH	1.327	1.068	1.533	1.070	1.235
内容创作生产	*EFFCH*	1.112	1.006	0.969	1.031	1.028
	TECH	1.182	0.945	1.345	1.002	1.108
	PECH	1.001	1.001	1.003	1	1.001
	SECH	1.111	1.005	0.967	1.031	1.027
	TFPCH	1.315	0.951	1.303	1.033	1.139

进一步评估 *EFFCH* 的分解指标，相较于调整前，两个细分行业调整后的 *PECH* 和 *SECH* 均出现积极变化，两项指标共同作用导致调整后的 *EFFCH* 提高。以新闻信息服务行业为例，2016～2019 年该行业调整后的 *SECH* 均大于 1，而调整前均小于 1，但 2019～2020 年调整后的 *SECH* 小于 1，较调整前（1.011）明显下降，说明该行业实际的生产规模在 2016～2019 年进行了合理的调整，而在 2019～2020 年则出现了不契合外部环境的情况。观察历年变化情况可以发现，各行业 2018～2019 年纯技术效率提升的幅度较 2017～2018 年更大，可以推断出即使在业内差距拉大的生存环境中，各行业企业都在努力提高自身的资源整合和配置能力，以扭转劣势并提高自身在行业中的竞争力，寻求更好的发展。

六　结论

通过对 2016～2020 年北京市文化产业整体和细分行业进行分析主要得到以下结论。

（1）北京市文化企业的全要素生产率整体呈上升趋势。其中的主要原因是技术进步，这说明北京市文化企业的创新能力显著提升，大量高文化附加值的产品越来越受到大众的喜爱，之前文化市场同质性产品泛滥的情况有所改善，消费者的文化需求进一步得到满足。

（2）北京市文化企业发展现状与其所处的外部环境不匹配。外部环境甚至在一些方面阻碍了北京市文化产业发展速度和质量的提升。政策扶持、资金倾斜，以及相关规章制度的完善和规范，能够帮助北京市文化企业改善整体的营商环境，为众多极具发展潜力的文化企业提供适宜生存的土壤，助推未来文化产业生产效率的进一步提高。

（3）北京市文化产业两个细分行业的技术效率都呈现上升态势，各行业内文化企业的资源利用和管理能力都有所改善，但新闻信息服务行业尚未摆脱行业衰退的现状，同时内容创作生产行业创新力度不足使其效率提升略显乏力。

B.8
通证经济视域下数字文化资产的确权、流转与增值研究

——基于 Steemit、CryptoKitties 和 NFT 的对比分析

陈 端　谢朋真*

摘　要：文化创意产业的知识产权保护需要技术手段的加持，对于传统模式中难以解决的数字文化资产的确权、流转与增值问题，借助区块链技术构建通证经济体系可以提供新的解决方案。本报告在对关键概念进行梳理的基础上，分别选取文本内容、游戏、数字艺术作品三个具有典型代表性的数字文化资产案例，对其通证经济模式、激励机制、生态体系和治理体系进行对比剖析，探讨通证经济应用于不同类型数字文化内容平台时在共识机制构建、激励体系打造、网络协同效应发挥、有效社群运营和可持续内容生产等方面的异同点，进而对通证经济在数字文化资产确权、流转与增值过程中价值发挥的路径策略、机制优化和监管治理提出建议。

关键词：区块链　通证经济　数字文化资产　数字内容

一　研究背景与缘起

自 2021 年上半年以来，NFT（非同质化通证）成为北京艺术圈里的热

---

* 陈端，中央财经大学数字经济融合创新发展中心主任兼新闻系副主任，主要研究方向为互联网经济、数字经济；谢朋真，中央财经大学硕士研究生，主要研究方向为数字资产证券化。

点话题，而北京作为大国首都和文化交流中心也成为新兴数字文化艺术创新的一个思想策源地。2021 年 6 月 4 日，北京保利春拍首次 NFT 数字艺术作品专场“Metaverse：数字孪生”启动，遴选作品聚焦“数字孪生”主题，隐喻在互联网 3.0 时代，基于虚拟技术的世界如何活跃地向现实发问，并日益模糊物理空间和精神空间的边界，展现艺术和科技融合的新空间。

2021 年 3 月 11 日，佳士得通过在线拍卖推出首件以 NFT 形式拍卖的纯数字艺术作品《每一天：前 5000 天》，中标者最终会得到一个带有艺术家签名的加密数字文件。这件底价为 100 美元的作品，最终以 6900 万美元（约合人民币 4.51 亿元）的高价成交，刷新了数码艺术拍品的最高成交价等纪录，也被佳士得标榜为“里程碑”事件，老牌龙头拍企佳士得由此成为首个利用 NFT 形式推出纯数字艺术作品的大型拍行，拍品将由作品创作人、数字艺术家 Beeple 直接传送于买家，并附有独特的 NFT 认证，以及无法伪冒的艺术家加密签名和独一无二的区块链识别印记，这一事件在当代艺术圈引起强烈反响。作为一种新生事物，NFT 艺术作品的价格机制与传统艺术市场截然不同。传统艺术作品的增值不仅需要画廊多年的经营、多次的展出记录，而且需要置于艺术家和艺术流派的整体谱系中追寻其价值，而 NFT 数字艺术作品的成交与涨幅则遵循完全不同的逻辑，并且由于不涉及运输、保险等问题，一件 NFT 艺术作品在线上可能在 10 分钟内就发生若干次交易及权属转移。此外，很多 NFT 艺术作品还设置了分润模式——每转卖一次，作为最早创作者的艺术家就能获取相应的收益。

2021 年 3 月 25 日，“F-NFT 罗”策展的全球首个线下大型加密艺术展“DoubleFat 双盈”在北京 798 艺术区悦·美术馆开幕；3 月 26 日，“虚拟生境——镜中迷因可曾见”在北京尤伦斯当代艺术中心 UCCALab 展厅开幕；4 月19 日，由“F-NFT 罗”和 NFTist 联合策展的大型加密艺术个展“5 秒——生成 NFT 的一万个理由”在位于北京观唐艺术区的观唐美术馆开幕。5 月 9 日，“伟大的毕达哥拉斯——NFT 加密艺术展”在位于北京塑三文化创意园的“在 3 画廊”举行。

这一系列加密艺术展览让 NFT 加密艺术成为京城前卫文化圈里的热点

话题，其创作理念和增值机理与传统艺术作品相比呈现巨大分野。在“DoubleFat 双盈”——首届 NFT 加密艺术展开幕式上，参展艺术家罗强在征得冷军同意的前提下，烧毁了他的一幅国画，制成了 NFT 艺术作品《新竹》，这一举动成为罗强 NFT 艺术作品《瞬间　互联网　你：生成 NFT 一千种方法一万个理由》的一个步骤和一个环节，而这一艺术作品有上千个步骤和环节，最终的 NFT 艺术作品将由艺术家罗强本人与艺术家冷军、吴昊等，企业家王功权、李保刚、沈黎晖、吴幽、杨雪山等，以及媒体人何力、独立书店人许志强、艺术理论家藏策等上千人合作完成。在创作此作品的艺术家罗强看来，他毁掉的不是原作，只是生成 NFT 艺术作品过程的中间物，毁掉之后加上时间戳，才生成了一件完整的 NFT 艺术作品，这只是生成 NFT 的一千种方法中的一种，生成 NFT 的一千种方法中没有哪种是更高贵的，一切还是要看最终 NFT 艺术作品所达到的思想人文高度。在传统艺术圈，一位画家的标准发展路径是签约画廊、画廊办展、卖作品、博物馆办展、作品进入拍卖行，入行门槛颇高，但在数字艺术的世界，人人皆可生成自己的 NFT 艺术作品，交易过程也变得更加方便快捷。

NFT 作为数字文化资产，是艺术的代码化，代码成为艺术创作的一种材质，编程成为生成 NFT 艺术作品的一个环节。数字资产并非新生概念，早期泛指以数字形式存在的资产。近年来，区块链等新兴技术不断出现，数字文化资产也得到了新的发展，其以 NFT 为典型代表形态破壁出圈的历程，中国与世界几乎同步。

2021 年 3 月 23 日，推特（Twitter）联合创始人杰克·多西（Jack Dorsey）将第一条推特以 NFT 形式拍卖，成交价超过 290 万美元。这条推文仅有 5 个单词共 20 个字母——“just setting up my twttr”（刚刚建立我的推特），堪称“一字万金”。同月，虚拟时尚潮牌 RTFKT Studios 与年仅 18 岁的艺术家 Fewocious 联名推出三款 NFT 鞋，这些鞋子不是实物，买家不仅无法穿着，就连真实触摸到自己所买的产品都不可能，只能通过定制的 AR 滤镜在社交平台上穿着。即便如此，621 双鞋子在 7 分钟内迅速售罄，平均每分钟卖出近90双，这场新概念时尚让联名方净赚310万美元。在此之前，美国运动服饰巨头耐克（Nike）已经于2019年底公布了一项名为“CryptoKicks”的区块链运动鞋，当消费者购买一双耐克运动鞋时，同时会生成一双虚拟运动鞋，并分配一个加密Token（通证），消费者在拥有多双虚拟运动鞋后还可以把不同款式的鞋结合在一起生成一双新的运动鞋，这一切都会被记录在册。

从理论上说，任何一条数字信息，包括音乐、图片乃至笑话中的一个梗，都可以被转换为NFT上链流转，并在流转过程中获得增值可能。NFT是一种基于区块链通证经济原理的数字资产，具有唯一性和不可复制性，因而具备天然的收藏属性和交易便利性，在艺术领域应用更为广泛，加密艺术家们可以利用NFT创造出独一无二的数字艺术资产，通过NFT的特殊认证方式来验证其独特与稀有价值。

早在2017年，一款基于区块链通证经济原理的游戏CryptoKitties（加密猫）一度成为区块链数字资产领域关注的焦点之一，其占当时NFT交易量的比重在90%以上，当时整个NFT市场的价值不超过4200万美元，而据监控NFT市场的nonfungible. com估计，到2020年底，NFT的市场价值增长了705%，达到3. 38亿美元。截至2021年2月底，NFT市场销售额接近3. 1亿美元，几乎是2020年全年销量的5倍，迎来了真正的市场爆发期。

在传统模式下，类似游戏装备和皮肤等虚拟数字资产本质上是一种服务，既不限量也无法独立存在并流转交易，而NFT作为虚拟资产的交易实体可以使虚拟物品资产化和流通化，从而实现脱离特定平台的价值流转和增值。伴随着越来越多的基于区块链技术和通证经济原理的数字文化资产进入公众视野和现实流通过程，其内在机理、发展态势也受到了更多关注。本报告基于对几个典型的通证经济平台Steemit、CryptoKitties以及NFT在通证经济模式、激励机制、生态体系和治理体系等维度的对比分析，对通证经济视域下数字文化资产的确权、流转与增值问题进行探讨。

二　关键概念解析

（一）通证经济

20 世纪 60 ~ 70 年代，Kazdin 和 Bootzin（1972）、Werry（1969）等围绕通证经济发表了多篇论文。总的来说，这一时期的通证经济指的是一种对目标行为进行系统强化的权变管理（Contingency Management）系统，主要应用于精神疾病康复、学校教育等方面。

区块链技术出现后，通证经济再次进入学者的视野。通证经济由英文“Token Economy”翻译而来，Token 的原意是指“令牌、信令”，基于区块链技术的 Token 可以代表任何权益和价值，其三要素为权益、加密、流通。其中，权益是指通证需要具有固有或内在的价值，是价值的载体和形态。它既可能是看得见、摸得着的商品，也可能是没有实体形态的股权，甚至可能是一种信用或者权利。它来源于社会对其价值背书方信用的认可。加密是指其由以区块链技术为支持的加密学加持，具有真实、可识别、无法被篡改的特性。流通是指通证的流动作用，能够在一个网络中流动。它可以被使用、转让、兑换、交易等。

Lee（2019）研究了基于区块链建立的新商业模式，认为通过新的商业模式，收入可以分配给实际创造价值的内容生产者和服务使用者。Yoo（2020）借鉴早期通证经济研究中的激励模式，指出基于区块链可以创建一个新的生态系统，实现个人参与者与系统生态的协同，这种激励模式适用于多种商业模式。Oliveira（2018）设计了一套通证价值与效用的研究体系，指出不同的经济模式应适配不同的通证类型。

通证经济学主要研究如何通过经济激励去实现一个系统的目标，随着通证体系的逐渐完善，通证还可以向社会端场景进一步推进，从而在整体上提升通证生态的稳定性，扩充场景多样性。广义的通证可以发挥三种功效，作为货币、作为权利凭证或者作为激励工具，三种功效可以单独存在，也可以与其他两种共存。

（二）通证经济视域下数字文化资产研究的价值与意义

数字资产是数字经济发展的核心之一，数字经济背景下的文化产业和数字化转型中的文化企业，将形成巨量的数据资源。在金融视角下，文化数据资源只有进行资产化转化才能开发与数据资产相关的信贷、债券、融资租赁、担保、保险等产品。在以往的实践中，数字文化资产的确权、流转过程都需要一个受信任的第三方中介，但不同交易对手之间要找到共同信任的第三方，其间往往需要磨合和相关的交易成本，这给数字文化资产的大规模流转造成了障碍。而通证经济可以借助区块链技术实现数字文化资产的即时确权，区块链底层的共识机制能够让所有使用这一网络的参与者实现点对点交易，无须第三方中介的参与，在技术信用的背书之下，全部流转过程都是可溯源且不可篡改的，智能合约可以更好地对侵权行为进行自动监测，维权取证过程更容易实现，创作者也可以更好地变现。

区块链使用共识机制取代了传统经济模式中通过中介才能建立的信任机制，其共识机制包括工作量证明机制（POW）、权益证明机制（POS）及由权益证明机制衍生出的股份授权证明机制（DPOS）等。对于数字文化资产而言，借助通证可以在区块链中实现不可篡改的确权，区块链具有的去中心化、可溯源、时间戳等功能能够为数字文化资产的确权带来极大的便利，这一点已经成为中外学者的共识，但如何把底层技术产品化、模式化，搭建真正能够推进数字文化资产有效开发利用的共建共享机制，相关研究成果还不多见。从实践层面看，在区块链平台上建立数字内容平台、数字游戏平台、数字音乐平台等也出现了一些探索性做法，但不少项目由于缺乏战略层面的长远规划而带来了一系列虚拟货币乱象，近年来国家也在重拳整治虚拟货币，如何顺应新的监管理念、监管规则和监管政策发展趋势，重塑数字文化资产确权和流转的良性机制，成为下一阶段我们需要关注的重点，通证经济也在这方面为我们打开了一扇窗。

三　基于通证经济的数字文化资产典型案例

（一）区块链内容创作平台 Steemit

Steemit 成立于 2016 年，是一个基于区块链（Steem 链）的内容创作平台，Steemit 通过通证建立了一套针对用户的激励系统，对平台成员的个人贡献进行透明的激励，目前已实现了用户数量的持续增长。

1. Steemit 的通证经济模式

Steemit 的目标是“为内容提供公平的奖励”，平台的利益与用户的个人利益捆绑在一起，使用智能合约平台的用户被引导做出对平台发展有利的选择，用户会从平台的发展中直接获得收益，实现自治。用户在 Steemit 平台上发布的内容属于一种数字文化资产，这些数字文化资产在 Steemit 平台上被通证化，在通证经济模式下，用户被鼓励创建内容，用户数量越多，平台的价值越大，用户得到的激励就越多，从而形成了一个生态闭环（见图 1）。

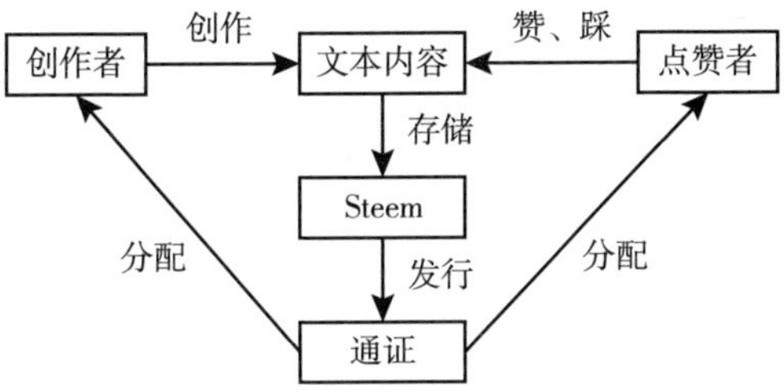

图 1　Steemit 的基础架构

2. Steemit 的激励机制

Steemit 的激励机制分为三部分：对创作者的激励、对点赞者的激励与对管理者的激励。作为一个社交媒体平台，为了激励优质的原创内容，用户在发布内容时可以获得 SP 或 SBD 作为奖励（用户可自行选择两种通证各占 50% 或全部为 SP）。此外，为了激励互动行为，用户点赞或评论都可以获得奖励，点赞或评论获得的奖励与自身持有的 SP 数量有关，即投票权越大，获得的奖励就越多。此外，在进行激励分配时，越早点赞的用户获得的激励越多。在一篇文章获得的全部奖励中，作者和投票者均可以得到50%。

Steemit 中的管理者并不是传统意义上中心化的管理者，在 Steemit 中承担管理责任的是用户及用户投票选出的见证人，这也与 Steemit 的股份授权证明机制相对应，为了提高区块链网络的运行效率，由投票产生的管理者负责区块链网络的运行维护与区块打包工作。

对于内容创作平台来说，只有不断积累优秀的内容，才能吸引更多用户的加入，如何避免用户发布“垃圾内容”？Steemit 的解决方式是通过用户投票，每篇文章除了可以点赞外，还可以被踩，被踩的文章获得的收益会降低，甚至会形成负收益。通过这一机制对内容进行筛选与管理，只有优秀的内容才能获得更多的激励，从而引导创作者创作更多优秀的内容。

除了对优秀内容的激励外，Steemit 也会激励用户参与社区的运营决策，社区的所有重大决策都通过投票进行，通过投票选出的 21 名见证人是网络的主要维护者，负责创建交易区块，见证人因投票行为可以获得激励。

借鉴早期通证经济的研究，一个通证系统要实现有效的激励需要有目标行为、通证、后备激励。在 Steemit 的激励机制中，目标行为是引导用户发布优质的原创内容，三种通证也提供了充足的后备激励，其中 Steem 可以兑换为其他加密货币或者法币；SP 则与整个平台的成长直接挂钩，随着平台价值的提升获得更多的激励；SBD 使得激励体系不依赖于其他加密货币也可以存在。三种通证之间可以进行转换，提高了通证系统的流动性。

3. 基于共识机制与激励机制形成的治理体系

Steemit 基于共识机制与激励机制建立了一套行之有效的去中心化治理体系。在 Steemit 中，每年增发的 Steem 按照 75%、15%、10% 的比例分配给平台内容建设者（创作者、点赞评论者）、SP 持有人、见证人，内容建设者同时也是 SP 持有人，见证人由 SP 持有人选举产生，每年增发的 Steem 全部属于平台内容建设者，持有 SP 的用户发布优质内容、参与平台运营管理都可以获得激励，实现了“共建、共享、共治”。

综合来看，虽然还存在一些问题，但作为第一个建立在区块链基础之上的社交媒体平台，Steemit 借助区块链技术，使创作者的内容可以得到确权，且可以直接获得内容带来的收益。

（二）区块链游戏 CryptoKitties

区块链给游戏产业带来了规则透明度，在传统游戏模式中，游戏数据被隐藏在中心服务器上，而存储在区块链上的数据则对所有用户都可见，基于智能合约建立的游戏规则事先进行了约定且能够自动执行。在传统游戏中虽然道具、角色等虚拟资产名义上归玩家所有，但因为游戏数据都存储在游戏运营商的服务器中，玩家并不能完全拥有这些虚拟资产的所有权，在区块链游戏中虚拟资产存储在分布式服务器上，玩家持有唯一的秘钥，虚拟资产能够脱离游戏而独立存在，这使得虚拟资产在不同游戏间的流通成为可能。

除了虚拟资产外，玩家在游戏中创作的内容即用户生成内容（User Generated Content，UGC）也成为用户的资产，这将极大地激发玩家的创作热情，反过来推动游戏内容变得更加丰富，而在传统游戏模式中，玩家不能直接获得自己创作内容的所有权。

总的来说，区块链游戏提升了玩家在游戏中的地位，玩家不再只是“玩家”，还参与到游戏生态的建设中。2017 年 11 月正式上线的 CryptoKitties，中文译名为“加密猫”，建立在以太坊区块链之上，玩家可以购买、出售、驯养虚拟猫咪。CryptoKitties 的基础架构见图 2。

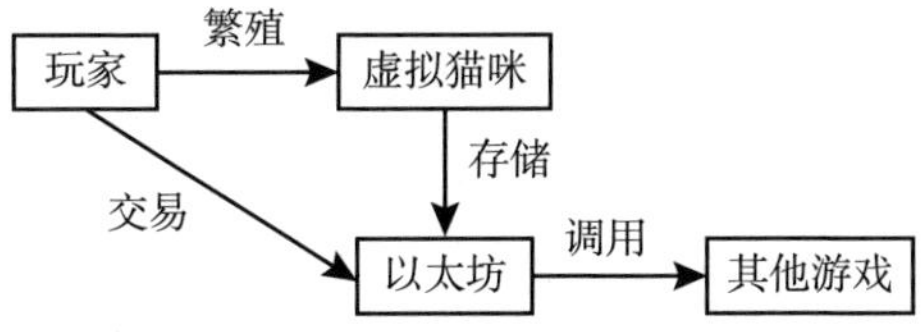

图 2　CryptoKitties 的基础架构

1. CryptoKitties 的通证经济模式

CryptoKitties 并没有发行额外的通证，每只虚拟猫咪都表示为以太坊上不可替代的通证，通过以太坊区块链的智能合约追踪虚拟猫咪的所有权。每只虚拟猫咪都有 256 位独特的基因组，这些基因组可以将不同的性状包括图案、毛皮、眼睛、突出显示颜色等遗传给下一代，受流通的虚拟猫咪数量及基因组数量的限制，虚拟猫咪的总数被限制在 40 亿只左右，虚拟猫咪没有分配好的性别，每只虚拟猫咪都可以进行繁殖，但每次繁殖之间存在冷却时间，繁殖次数越多冷却时间越长，最长为一周。

通过使用以太坊区块链，玩家拥有对虚拟猫咪的所有权，除最初的“0代”虚拟猫咪由平台运营方发布、玩家通过拍卖购买外，玩家繁育出的虚拟猫咪的所有权完全属于玩家，玩家可以通过出售获得收益。CryptoKitties 中的虚拟猫咪独立于 CryptoKitties 而存在，多个围绕存储在链上的虚拟猫咪的周边游戏也已经被开发出来，如 Kitty Hat Extension，玩家可以给自己的虚拟猫咪戴上饰品，而在 CryptoCuddles 上，玩家可以与其他玩家进行战斗。

2. CryptoKitties 的激励机制

CryptoKitties 的虚拟猫咪就是其通证，发挥了权利凭证和激励工具的作用。

虚拟猫咪对应以太坊区块链上不可篡改的数据，玩家拥有虚拟猫咪的全部所有权，可以进行交易与繁殖，虚拟猫咪繁殖出的后代的性状完全由智能合约事先约定，每只新繁殖的虚拟猫咪都是独一无二的，受到父代基因和一定随机因素的影响。其共识机制表现为玩家对游戏公开度的信任，虚拟猫咪的数据存储在以太坊区块链上，玩家繁育虚拟猫咪能够“抽取”到的结果被事先记录在智能合约中，是完全随机的，而传统游戏中数据存储在中心服务器上，玩家能够“抽取”到的结果是黑箱机制，运营商可以控制生成概率。

CryptoKitties 的激励有两部分，因为虚拟猫咪的生成是随机的，且每一只都是独特的，因此这一玩法类似开盲盒，玩家从收集中得到激励。此外，虚拟猫咪可以进行自由买卖，玩家通过荷兰式拍卖（拍卖价格不断下降，直到有人愿意购买，则交易达成）出售自己的虚拟猫咪，通过交易给玩家带来经济激励。

从通证经济的角度来看，CryptoKitties 满足了目标行为、通证、后备激励的要求，其目标行为是引导玩家尽可能多地参与游戏，生成更多的虚拟猫咪，获得虚拟猫咪通证后，玩家可以从收集中得到满足感，同时出售猫咪可以获得以太币。

但是 CryptoKitties 的激励机制缺陷也很明显——后备激励不足，虽然虚拟猫咪的总量是有限的，不同特性之间能够形成数量众多的组合，但这些组合之间有极大的相似性，玩家是否喜欢某只虚拟猫咪，以及交易最终能否达成，在很大程度上取决于玩家的偏好，随着虚拟猫咪数量的增多，交易越来越难以达成，对玩家的激励就会大大降低，也就无法引导玩家继续留在游戏中。

3. 基于共识机制与激励机制形成的生态体系

CryptoKitties 初步建立了完整的游戏生态，但玩法较为单一，容易造成玩家审美疲劳，后续发展乏力，导致游戏玩家活跃度不高，游戏价值提升不足。随着繁育出的虚拟猫咪越来越多，虚拟猫咪这一通证对玩家的激励效应减弱，虽然每只虚拟猫咪都是独一无二的，但是对虚拟猫咪的评价是主观的。虚拟猫咪数量的增加，也会使玩家繁育出的虚拟猫咪无法形成交易，最终导致玩家无法从平台的成长中获得收益，留存度降低。

（三）非同质化通证 NFT

非同质化通证，英文为 Non-Fungible Token，前文提及的 CryptoKitties 中的加密猫就属于非同质化通证的一种，非同质化通证代表了区块链上项目的所有权，其最典型的特征是唯一性与不可分割性。非同质化通证可以将音乐、专利、视频等通证化，起到了类似“专利局”的作用，目前耐克、路易威登都已参与到 NFT 中。2021 年 3 月 11 日，艺术家 Beeple 的一幅 NFT 数字艺术作品《每一天：前 5000 天》以 6025 万美元成交，创造了 NFT 作品的价格纪录。NFT 的逻辑是保护唯一性：通过强调所有权的唯一性来让可复制性变得无关紧要，其最大的价值在于将所有权和物理实体剥离，使得以前无法交易的东西变得可以交易。NFT 的架构见图 3。

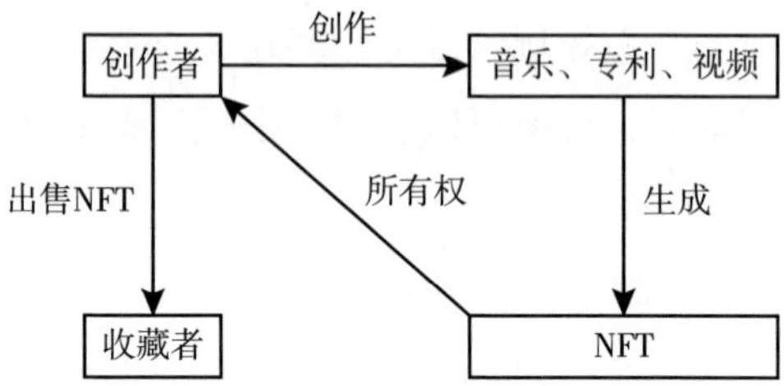

图 3　NFT 的架构

1. NFT 的通证经济模式

非同质化通证的发行者可以是任何团体或个人，从目前的案例来看，NFT 主要集中在收藏品、艺术品、游戏产品等类别，以游戏为例，NFT 允许游戏中的物品被通证化，从而便于进行点对点交易。

NFT 的通证经济模式使得收藏品、艺术品、游戏产品等借助区块链实现了确权，且持有者的所有权无法被轻易篡改，物品的转让权或出售权完全由创作者拥有，对于想要购买 NFT 的收藏者而言，NFT 不可伪造，点对点的交易避免了过程中的中介成本，NFT 的增值受益完全由持有者所有。对于艺术家来说，使用 NFT 作为出售途径是一个很好的选择：NFT 为其出售数字艺术作品提供了渠道，同时由于区块链的可追踪性特点，已出售的艺术品仍可以被追踪，因此艺术家可以启用 NFT 的特有功能，在艺术品被二度转手时从中提取一定比例的费用。

NFT 的价值完全由供需决定，这对于中小艺术品创作者而言，避免了在传统平台分发过程中因平台的推荐机制而被忽视的情况，使得真正具有价值的艺术品顺利实现增值。

2. NFT 的激励体系

NFT 作为一种通证，起到了权利凭证与激励工具的作用。NFT 存储于以太坊等公链上，持有者凭借秘钥拥有通证的全部所有权，而其自身所带来的所有收益都归持有者所有，形成了对创作者的激励。

NFT 的共识机制取决于其所存储的区块链，但是作为一种不可分割的通证，NFT 的共识机制与以太币也有所不同。以太坊的工作量证明机制或权益证明机制形成了所有参与者对以太坊的信任，而对于 NFT 而言，在以太坊信任机制之外，还要形成对 NFT 价值的共识。NFT 的价值并不取决于所有以太坊参与者，而是围绕这一通证展开，以虚拟艺术品为例，NFT 的价值表现为其价格，虚拟艺术品所代表的 NFT 的价格由其作品受收藏者喜爱的程度决定，是收藏者“用脚投票”的结果。

无论是创作者出售其作品还是收藏者转卖收藏品，NFT 的激励机制都不受外部条件限制，一旦创作者将 NFT 上传至区块链，NFT 就会永久存储在链上，且每一个 NFT 都拥有独一无二的特征。同时，创作者可以通过智能合约在 NFT 中写入交易条件，该 NFT 每次转让时都可以获得一定比例的交易提成，这将极大地激发创作者的创作热情。

NFT 的激励机制不依赖于某个单一的加密货币，也不依赖于外部中介，持有者可以自由选择获得激励的方式，这也将改变过去数字文化产品生产传播过程中中介平台权力过大、侵蚀创作者收益的情况，产品的增值受益完全属于持有者，而不是任何平台或外部中介。

3. 基于共识机制与激励机制的 NFT 通证经济系统

NFT 所形成的通证经济模式可以理解为区块链“专利局”，借助 NFT 数字文化产品，创作者可以快速高效地将作品“专利化”。同时，NFT 与传统专利模式有着根本的不同。在传统专利模式中，往往有相似的专利存在，但借助区块链技术，NFT 可以通过时间戳对作品进行完全区分，在 NFT 流通过程中，只需要通过检验 NFT 作品的时间戳就可以判定作品的真伪，如果作者在创建 NFT 的过程中通过智能合约写入某些控制权限，就可以随时对作品进行修改。

NFT 的出现也为原生的数字文化资产如数字音乐、数字文本等的传播提供了极大的便利。数字音乐、数字文本在过去的传播中容易被拷贝产生盗版问题，而这种盗版行为在网络世界中难以追踪，且即使追踪到也无法确保能够将收益追回，NFT 的出现则解决了这一难题。

理论上 NFT 的最大受益者是中小数字文化产品创作者，数字文化资产能够借助 NFT 实现快速确权、便捷流转，但是目前 NFT 存在的最大问题是交易品种过于单一，无论是前文提及的 Beeple 的《每一天：前 5000 天》，还是波场（TRON）创始人孙宇晨拍下的《戴项链的躺卧裸女》《三幅自画像》，进入公众视野的 NFT 作品仍局限于头部艺术家的艺术作品，中小创作者在 NFT 领域还不具有话语权。

四 结论

前文对基于区块链建立的内容创作平台、游戏平台、非同质化通证进行了分析，分别对应文本内容、游戏、数字艺术作品等典型的数字文化资产，从通证经济的视角，三个案例在数字文化资产确权、流转与增值方面都做出了有益尝试，我们可以初步得出以下结论。

（一）通证经济模式适用于多种数字文化资产类型

通过对选取的典型案例进行对比分析可以发现，通证经济模式适用于多种数字文化资产类型，能够为数字文化资产的确权、流转与增值提供极大便利，Steemit 的文本内容借助 Steem 链实现确权，创作者享有文本内容的所有权，“赞踩”机制将优质内容的筛选权利交还给读者，创作者高质量的内容带来即时收益，进一步激励优质内容的创作。CryptoKitties 中加密猫存储于以太坊上，玩家享有加密猫的所有权，借助以太坊甚至能实现不同游戏间的流转，出售加密猫带来的收益则激励玩家加入加密猫的繁育中。NFT 的出现让中小数字艺术品创作者能够快捷实现确权，艺术品价值的发现交还到观众手中。总的来说，不同的数字文化资产类型在通证经济模式设计上各有不同，但这些通证经济模式都是有效的。

（二）通证经济模式推动了去中心化交易

尽管 Steemit 与 Audius 仍具有平台属性，连接了创作者与使用者，但这与传统意义上的平台如 iTunes 等具有明显区别，平台仅仅起到连接作用，并不作为分发平台，既不会按照平台的规则向听众进行推送，也不会直接向创作者收取分发费用。在通证经济模式下，无论是文本内容还是音乐，都实现了去中心化交易。

在去中心化交易的同时，区块链技术的加持能够实现可信的交易，确保了交易的安全，同时不再需要中心平台的担保，降低了交易成本。

（三）通证经济体系设计应充分考量参与者身份特征与平台属性

Steemit 使用了多种通证，CryptoKitties 则是单通证。从实践结果来看，CryptoKitties 的单通证设计是失败的，其通证就是游戏中繁育的虚拟猫咪，通证系统的目标是吸引用户参与，但随着用户数量的增加，虚拟猫咪的价值就会降低，这直接导致大量虚拟猫咪虽然在理论上可以通过出售获得收益，但实际上交易无法达成。另外，Steemit 具有平台的属性，存在网络效应，随着用户人数的增加，平台的价值获得提升；CryptoKitties 则不具有平台属性，不存在网络效应。

不同种类的数字文化资产在构建通证经济的过程中应该综合考虑通证在其中发挥的作用，避免通证沦为加密货币，从本报告选取的三个领域的案例来看，多通证系统在数字文化资产确权、流转与增值实践中所发挥的效应较好，在进行通证系统设计时应考虑不同参与者的身份，从而设计具有针对性的通证，以引导目标行为的实现。

（四）采用平台模式运行的通证经济系统效应的发挥依赖于网络效应

采用平台模式运行的通证经济系统如 Steemit 要实现数字文化资产的增值，依赖于网络效应的实现，只有实现了网络效应，随着新进入平台人数的增加，平台上文本内容、音乐的筛选机制才能实现，进而实现交易量的增加，确保优质的数字文化产品能够实现其价值。

若要借助区块链实现数字文化资产的确权、流转与增值，所设计的平台应具有网络效应，平台所承载的数字文化资产才能随着使用人数的增加实现增值，只有具备足够大的 P2P 网络，数字文化资产才能实现在网络上的流转。

（五）基于通证经济的数字文化资产流转体系设计要点

从前文的案例来看，应针对不同数字文化资产的特征，结合通证经济系统要实现的目标行为选择底层区块链。

借助通证经济构建的数字文化资产确权、流转与增值系统，并不存在中心化的运营者这一概念，系统的所有规则都是前置的，依靠区块链的智能合约实现自动治理，且通证经济系统是围绕内容本身设立的，系统所有规则设置都围绕优质内容的生产展开，因此在数字文化资产确权、流转与增值通证经济系统设计方面，应尽量减少外部购入通证的可能，让真正参与通证经济系统运行的贡献者持有更多的通证。

在通证经济体系下，生产者与消费者之间的身份边界日益模糊，二者之间的转换障碍较少，同时取消了中间平台的分发功能，包括生产者和消费者在内的所有用户都是系统的建设者，都可以进行内容输出并从系统的增值中获得相应的收益，因此在通证经济系统的设计过程中，要减少数字文化产品生产者与消费者之间的转换障碍。

未来在激励体系设计层面，应充分考量通证经济体系中从目标行为到内在激励的闭环逻辑，提升通证经济系统的整体价值和开放性，通过权益凭证的跨链运作形成具有自生长能力的动态生态系统。

参考文献

陆岷峰、王婷婷：《数字化管理与要素市场化：数字资产基本理论与创新研究》，

《南方金融》2020年第8期。

吴桐：《广义通证经济的内涵、逻辑及框架》，《广义虚拟经济研究》2018年第4期。

肖大龙、张敬伟、杨青、周娅：《基于以太坊的社区贡献激励方法》，《华东师范大学学报》（自然科学版）2020年第6期。

徐忠、邹传伟：《区块链能做什么、不能做什么?》，《金融研究》2018年第11期。

庄雷、赵翼飞：《区块链技术的应用模式与发展路径研究》，《金融与经济》2019年第9期。

郑磊：《通证数字经济实现路径：产业数字化与数据资产化》，《财经问题研究》2020年第5期。

张亮、李楚翘：《区块链经济研究进展》，《经济学动态》2019年第4期。

Austerberry, D. , *Digital Asset Management*, Taylor & Francis, 2004.

Banta, N. L. , "Property Interests in Digital Assets: The Rise of Digital Feudalism", *Cardozo L. Rev.* , 2016, 38.

Kazdin, A. E. , Bootzin, R. R. , "The Token Economy: An Evaluative Review", *Journal of Applied Behavior Analysis*, 1972, 5 (3), pp. 343 – 372.

Lee, J. Y. , "A Decentralized Token Economy: How Blockchain and Cryptocurrency Can Revolutionize Business", *Business Horizons*, 2019, 62 (6), pp. 773 – 784.

Oliveira, L. , Zavolokina, L. , Bauer, I. , et al. , "To Token or Not to Token: Tools for Understanding Blockchain Tokens", 39th International Conference on Information Systems, 2018.

Rutter, M. , Graham, P. , Chadwick, O. F. D. , et al. , "Adolescent Turmoil: Fact or Fiction?", *Journal of Child Psychology and Psychiatry*, 1976, 17 (1), pp. 35 – 56.

Van Niekerk, A. J. , "The Strategic Management of Media Assets: A Methodological Approach", Allied Academies, New Orleans Congress, 2006.

Werry, J. S. , "The Token Economy: A Motivational System for Therapy and Rehabilitation", *Archives of General Psychiatry*, 1969, 21 (1), pp. 121 – 122.

Yakel, E. , "Digital Assets for the Next Millennium", OCLC Systems & Services: International Digital Library Perspectives, 2004.

Yoo, S. , "How to Design the Token Reinforcement Based on Token Economy for Blockchain Model", *International Journal of Advanced Culture Technology*, 2020, 8 (1), pp. 157 – 164.

B.9

文化力视角下游乐园主题文化 IP 挖掘及发展策略探索

——以石景山游乐园为例

于　隽*

摘　要：文化力可以赋予冰冷的游乐设备以故事的生命和灵性的气质，成为游乐园品牌建设的重要动力以及城市文化发展的重要内推力。本报告以文化力为视角，探讨在体验经济的条件下，主题文化 IP 的开掘对游乐园品牌发展的作用和意义。本报告以北京游乐业的先导品牌石景山游乐园为例，在分析其面临的机遇与挑战的基础上，探究其主题文化 IP 挖掘，如成长与传统文化融合的 IP、动漫游戏文化 IP、冰与火文化 IP、怀旧文化 IP 等几种可能方向，并提出对石景山游乐园进行升级改造以增强“场景化”、提升服务以强化“休闲化”、多元经营以打造“衍生产品”等对策建议。

关键词：文化力　文化 IP　游乐园　文创产品

现代旅游行为学研究表明，在体验经济下，旅游本质上是一种旅游者寻找与感悟文化差异的行为和过程。对于游乐园来说也是如此，游客不仅关注游乐园的游玩项目、风景园林，而且注重其深厚的文化底蕴和独特的游乐体

---

* 于隽，北方工业大学文法学院副教授，主要研究方向为文学与传媒艺术、文化创意产业。

验，这种体验不是仅靠单纯器物性的游乐设施所能带来的，而是由文化力赋予的独特的游玩场景、游玩情境、游玩氛围等内容创造出的有意思、有意义的高质量、复合型的游乐体验。

从产业发展的角度看，具有独特文化力的游乐园也更容易实现衍生产品的经营和收益。例如，我国大多数主题公园的收入来源主要是门票，而国外主题公园的收入主要来自二次消费，迪士尼的大部分收入源于衍生产品。[①] 因此，对于传统的以机器设备、游乐设施为核心的游乐园而言，开发游乐园的文化力，为其找到独具魅力的文化主题和文化 IP 无疑是促使其升级发展、品牌壮大的重要策略。

一　文化力对游乐园品牌建设的意义

文化力就是文化的力量。文化是人类在长期社会实践的过程中、在认识和改造世界的对象性活动中所创造的成果及获得的主体能力。文化并不是单纯的符号，而是始终与人相伴而生的力量，人类在创造文化的同时，也被身在其中的文化所塑造。文化力是包含人的思想、道德、观念、意识等在内的人的主观意识的合力，经由一系列的文化现象发酵成为文化思潮，进而形成推动社会发展的人的精神力量。“文化”向“文化力”的概念演绎，重心在“力”，“文化力”的理念凸显了“力”的意义，是“文化”由理论向实践、由学术向战略演进的转换性和扩展性话语。文化力也是用文化来培育、开发、赋予文化产品及文化产业以灵魂，提升文化产品及文化产业精神价值和艺术品格，增强其发展动能和势能的力量。

游乐园是一种综合性娱乐场所，大多建在人口稠密的大都市附近，几乎是都市娱乐的“标配”，园中往往汇集如惊险挑战、智力闯关、游戏体验等诸多游乐设备，是人们尤其是青少年释放压力、娱乐休闲的好去处。近年来，随着旅游产业化步伐的加快和国内外游乐业的急速变革，人们休闲娱乐

① 陈美：《我国主题公园成功要素研究——以武汉欢乐谷为例》，《风景名胜》2019 年第 1 期。

的需求更加精细化、精准化，对游乐的要求已经从“量的扩大”向“质的提升”转变。一批富有文化内涵的主题公园、特色小镇等创新型旅游产品蓬勃发展。除了华强方特、长隆欢乐世界等本土高端品牌主题游乐园之外，也涌现了一批与传统文化、城市文化相结合的主题游乐园，如2021年6月开园的新疆阿唛龙幻想乐园，以发展丝绸之路经济带为背景，围绕丝路文化展开故事主题。该乐园拥有室内外主题游乐项目近百套，综合全息科技、影视与游乐互动、主题演艺、主题卡通形象等手法，一期打造金色驼铃、锦绣中华、璀璨星洲、绮丽冬宫、奇幻森林、未来世界六大主题区，满足全年龄段、365天全天候游玩体验。作为新疆首个以丝路文化为背景打造的游乐园区，阿唛龙幻想乐园在旅游、文化交流等多个方向，充分传播、融合、发扬丝路文化精髓，展现其独有的一面。

可以说，文化力的挖掘与注入是新时代游乐园的重要“吸引元素”，文化主题能够满足旅游者求新、求奇、求乐、求知等休闲娱乐需求，是单纯的器物刺激所不能替代的。文化力可以赋予冰冷的游乐设备以故事的生命和灵性的气质，成为游乐园品牌建设的重要动力以及城市文化发展的重要内推力。

首先，文化力可以赋予游乐园品牌质的提升。增强游乐园的文化力，可以在一定的物理空间内，展示最有辨识度、生命力和传播力的文化景观，让人们在游乐的同时听到文化之声、看见文化之美、领悟文化之韵，在感官刺激之余获得认知、审美的综合感受。这既是满足文化需求精准供给的大势所趋，更是扩大游乐园影响力和打造品牌的重要策略。

其次，文化力可以给游乐园的经营带来价值溢出效应。具有鲜明的文化主题的游乐园可以形成具有扩张力的产品链条，如清明上河园本身就可以被理解为一条巨大的复古街市。此外，为了凸显文化力，此类游乐园大多辅之以文化再现和场景模拟的设计，并提供与文化主题相配套的相应商务服务及文化衍生产品，如文旅纪念品、餐饮超市、剧场表演等，这些都会给游乐园带来经营收益。

在当今时代，为游乐园寻求和增添文化力，已经不再仅仅是游乐园内部经营的议题，它早已成为城市文化投资和文化建设的重要部分。把游乐设施作为载体并融入内容，以文促旅、以旅彰文，不仅会增强游乐园的趣味性，扩大游乐园的品牌影响力和辐射力，提升参观者的幸福感和获得感，而且能够提升城市文化魅力，传承与发扬城市文化、中国文化。

二 石景山游乐园主题文化 IP 挖掘的必要性及实现途径

石景山游乐园位于长安街西延长线，一号线地铁八角游乐园站北侧，占地面积约 35 万平方米，自 1986 年 9 月开园以来，历经 30 余年的发展建设，已逐步成为大型现代化主题乐园，年均接待人数达 150 万人次。石景山游乐园先后被评为国家“AAAA”级旅游区（点）、北京市一级公园、首都文明旅游景区等。

从创建之日起，石景山游乐园就是北京尤其是京西游客“童年叙事”的重要参与者。随着时代的发展和人们游乐需求的变化，石景山游乐园也面临同类游乐园的竞争和挑战。尤其是随着北京欢乐谷、北京环球影城的建设，石景山游乐园亟待寻找到更具竞争力的文化 IP，以期与新时代的消费者建立起更具吸引力的逻辑关系。

（一）石景山游乐园发展概况及其面临的挑战与机遇

石景山游乐园是一座以欧洲园林为主要特色的大型现代化游乐园，曾被誉为北京的迪士尼。取材于德国格林童话的灰姑娘城堡、俄罗斯式的快餐厅、英格兰式的伦敦塔桥等浓郁欧洲风格的建筑群在宽敞的草坪、广场和碧波荡漾的湖水映衬下，构成了石景山游乐园精致的异国情调，夜晚点亮的彩灯更是映衬出游乐园梦幻般的童话色彩。

石景山游乐园拥有 50 余项游乐项目，拥有京城唯一的 88 米高的地标式游乐项目“大摩天轮”。游乐园还利用节假日，策划组织迎春“庙会”、“春之韵”游园会、“狂欢之夏”、“欢乐金秋”游园会等，创造游艺场景。尤其是自 2002 年以来，石景山游乐园就一直承办北京迎新春的“洋庙会”，通过国际风的表演、美食吸引消费者，受到了中外游客的广泛好评。石景山游乐园在2018年新增了“飞跃中国”等一系列主题体验馆，开展了一系列以爱国主义为主题的品牌活动，为石景山游乐园增添了新的活力。

但是，面临新时期首都发展的高标准、新要求以及人民群众日益增长的休闲消费需求，石景山游乐园也面临新的挑战和机遇。

1. 石景山游乐园面临的挑战

其一，园内有些游乐设施年代较为久远，设备陈旧、老化，吸引力降低。曾经带给人们全新体验和刺激的一些项目相继到了使用年限，有的需要拆除，有的需要延期保养、提升改造，这些陈旧的游艺项目已无法继续满足人们对新鲜感、刺激感的追求，人们想要游玩的冲动不再强烈。

其二，北京同类型游乐园的快速发展带来了游客的分流。例如，创建于2006年的位于朝阳区的已经进行了五期建设的北京欢乐谷主题生态乐园、2021年开业的位于通州区的北京环球影城主题公园，以及房山区正在筹建的与迪士尼、环球影城齐名的“乐高主题公园”，这些占地空间大、游乐项目多、主题鲜明且内容丰富的游乐园都对石景山游乐园构成了竞争和挑战。

其三，园区定位不够清晰，文化主题欠缺。园区定位为“更快乐、更健康、更美好”，这一宗旨缺乏明确有效的号召力，不能构成园区与目标消费者的“精准连接”，而且园区无论是环境之“洋”还是活动之“洋”，在全球互联、信息传递高度发达的今天都不再具有鲜明的个性和足够的吸引力。在文化主题相对欠缺的情况下，游园的主线和场景也是极度匮乏的，难以满足体验经济势头下人们的娱乐需求。

综上，面对来自内部和外部的发展问题，石景山游乐园或需进行园区总体提升改造和运营转型升级。

2. 石景山游乐园的发展机遇

虽然挑战重重，但是石景山游乐园依然具有独特的发展优势和良好的发展机遇。

（1）石景山游乐园具有区位优势

第一，石景山游乐园邻近一号线地铁，距天安门15公里，交通极其便利，多条公交线路可直达园区，周边停车、餐饮等配套设施也较为成熟，便于出行游览。

第二，石景山区明确了“东部都市休闲娱乐区、中部滨水创意休闲区、西部生态文化旅游区”三个旅游区发展方向，加快旅游项目建设，形成了以石景山游乐园、北京国际雕塑公园为基础的东部都市休闲娱乐区，以首钢工业文化旅游区、莲石湖湿地公园为核心的中部滨水创意休闲区和以西山八大处文化景区为吸引点的西部生态文化旅游区，初步构建了区域旅游的整体布局。这对于石景山游乐园来说是利好的发展机遇。

第三，就目前北京市内游乐园的发展布局来看，石景山游乐园仍是北京西部唯一的大型游乐休闲选择，对石景山区、丰台区、海淀区、门头沟区、房山区的游客还是具有近地性吸引力的。

（2）石景山游乐园拥有情怀优势

作为拥有 30 余年历史的知名游乐园，石景山游乐园曾经承载和保留着一代代人的儿时记忆，在石景山游乐园的“百度贴吧”里可以看到许多游客会在成年后带着孩子故地重游，回忆曾经的“慢生活”。因此，石景山游乐园也是北京重要的城市记忆，拥有情怀优势，可以对其厚重的品牌历史、品牌文化进行梳理、再造和宣传。

（二）石景山游乐园主题文化 IP 挖掘途径

世界主题公园权威研究机构美国主题娱乐协会（Themed Entertainment Association，TEA）与第三方旅游行业研究咨询机构 AECOM 联合发布的《2018 全球主题公园和博物馆报告》称，全球排名前 10 的主题公园集团中，华侨城、华强方特、长隆欢乐世界分列第 4 位、第 5 位、第 6 位。这些优质本土主题公园呈现高品牌识别度、高满意认可度、高重游率的特点。这些位居前列的游乐园都是具有鲜明主题文化 IP 的游乐园。华强方特高级副总裁丁亮曾说，文化内容是主题乐园的灵魂，华强方特主题乐园的文化内容 IP 主要来自三个渠道：一是自创动漫品牌；二是深入挖掘历史文化；三是对外合作。①

① 《华强方特：秉持“文化 + 科技”理念打造有灵魂的主题乐园》，中国新闻网，2018 年 10 月 22 日。

IP（Intellectual Property）原意为知识产权，伴随着新媒体的崛起，文化IP已经成为一种文化与产品之间的连接融合，文化IP是有着高辨识度、自带流量、强变现穿透能力、长变现周期的文化符号。场景实验室创始人吴声在其《超级IP互联网新物种方法论》一书中认为，移动互联网构建了这个加速度时代，信息过剩则注意力必定稀缺，从而造就了IP化表达，并使IP成为新的连接符号和话语体系。① IP连接已成为今天势能运营的核心，超级IP具备独特的内容能力、自带话题的势能价值和持续的人格化演绎等特征，是“有内容力和自流量的魅力人格”，“能够代表特定的生活方式”。②

高辨识度和自带流量已经让许多企业以原有品牌为IP，实现了文化产业的跨界尝试，如海底捞制作了火锅系列文创产品，优衣库建设了结合零售、娱乐与生活感的复合式空间——优衣库主题乐园。石景山游乐园可以从传统文化和自身30余年的品牌发展史中寻找具有较高辨识度和一定粉丝基础的主题文化IP，并围绕其进行改造和升级。

1. 成长与传统文化融合的IP

中国传统文化是巨大的艺术宝库，石景山游乐园是几代人成长的家园，成长本身需要优秀的传统文化进行滋养和涵化，传统文化通过体验才能入脑入心。以“成长”为石景山游乐园命名，将青少年成长中的重要节点、仪式，包括语文课本中最熟悉的篇章、段落予以场景化、游乐化，将游乐产品和服务做成生活仪式或道具，既可以利用石景山游乐园30余年积累的成长文化，又可以借助“成长节点”“成长仪式”“语文段落”等本身自带的流量提升游乐园的价值。让课堂活跃起来，让“成长”由内向外传达出源源不断的生命力。

目前，以传统文化为资源进行游乐IP打造的游乐园在京外并不罕见，如华强方特旗下以东方神画和东盟神画为代表的主题乐园，分别从中国传统文化和东南亚历史文化中深度挖掘并提炼了大量元素，将神话传说、史诗故事、民俗艺术等文化素材转化为可以亲身体验的主题乐园。北京作为六朝古

① 吴声：《超级IP：互联网新物种方法论》，中信出版社，2016，第1页。

② 吴声：《超级IP：互联网新物种方法论》，中信出版社，2016，第2、49页。

都和历史文化名城，虽然在古代建筑和古典园林方面真迹数量众多，但是其功能大多指向参观性、旅游性、纪念性而非参与性，将古代文化转化为可参与、游艺化的乐园在北京尚属空白。

而对于游乐园的主要受众青少年来说，他们对古代文化有着强烈的学习、体验需求和意愿，如体验“开笔礼”“成人礼”“雅集”等。开发成长与传统文化融合的 IP 就是要设计能够融合传统成长元素的游乐项目，如曲水流觞；打造具有成长仪式感的文化主题场景，如古代考场；定期举办相关主题活动，如汉服游乐节等。

2. 动漫游戏文化 IP

动漫游戏也是石景山游乐园品牌发展中的重要元素，动漫是对现实生活的抽象，允许天马行空的想象，是 IP 最好的载体之一。2020 年“十一”期间，由北京市文化和旅游局、北京市石景山区人民政府主办的 2020 第九届动漫北京在石景山游乐园举办。活动以“青春·时尚·潮流”为主题，由动漫北京开幕式、影漫游版权交易峰会、动漫游戏互动体验展、抗击疫情公益漫画及短视频宣传展示、“动漫 +”文化体验区五大主题板块构成，打造了重要的文化产业服务平台和促进文化消费平台。2021 年“五一”期间，石景山游乐园举办了 2021 第 34 届北京国际动漫游戏嘉年华，各大展商以多种摊位形式出现在石景山游乐园内。《偶像梦幻祭 2》《盾之勇者成名录》《苍之骑士团 2》《非人哉》《乐元素》……各大人气展商带来了丰富的文创衍生品、游戏体验等。活动定位于让市民不知不觉融入二次元世界。例如，摩天轮 42 个轿厢幻化为 42 个主题的“给痛城”梦幻空间，游客在乘坐游览的同时可以拍照打卡；通过喷绘等手段，将二次元形象与汽车车身相结合打造成“痛车”①；游乐园内火车餐厅变身为偶像主题餐厅，推出主题餐饮；等等。

---

① “痛车”，文化发源于日本，属于 ACGN 文化的一种。在日本，ACGN（即 Animation——动画、Comic——漫画、Game——游戏、Novel——小说的合并缩写）是从 ACG 扩展而来的新词语，主要流行于华语文化圈。人们为了彰显个性，将喜爱的动漫角色、动漫公司或者角色名字之类的字画贴（喷）在车上，作为装饰。“痛车”一词的一种说法是：这样装饰车子，就像是人类文身，故而被称为“痛车”。

实践证明，石景山游乐园通过节庆文化和动漫游戏主题叠加创造聚集的新热点已经是其经营特色，动漫游戏相关的活动让石景山游乐园提升了此类资源的知名度并扩大了影响力，深受青年游客的喜爱。主题文化 IP 挖掘也可以将动漫游戏的元素做到极致，如可以参考东京的 J-WORLD 二次元主题公园（J-WORLD TOKYO）、上海的“火影忍者”世界主题公园等，并保持动漫嘉年华的持续热度，在园区内打造二点五次元的演艺空间、表演形式、主题密室、创意集市等。不妨将中外节日和节庆密集化、主题化，将动漫嘉年华和动漫创意集市以更加常态化、系统化的方式进行深入挖掘和呈现，并辅之以相应的园区环境设计，打造动漫游戏的新地标，用“游乐空间”重新定义“游乐园”。在动漫游戏 IP 挖掘过程中，应充分结合北京本土动漫公司、动漫杂志、动漫媒体的资源及作品，力求打造差异化、独特性和可持续性。

3. 冰与火文化 IP

文化 IP 需要原生生活气息和体验式场景。石景山区作为夏奥会、冬奥会的“双奥之区”，将冰雪文化、运动文化和钢铁文化很好地融合在一起。作为具有国际影响力的体育盛事，冬奥会是自带流量的，游乐园与奥运资源相结合，也早有成功的先例。例如，北京欢乐谷的爱琴港主题区及奥林匹亚体验馆是为呼应 2008 年北京奥运会而专门规划建设的，是北京人文奥运的重要组成部分，是展示“新北京、新奥运”的重要窗口和名片。石景山游乐园也可以乘着冬奥会的盛事，进行冰主题乐园的深入挖掘，建造童话般的“冰雪王国”，开发四季可行的冰雪游乐项目。同时，石景山区所拥有的“钢铁文化”是极具游乐改造性的，后工业的景观也极具艺术魅力。冰与火文化 IP 既是自然的，也是人工的；既是传统的，也是现代的；既是中国的，也是世界的；既是现实的，也是梦幻的。冰与火的场景，结合石景山游乐园现有的“飞跃中国”主题项目，必定会构成一道具有新时代中国腾飞气象的城市风景。

4. 怀旧文化 IP

所有成功的 IP 都是有情怀的，文化 IP 的本质是情感联结、价值联结及其场景化创造。令人怀念的时光与记忆在本质上就是一种情怀，是一种价值，时间和信任本身也是一种资本。石景山游乐园自20世纪80年代至今一直是北京地区家喻户晓的休闲娱乐目的地，也是80后、90后甚至00后北京人童年时代的见证地。游乐园本身就像是一个幼时陪伴的伙伴，是自带人格的，可以就此进行深度开发。例如，将摩天轮的形象进行类似“熊本熊”的卡通形象开发，建设一系列怀旧主题餐厅、怀旧零食商店，或者创建怀旧主题博物馆，打造“慢时光”的场景，实现文博联手，等等。

除了上述几个主题文化 IP 挖掘的方向之外，还可以从科普探险、健康运动等维度进行拓展，或者寻求对外合作，如与具有跨界效应的企业深度合作，联合打造相关主题乐园。总之，文化 IP 的目的是增强情感共鸣，彰显文化力量，改善与消费者之间的关系，推动游乐园优质、持续发展。

三　石景山游乐园主题文化 IP 的表达与经营策略

（一）升级改造，增强游乐园的“场景化”

场景最能引发人们的联想、情感和共鸣，体验是游客所追求的理想境界，也是未来公园在主题化发展中最有价值的方面。游乐园应当设计围绕主题文化 IP 的标识性文化场景，将具有象征性的自然景观或人文场所进行提炼、模拟、恢复，创造出人们能够参与、体验的文化空间，或是建筑小品，或是主题性游乐设备，或是利用新的媒体技术打造的全景式的视、听、触、嗅、动等感觉的交互游戏或展览，让游客融入场景和故事当中，进入“虚拟世界”，尽可能地延长其停留时间，增加游客的消费频次。例如，依据传统文化主题，可以将“旋转木马”升级为“走马灯”，让游客身临其境，感受文化，在游乐的同时获取知识与教益。

在场景的设计中还要注重旅游线路的系统化、逻辑化，创造“移步换景”“惊喜跌出”“层层深入”的差异化游玩效果，同时辅之以特色活动、主题性表演和工作人员的“戏剧化”角色扮演，增强游客的代入感和参与感。

（二）提升服务，强化游乐园的“休闲化”

大多数成功的主题乐园，同时也是景观极美、休闲感极强的地方。除了文化主题场景的打造之外，石景山游乐园还应当注重营造优美的环境氛围，在风景园林、景观植被、灯光设计等方面打造适于游客游览、休憩、活动的综合休闲空间。就目前的状况来看，石景山游乐园的综合服务功能尚不完善，如缺少储物柜、儿童车租赁等服务内容；园区内项目由于大部分处于室外，游玩舒适度不高，夏季缺乏遮阳、防暑降温措施，冬季缺乏保暖措施，游客受季节气候的影响较大。在未来的发展中，应当增强人性化服务意识，注重细节品质。例如，在主题娱乐设施附近多设置座椅、遮凉棚、茶吧等，使游客不仅能体会主题内容带来的文化和乐趣，而且可以享受景观环境所给予的美感和新鲜感，收获好心情。

（三）多元经营，打造游乐园的“衍生产品”

当前，人们对产品的追求越来越注重体验感。在体验经济时代，文化创意产品是人们用得上、带得走的体验，也是重要的潮流文化的载体。在2021年“五一”期间，多地的旅游景点推出了主题冰激凌或蛋糕等文物造型美食，如三星堆文创馆推出的“青铜味”和“出土味”冰激凌、西安城墙景区推出的“城墙味道”冰激凌、四川宽窄巷子推出的“脸谱老冰棍儿”、湖北省博物馆推出的“越王勾践剑慕斯”“弋射蛋糕卷”“虎座鸟架鼓提拉米苏”等，它们造型独特、鲜艳夺目。“文创+美食”除了好看、解暑、饱腹之外，还是拍照“利器”和发朋友圈的重要素材。石景山游乐园主题文化IP的表达还应当借助文创产品和周边衍生产品的开发，如建设主题餐厅、主题密室，推出网红冰激凌，设计令人“怦然心动”的纪念品，等等，提高二次消费以及游客自主打卡、自主宣传的可能性。

四　结语

文化力是游乐园的魅力，好的主题文化 IP 是游乐园得以存在和发展的动力。在创意设计过程中，可以通过创意征集、网络投票、问卷调查等方式，让大众更好地了解和接受产生的 IP。此外，任何主题都需要深耕细作、持续经营，注重科学的设计和细节的完善，如方便游客的“通票制”和满足消费者夜间娱乐需求的“夜游场景”等。总之，要随着时代的发展不断调整和完善游乐园的设施，利用文化滋养游乐，使游乐成为新时代一种健康有趣的新的生活方式和文化。

B.10 北京市属公园文创产品开发现状与创新策略研究

郭 嘉　吴言悔　逄雅惠　韩 易*

摘　要：　近年来，文创产品跃然于消费市场并受到消费者青睐。北京市属公园文创产品开发仍处于起步阶段，得益于顶层设计的外部环境支持与内生的园区丰富的文化资源，在文创产品品类、质量、品牌形象等方面取得了突破。然而开发主体的体制结构和高度线性的管理模式抑制了公园文创产品的开发动力，打破了开发主体间的动态平衡，出现了开发动力断裂问题。基于上述问题，本报告提出公园文创产品IP打造与开发的创新策略，围绕内容生产、双消费场景打造以及知识产权保护三个方面，探索公园文创产品开发的新模式。

关键词：　市属公园　文创产品　跨界融合

一　研究背景

文化创意产业的勃兴使文化创意产品（以下简称文创产品）跃然于消

* 郭嘉，首都师范大学文化产业系主任、副教授，北京观恒文化发展研究院副院长，主要研究方向为文化产业及政策、基于互联网平台的营销传播；吴言悔，首都师范大学文化产业系硕士研究生，主要研究方向为文化产业及政策；逄雅惠，首都师范大学文化产业系硕士研究生，主要研究方向为文化产业及政策；韩易，首都师范大学文化产业系本科生，主要研究方向为文化产业及政策。

费市场并受到消费者青睐。当前学界对公园文创产品没有明确定义，通过对其上位概念“旅游产品”和“文创产品”进行总结，可以得出：公园文创产品是通过对景点及其文化元素的研究，提取出具有产品开发价值的 IP 形象，并利用现代科学技术将其附着在物质实体上而形成的一种能够丰富旅游体验、提升景区形象的新型文创产品。

党的十九届五中全会对“十四五”时期繁荣、发展文化事业和文化产业，提高国家文化软实力提出了新的要求，一系列文化产业政策的出台也引领和推动了作为公益性事业单位的公园文创产品的发展。然而，综观各类期刊文献，以“公园文创”为关键词进行检索，搜集到的已有学术成果数量仅有 3 篇，可见当前我国公园文创领域处于待研究状态。因此，关注公园文创产品的开发现状并研究其在开发过程中具有的优势与存在的问题具有一定的现实意义与创新性。

基于北京作为历史文化名城保留着众多名胜古迹和人文景观，在文化符码传承的研究和实践上走在全国前列，以及由北京文化创意大赛遴选出的 2020 中国文创新品牌榜“文创 100”名单的综合考量，本报告选取北京市属公园中的颐和园、景山公园、北京动物园、香山公园为研究对象，采用定性研究方法对上述 4 家公园进行实地调查，通过非结构式访谈和深度访谈对公园文创产品供给侧进行纵观式一手资料收集，同时利用“腾讯问卷”网络平台面向全国发放问卷，通过收回的 1110 份有效问卷对公园文创产品消费侧进行更加全面深入的分析。对公园文创产品供给侧和消费侧两个维度进行定性与定量相结合的研究，有助于我们全景式地了解当前公园文创产品开发现状，总结当前公园文创产品开发具有的优势与取得的成效，并从动力机制的视角对文创产品开发存在的问题与成因进行探究，以期为公园文创产品开发提供创新策略。

二　北京市属公园文创产品开发现状分析

（一）公园文创产品开发的优势与成效

北京市属公园文创产品开发起步较晚，但总体发展势头良好，文创产品在品类、质量、品牌形象等方面都有所突破。其一，各层级的政策文件与指导规划为北京市属公园文创产品开发营造了良好环境，提供了外部驱动力。其二，公园丰厚的文化资源为文创产品设计提供了源源不断的素材，便于产品文化符号的开掘与提取。

1. 外部驱动：顶层设计保障文创产品开发环境

根据《北京市公园条例》第十三条，政府是公益性公园事业发展的权力主导，因此新的政策取向成为公园文创产品开发的重要风向标。文化和旅游部以《关于推动文化文物单位文化创意产品开发的若干意见》（国办发〔2016〕36号）等文件为统领，对如何开展文创产品开发在体制机制、支持政策上做出具体部署。

2019年，在《关于进一步规范文创工作的指导意见》的统筹下，“大文创”理念浸入各公园文创产品的实际开发中，北京市属公园文创产品在商店数量、空间面积、产品收入上表现亮眼。2020年公园文创产品辐射半径持续扩大，以北京市园林绿化局印发的《2020年度公园管理工作要点》为指导，实施“2+N”战略，着力打造“公园礼物”平台，推出更有市场认可度、更具话题影响力的热点产品。[①] 2021年，北京市园林绿化局对公园文创产品在深度开发和创新提质两方面提出了更高要求。

在各层级的政策文件与规划指导下，北京市属公园对文创产品开发工作积极布局，推动文创顶层设计落地，加大产品有效供给。第一，转变思维，开掘园区自身特色，打造文创“一园一品”品牌。例如，颐和园定位于“颐式生活”，基于国货崛起的大背景，将国民对高品质生活的向往与中国园林思想相结合，提出打造属于中国人自己的“颐式生活”方式，并推出“颐式生活美一面”的文创理念。颐和园与卡婷跨界合作推出的“颐和园百鸟朝凤口红系列”就是提取颐和园乐寿堂内“百鸟朝凤”粤绣屏风的纹理及颜色元素，将传统文化与现代美学融为一体，在满足消费者欲望化审美需

① 《北京市园林绿化局关于印发〈2020年度公园管理工作要点〉的通知》，北京市园林绿化局网站，2020年5月9日，http://yllhj.beijing.gov.cn/zwgk/ghxx/jhzj/202005/t20200513_1895896.shtml。

求的同时，凸显颐和园文创产品的异质特色。第二，优化文创产品开发生态。首先，公园文创产品开发主体多元化。公园文创产品开发除了园区本身作为主体之外，还采取合作研发模式，与设计公司共同开发，如颐和园联手北京百创文化传播有限公司，景山公园联手北京知原悟造文化创意发展有限公司、北京易贩云物联科技有限公司。合作研发模式的有利之处在于文化公司可以为公园文创产品开发提供人才保障和资金保障，同时多元开发主体可以互为补充，激发创新活力，从而提升公园文创产品的附加值和竞争力。其次，各公园针对文创产品开发与管理定期开展学习和交流活动，如定期召开文创工作会，向文创产品开发环节属于同构关系的优秀文博单位学习，其中景山公园曾前往故宫，香山公园曾前往园博馆，在开发设计、商业经营等多个环节进行交流学习，博采众长。

2. 内生动力：丰厚的文化资源支撑文创产品长效开发

公园丰厚的文化资源便于文创产品设计元素的开掘与提取。北京市园林绿化局于2015年3月公布的北京市首批25家历史名园中，11家市属公园均在其列。历史名园是北京古都风貌的重要组成部分，拥有无可替代的历史、艺术和科学价值。它不仅改善了城市的生态环境，提高了广大人民群众的生活品质，而且承载着政治、经济、文化发展变化的大量信息。[①]因此，无论是从历史文化角度还是从自然风貌角度看，北京市属公园都拥有十分丰富的文化资源。对于文创产品的开发而言，丰富的文化资源有利于设计元素的开掘与文化符号的提取，从而形成园区独特的IP与文创品牌。例如，红叶元素的打造成为香山公园的排他性符号，动物家族成为北京动物园的特色品牌。

当前公园文创产品在形态方面已经初步摆脱同质、质量低劣等问题，植根于各园区丰厚的稀缺性文化资源打造原创性产品，辨识度高。例如，颐和园的国潮系列彩妆结合其园内的鎏金雀台特色，产品制作精良；景山公园利

① 《关于首批北京历史名园的公示》，北京市园林绿化局网站，2015年3月9日，http://yllhj.beijing.gov.cn/zwgk/gsgg/201510/t20151012_530836.shtml。

用其地处“紫禁之巅”中轴线的地理优势特色，打造文创品牌；北京动物园则利用园内丰富的动物种类进行卡通形象设计，产品精美并形成了独有的“北动家族”文创 IP；香山公园重视开掘自然资源“红叶”元素及革命文化符号，形成了具有辨识度的红叶系列文创、革命文化系列文创。

此外，通过回收的问卷可知，调查对象中大多数购买过市属公园文创产品，对其质量表示认可（见图 1），甚至有 54% 的调查对象还出现回购行为（见图 2），这说明调查对象对市属公园当前的文创产品较为满意。由此，无论是公园丰富的文化资源支撑文创产品的长效供给，还是消费者有意愿购买文创产品（见图 3），并对当前产品较为认可，都成为公园文创产品开发的内生动力。

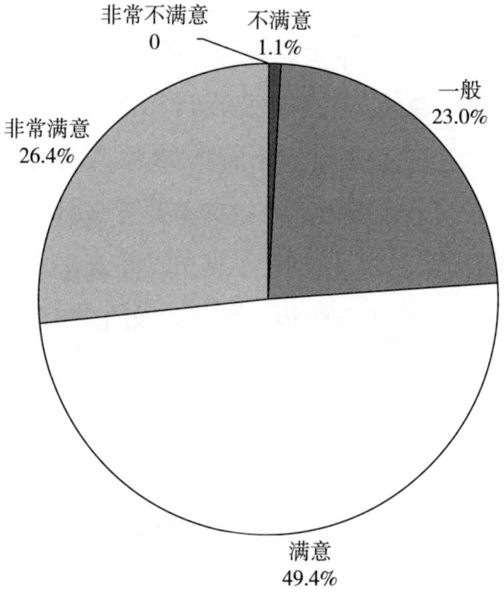

图 1　对北京市属公园文创产品质量的满意度

（二）公园文创产品开发的问题与成因

开发主体的体制结构是阻碍公园文创产品开发的主要症结，颐和园、景山公园、北京动物园和香山公园均属于公益二类事业单位，主要通过政府履

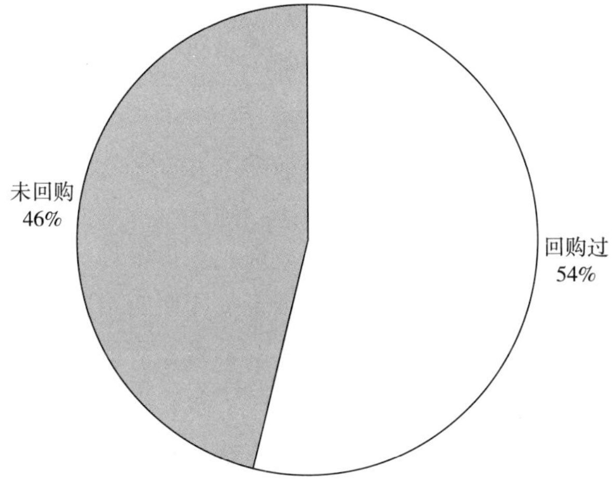

图2　是否回购过北京市属公园文创产品

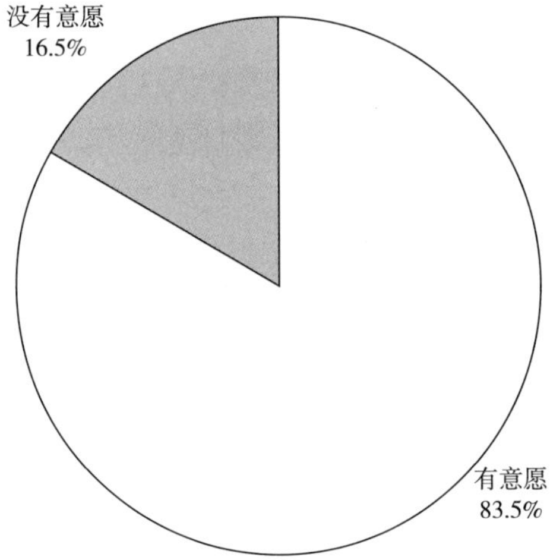

图3　是否在将来有意愿购买北京市属公园文创产品

行职能提供支撑保障，面向全社会提供满足人民群众普遍需求和经济社会发展需要的公益服务。“公益”属性的凸显势必伴生“商业”属性的压缩，因此公园文创产品开发普遍存在动力抑制、动力约束、动力断裂引发的公园文创产品认知狭隘、宣传渠道不畅、审批流程繁复等实际问题。

1. 开发主体认知狭隘造成文创产品开发动力抑制问题

在对4家公园进行实地调查过程中，通过对其文创店的工作人员进行非结构式访问、深度访谈了解到当前公园对文创产品开发存在认知狭隘问题。公园仍然以门票为营利的主要来源，因此文创产品对于公园而言只是一种吸引游客入园的手段。据景山公园的工作人员介绍，公园不开通线上文创店，或是虽然开通线上文创店，但产品上新迟滞、宣传渠道不畅，忽视运营和后期维护也是基于线上文创店可能会贬损线下入园率的考量。

根据回收问卷的统计结果，多数调查对象不知道市属公园拥有线上文创店（见图4）。首先，线上消费空间的缺失，不利于培养消费者线上购买公园文创产品的消费习惯，从而减少了公园文创产品的收益，这种负面影响在新冠肺炎疫情的影响下越发显著。其次，公园对文创产品的宣传工作重视不足，公园文创店存在宣传覆盖率低、到达率低等问题。互联网赋权使用户在渠道的选择上有极大的自主权，同时互联网的开放与连接改变了信息资源的稀缺程度，海量信息和多元渠道反而使得用户的时间和注意力成为稀缺资源，因此在“酒香也怕巷子深”的时代，宣传的作用得以凸显，成为产品的“放大镜”。然而在被问及公园文创产品应该在哪些方面改进时，有77名调查对象认为应该加大宣传力度，显然公园对文创产品的宣传力度不足。另外，公园在宣传方面除了横向扩大用户的覆盖面外，也需要适应当前信息消费移动化、碎片化、分众化的特点，迎合用户的渠道使用偏好，进行纵向精准布局，提高宣传的到达率。例如，直播带货在疫情防控常态化下成为宣传的新风口，用户已经初步形成直播消费习惯，然而仅有8.6%的调查对象是从直播渠道了解到北京市属公园文创产品的（见图5），显然公园的宣传并未抓住当前信息消费的新趋势。

在北京市属公园中也不乏宣传上的创新尝试，如由北京市委宣传部指导，北京市颐和园管理处、北京广播电视台、华传文化传播有限公司共同出品的《我在颐和园等你》是公园对综艺带货模式的有益尝试，但是从CSM59城收视数据来看，其收视率并不理想，甚至呈现持续下滑的态势，存在未形成良好的口碑效应以及文创产品转化率不高等问题。由此，渠道的

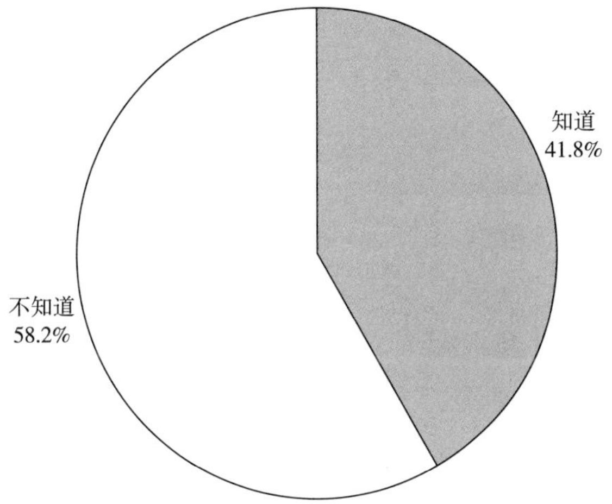

图 4　是否知道北京市属公园的线上文创店

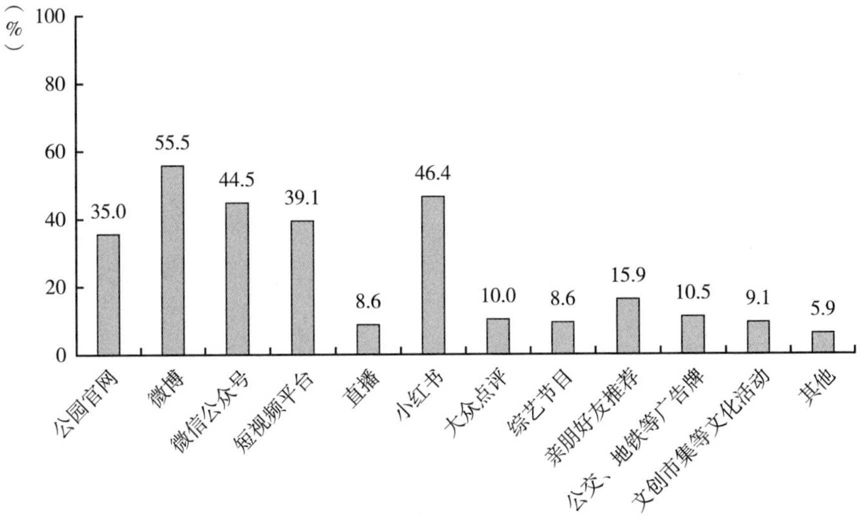

图 5　通过哪些渠道了解到北京市属公园的文创产品

阻塞使公园文创产品宣传效果不佳，最终会造成消费者的流失，阻碍公园文创产品形成品牌效应。

无论是访谈结果还是回收的问卷数据都证实了公园不重视线上文创产品

消费空间的打造，而抑制公园文创产品开发动力本质上是权力主体结构性与体制性问题。其一，相较于其他文化创意产业，北京市属公园缺乏竞争意识，因此变革的动力和创新的活力不足。其二，公园文创产品的创新依赖于宽松的开发环境，北京市属公园在文创产品开发上受到一定的行政约束，因此相较于具有同构性的故宫博物院，北京市属公园在文创产品开发上缺乏话语权。

2. 线性管理模式导致文创产品开发动力约束问题

在对与公园共同开发文创产品的联营企业工作人员及主要负责人的访谈中发现，审批流程的繁复成为约束公园文创产品开发的重要原因。工作人员表示公园文创产品的开发有两种模式：其一是公园管理处给企业明确的文创产品开发主题；其二是企业进行自主开发。

公园对文创产品的开发普遍没有明确的上新时间和开发周期要求，企业主要通过配合园区活动和更高层级的战略部署进行，因此联营企业在没有承担作为硬性指标的命题开发任务时，处于一种相对自由的设计状态。根据公园管理处的规定，联营企业的职责仅为设计和售卖拥有园区元素的文创产品，如果开展任务之外的开发活动，则需要得到公园的审批，但无论是园区方要求的主题开发任务产品还是联营企业自主开发的文创产品都面临繁复耗时的审批流程约束（见图6、图7）。

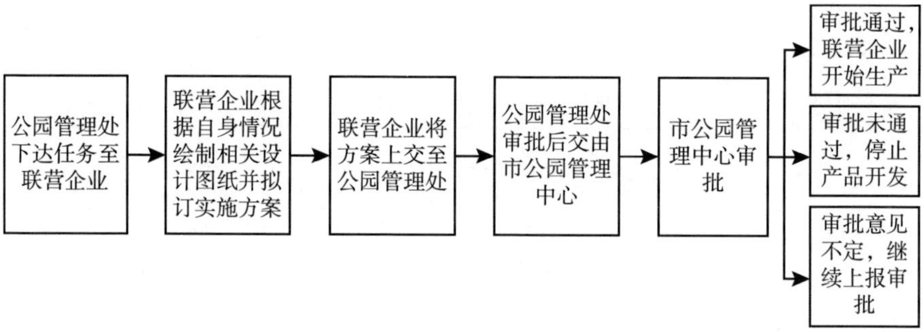

图6　园区要求的主题文创产品审批流程

企业负责人表示在理想的情况下，部分联营企业在一年内的文创产品更新仅能达到1~2次，因此出现了公园文创产品更新速度慢，甚至有的公园

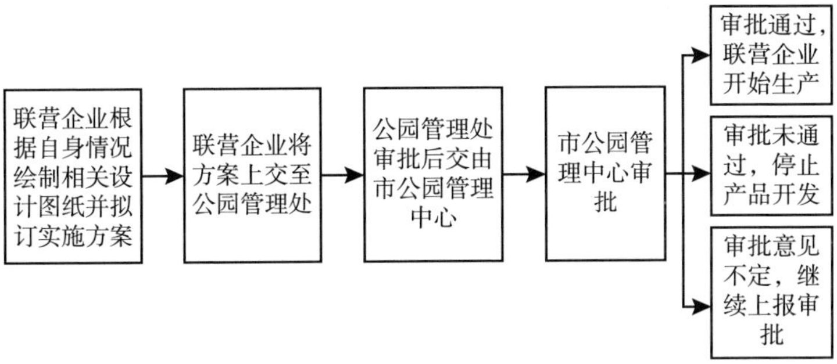

图7　企业自主开发的文创产品审批流程

文创店出现长达一年没有上新的情况。伴生文创产品更新速度慢，产品积压与滞销问题逐渐显现。

繁复耗时的审批流程使公园文创产品陷入供给不足与过剩并存的困境，而这种困境产生的本质原因是开发主体的线性管理模式导致文创产品开发动力被约束。北京市属公园仍然沿袭以“生产为中心”的管理体制，具有内向封闭性。在组织结构上主要是一种以一元化行政管理为基础的科层制结构，体现为“树结构”的组织形态。因此，繁复的审批流程正是依据“同权系数分割”原则联结的上下级、直属单位的组织形态带来的负面影响。

3. 开发主体的权力博弈导致文创产品开发动力断裂问题

当前北京市属公园的文创产品开发多采取合作研发模式，与设计公司共同开发，这是因为公园的体制结构属性以及线性管理模式使其在组织架构上仍然沿袭旧有的业务功能设置，没有为公园文创产品设立专门的开发部门、组建专业的全流程开发团队。这种共同研发模式的有利之处在于企业可以为公园文创产品开发提供人才保障和资金保障，然而当前公园与企业的合作模式仍然处于粗放式的初级阶段。

其一，公园与联营企业信息不对称，导致部分文创设计无法落地。通过对联营企业负责人的访谈得知，公园会面向社会进行竞标，中标的联营企业挂靠在类似经营管理科的部门，并由园区统一管理。因此，在合作开发的过程中，公园将文创产品的“开发者”身份让渡给企业，自己则向“管理者”

身份倾斜。但是在管理的过程中，公园的店铺很难直接全面地获取游客消费情况，且各公园内分属不同企业的店铺之间存在竞争关系，因而不会互通信息，由此导致的信息不对称现象广泛存在于市属公园内。

其二，公园作为起点，往往会指定文创产品开发的主题，企业根据主题并结合自身优势进行设计与生产，但是这种上传下达式的合作模式容易造成开发主体因话语权的博弈而互相掣肘，由此出现开发成本沉没、开发周期延长等问题。例如，若企业在未收到上级指派任务时就拿出自主研发新品的设计方案报送给公园，会遇到无法判断其是否符合公园定位、是否与正在开发的产品相似等问题，一旦没有通过审核，企业就会损失该产品或系列产品的周期性投入，造成公园文创生产力的浪费。

这种开发主体权力的不平衡是基于动力抑制、动力约束问题的不同开发主体权力关系的动态博弈和话语权争夺。其本质原因在于北京市属公园是具有行业进出壁垒与资源体制内循环特点的相对封闭型的结构主体，这种体制很难让资源在不同的开发主体间自由流动，所以这种资源的凝滞导致文创开发主体间的权力不平衡，易产生开发动力断裂问题。

三　北京市属公园文创产品开发的创新策略

虽然当前公园文创存在动力抑制、动力约束、动力断裂的困境，但困境本身也孕育着创造和超越的可能，北京市属公园文创产品开发还有很大的提升空间。推动北京市属公园文创跨越式发展是一项多层次的复杂工程，首先需要主体间达成一种动态平衡，促进要素、资源双向开放流动；其次要重视破坏性科技要素的使用，让文化与创意深度融合并通过跨界形成放大效应。

IP 的打造与开发是公园文创实现创造性转化与创新性发展的重要路径，因此本报告从打造各公园的超级 IP 路径出发，在 IP 的内容生产环节，重视公园资源为文创产品开发提供的永续动力；在 IP 的线上线下双场景消费环节，重视跨界融合产生的迭代动力；在 IP 的保护环节，重视制度创新对品牌提升的外驱动力。

（一）IP 的内容生产：公园资源是文创产品开发的永续动力

内容是文创产品设计的核心生命力，而公园深厚的文化底蕴、人文历史景观是支撑其 IP 内容生产、文创产品开发的永续动力。其一，丰厚的文化资源成为文创产品设计元素开掘与提取的对象。对标博物馆文创，博物馆自身拥有的海量藏品，以及不定期的地区性或全球性的文物流动展出为其创意来源提供了充足的数量基础，同时博物馆在文物初期入馆时就已经选择了较为优质的代表，使得陈列的每一件物品都具有稀缺性与代表性。与博物馆创意来源最为接近的公园，同样应该开掘异质文化资源，通过触发消费者的深层共鸣，从而实现情感与文化的有机统一。其二，借助公园自然资源打造物候类文创 IP，可以参考林登赫斯特小镇将水仙花打造成城市品牌的操作。位于美国伊利诺伊州的林登赫斯特小镇作为一个成立时间尚不到百年的小镇，与湖区内其他拥有 100 多年历史的小镇相比是较为年轻的。为了打造独属于自己的小镇品牌，让人们记住这个年轻的地方，决策者将其他地区没有的金色水仙花作为市花，并种植到小镇中，这一与众不同的决定让每年春天的林登赫斯特小镇都被金灿灿的水仙花覆盖，久而久之，利用时令的周期性，每到春天，人们都会想着要去这里看一看水仙花，由此水仙花就成为这座小镇的名片。[①] 以自然景观为主要特色的公园已经开始了此类尝试，将物候与文创联合在一起，如玉渊潭的樱花、陶然亭的海棠、景山的牡丹、香山的红叶。即便是在遗迹不足，或历史性不强的公园内，将人无我有的自然景观提取为品牌 IP 仍然具有一定的推广意义，这并不局限于所种植的花草树木。游客根据特定花期到公园赏景时，相关联的文创产品必然会是消费的一大抓手。在确定所在公园物候特色的大框架下，联营企业将围绕公园 IP 这一平台设计生产符合其品牌形象的产品，真正与公园形成相对平等的议事环境，促进多种类产品的创新。

---

① 〔加〕丹尼尔·亚伦·西尔、〔美〕特里·尼科尔斯·克拉克：《场景：空间品质如何塑造社会生活》，祈述裕、吴军等译，社会科学文献出版社，2019，第 320 ~321 页。

在充分挖掘公园资源的基础上，还应该树立平台思维。平台思维以按需分配为基础、以共同生产为纽带，每个生产者同时也是消费者，每个人都可以按照自己的意愿和能力进行选择与发挥才能，从而实现人的自由发展。每个人都是平台上的节点，每个人都可以通过平台实现服务的生产与供给，每个人都可以为满足他人的需求与发展创造条件。① 公园应该树立开源思维，充分调动全社会资源，吸引具有创意思维的人士进入文创产品开发环节中，并建立 IP 的资源库，及时记录具有创意性的开发提案，实现创意与文化的深度融合。

（二）IP 的双场景消费：跨界融合是文创产品开发的迭代动力

目前公园文创店铺的建设重心仍然偏向于线下实体店，忽视了线上店铺的建设和运营。从公园的视角来看，打造精良的文创产品并不是最终目的，最终目的是让更多游客来游园，在购买文创产品的过程中增加客流量，通过产品留住消费者；从联营企业的视角来看，文创产品的开发是获得游客对品牌和产品的认可并达成更多的交易，但由于公园官方品牌店铺的建设不足，如部分公园没有线上官方店铺，只有联营企业拥有自己的线上店铺，因此企业无法依靠公园的背书在线上获得更多盈利，只能依赖线下消费场景。该举措的确在产品的购买和售卖上保护了公园文创产品的独创性，但当新冠肺炎疫情发生时，游客们对公园文化的消费被迫转移到线上，然而线上消费场景的缺失、薄弱无法释放该群体的消费需求潜力，从而损害了公园包括联营企业在内的主体的利益。

公园 IP 的打造是公园文创创新发展的有力路径，同时围绕公园 IP 进行线上线下消费空间的打造是一种并行不悖的举措。对于文创新品仅设置线下售卖，换新后将被替代商品上架并在线上继续售卖，是一种线上线下双场景建设的思路。游客既可以通过搜索公园官方的名称在线上文创店铺购买往期优质的文创产品，又可以在线下购买最新上架的文创产品。游客线上线下双

① 姚鸿：《分享经济释放社会发展新动力》，《红旗文稿》2016 年第 7 期，第 24 ~25 页。

场景消费习惯的养成可以加速联营企业文创产品开发的速度，让到园、到店的顾客发现常来常新。同时，线上线下双场景建设、延伸 IP 消费需要跨界深度融合产生创新的迭代动力。

首先，重视与科技的融合。技术的变革创造了崭新的时空语境与权力关系，形成了消费新场景、新模式、新业态。“十四五”时期，科技创新将成为主导新发展阶段的决定性因素，因此应利用新技术催生文化经济发展模式变革带来的倒逼效应，实现公园文创的突破性发展。其一，技术可以催生数字产品形态。公园依托数字技术，结合大数据提供的用户画像和用户消费偏好，将用户需求与文化内涵进行动态平衡后，开发个性化、定制化的数字文创产品，从“一园一品”拓展为“一园一人一品”的新模式。其二，技术在消费者的潜在需求向现实需求转化过程中起到了重要的推动作用，导致技术与消费者的关系越来越紧密。传播技术与身体部分器官的结合关系转向传播技术与人体完整互构的合谋关系，使具身传播具备可能性。在具身传播趋势下，感官维度扩张、信息生产与传播、体验方式调整为以“我”为视角的多感官、多模态、超真实状态①，基于此，公园可以运用这种“破坏性”技术，深化产品的互动体验，从而延长产业链条。例如，VR 以其跨时代的体验性让消费者具有临场感，不仅可以让消费者站在历史与当下的时间轴上感受公园深厚的历史文化底蕴，而且可以让公园外的游客拥有临场感，从而通过产品达到与园区深度互动和沉浸的效果。

其次，重视与企业的融合。在开放的市场环境和开源的技术环境下，新产品、新技术的生命周期逐渐缩短，市场要求的创新频率不断加快，新产品开发与应用所需的投资也日益增大。公园文创产品在开发过程中，与企业的合作模式仅停留在粗放式的初级阶段，无法释放创新的活力。因此，各公园管理处应突破对文创的狭隘认知，探索与企业建立深度合作的模式，让资源在公园与企业间流动起来，而不是困囿于僵硬的体制结构，成为创新的掣

① 李畅、胡贵芝：《5G 时代“一带一路”对外传播的全觉修辞研究》，《西南民族大学学报》（人文社会科学版）2020 年第 4 期，第 144 页。

肘。正如破坏性创新的提出者克莱顿·克里斯坦森所言，管理者应对破坏性技术变革而采取的战略和计划应该是学习和发现的计划，而不是事关执行的计划①，公园在文创产品布局上采取求稳的做法固有其考量，由于公园的辐射范围和肩负的公共文化服务责任，稍有失误便会招致更多的诘难与非议，甚至产生较大的社会负面影响。在公园文创这片蓝海市场中，同样需要具有破坏性的创意产品吸引人们的注意力。因此，应该简化审批流程，给予市属公园文创产品更多的创新空间，尤其是联营企业方面的创新支持，才能扭转目前公园文创产品开发的被动局面。

最后，重视跨界融合。公园文创产品本身就是一种跨界思维的体现，公园文创是在历史与未来的对话过程中，即文化资源与时代需求的对话过程中，通过现代技术凝结成产品样态，从而实现文化的时间价值。其一，跨界融合可以丰富文创产品品类，当前盛行的冰激凌文创产品就是很成功的跨界融合。如故宫的神兽文创冰激凌、玉渊潭的樱花文创冰激凌、香山的红叶文创冰激凌等文创冰激凌的消费火爆和引起的高话题讨论度，是文创跨界食品闪烁新的消费火花的有力证明。文创产品成功跨界的案例还有博物馆文创，如2017年故宫博物院与民生银行进行跨界合作，将故宫文化与民生银行信用卡相结合，推出以故宫文创系列为主题的民生银行信用卡。不仅如此，故宫博物院还与农夫山泉纯净水合作，打造了以“梦回故宫，瓶说新语”为主题标语的跨界创意产品。② 由此可见，文创逐步嵌入日常生活的方方面面，公园文创可以在未来着力开拓“文创+生活”的新市场。其二，跨界可以打通文创产品宣传渠道，构建立体传播矩阵，提高用户的到达率。公园应重视利用网络平台，拉近与消费者的距离。目前，北京11家市属公园和园林博物馆均开设了微博、微信公众号，公园官方通过日常的推送宣传公园文创产品及相关文创活动，并采取“翻牌”的手段，在与用户的交流互动

① 〔美〕克莱顿·克里斯坦森：《创新者的窘境》，胡建桥译，中信出版社，2010，第139~140页。

② 赵紫晗：《新媒体背景下博物馆营销宣传新方式——文创产品的跨界合作》，《大众文艺》2020年第19期，第66~67页。

中拉近彼此间的距离。其中，故宫博物院的线上文创宣传具有借鉴意义。故宫博物院通过设置大V“故宫淘宝”在微博平台上与网友进行互动。通过统计分析“故宫淘宝”发布的微博，可将其发布的内容大致分为故宫文创产品的具体介绍、买家秀、故宫文化等几部分。“故宫淘宝”常常会参与一些话题讨论，也会与其他品牌以及粉丝进行互动。① 故宫博物院的这一互动宣传形式消除了自身的距离感，拉近了与公众的距离。与此同时，互动也能够及时反映出公众对文创产品的需求，以供文创产品开发者参考。

（三）IP的保护：制度创新是文创产品开发的外驱动力

体制创新是文创产品开发的重要“引擎”之一，良好的制度环境是提高开发效率、打造文创产品IP的重要保障。

通过对公园文创店工作人员的访谈得知，当前公园关于线上店铺的建设和运营处于起步阶段。一方面是困囿于其公益二类的体制结构，制作精良的文创产品并非最终目的，而是为了让更多游客来到线下游园，在购买文创产品的过程中增加客流量，所以刻意忽视线上店铺的建设与运营，防止因为线上文创购买行为折损公园线下客流量。另一方面则是科学技术的提高极大地降低了复制成本，致使盗版行为猖獗，公园文创工作人员表示如果消费者在网络上购买到质量低劣的盗版公园文创产品，则不利于公园形象。基于上述两点原因，需要创新制度为公园文创产品开发提供保障。

首先，改变文创产品开发的治理方式。推动文创产品保护立法的实施，当前我国的文化管理主要依靠行政手段，实践中往往受到“泛意识形态化”的管理倾向影响。行政化的管理方式普遍存在条块、部门、行业和区域的分割，管理分散，部门间因不同的利益诉求而互相掣肘，难以形成合力。推动法治化建设，有利于改变纵向单线式管理向横纵网状式管理跨越，有利于释放公园文创产品开发的活力。

---

① 赵紫晗：《新媒体背景下博物馆营销宣传新方式——文创产品的跨界合作》，《大众文艺》2020年第19期，第66~67页。

其次，运用区块链技术强化版权保护。区块链技术被视为继云计算、物联网、大数据之后的又一项颠覆性技术，受到各国政府、金融机构以及科技企业的高度关注。区块链技术在本质上是一种通过去中心化、高度信任的方式集体维护一个可靠数据库的技术方案，其核心技术包括分布式账本技术、非对称加密算法以及智能合约等，具有去中心化、共识机制、可追溯性以及高度信任等特征。① 区块链技术作为比特币的底层技术不仅在金融等领域日益得到应用，在文化领域同样具有较大的应用潜力，如果将区块链技术嵌入公园与企业合作开发的环节中，不仅有利于保证各项信息的透明，而且可以对信息加密，从而防止信息泄露造成对公园文创版权的侵害。

① 杨现民、李新、吴焕庆、赵可云：《区块链技术在教育领域的应用模式与现实挑战》，《现代远程教育研究》2017 年第 2 期，第 34 页。

B.11
国潮文化消费空间形成的影响因素和文化传承*

李睿玲　戴俊骋　董　潇　吴怡静**

摘　要： 国潮文化消费空间兼具文化传承和消费促进双重功能，研究国潮文化消费对于北京意义重大。本报告以北京的“中国李宁”体验店为例进行分析，发现国潮文化消费空间具有文化性、表达性与包容性的特点，经济因素、政策因素、文化因素是三类国潮文化消费空间发展过程中最具共性且最主要的影响因素。研究发现国潮文化消费空间具有较强的传统文化与现代文化资源整合能力、消费经济带动能力，以及较高的投资回报率，吸引了众多资本的参与，为商业空间追赶“文化热潮”及“传统精髓”提供了一个全新的场景创新模式，将空间与文化相连接，通过深耕中国传统文化元素，用历史文化特色吸引消费者，获得了一定意义上的成功。本报告旨在为国潮文化消费空间生产提供解释，为其他正在崛起的新国货品牌的空间构建和场景搭建提供重要参考。

关键词： 国潮文化　消费空间　传统文化　文化传承

---

* 本报告系教育部人文社会科学研究基金（20YJC760013）和北京市社会科学基金（19YTC039、21ZDA047）的阶段性成果，受中央财经大学“青年英才”培育支持计划（QYP202111）和中央财经大学“科研创新团队支持计划”资助。

** 李睿玲，建行大学西南学院；戴俊骋，博士，中央财经大学文化与传媒学院、文化经济研究院副教授，主要研究方向为文化经济和文化地理；董潇，中央财经大学文化与传媒学院硕士研究生；吴怡静，中央财经大学文化与传媒学院硕士研究生。

国潮的兴起为当代年轻人追求表达自我拓宽了道路，也推动了越来越多的国潮文化消费空间的出现。在国潮空间内，可以感知中国传统文化与现代多元文化的碰撞——新与旧的结合、传统与时尚的融汇、新潮与复古的碰撞，消费者接触到的不是一个全新的、文化记忆中没有的东西，而是一种回归文化母体的潮流。在熟悉的共同记忆范式下，形成空间和年轻人交互的语言，唤起人们的文化共鸣，产生认同感和归属感。从某种意义上来说，国潮文化消费空间是一种中国传统文化的当代转化和激活的新形式，消费者进入这个空间内，无形之中就可以感受到其中凝聚的中国人的价值追求、审美意识和行事规则，与中国传统文化中的意境颇有相似之处。优秀传统文化能够潜移默化地对人进行熏陶，引起人们的重视、召唤人们的文化自信、提振青年人对传统文化的认同。现代社会，消费已从经济概念转变为文化概念。早在鲍德里亚时期，就已经研究得出了这个结果。① 这种文化认同与自信很自然地会转化为消费中的审美和价值依据，国潮的崛起，也就有了深厚的文化底蕴。国潮消费空间的出现，一方面拓展了现如今年轻人自我表达的形式与空间；另一方面反映了中国文化逐渐走向自信。

2018 年被称为“国潮元年”，2019 年被称为“国潮崛起的一年”。先是“李宁”随风而扬，后是故宫、敦煌焕新登场。近年来，各大品牌的营销策略表明，国潮 IP 爆红曲线渐显，逐渐成为一种跨行业、跨国家的文化现象。再加上弘扬传统文化的“新综艺风潮”带动，中国国货品牌的新市场正在被唤醒，涌现出大量的想象空间，成为推动城市经济发展的新动力。随着世界范围内高新技术的飞速发展以及产业结构的优化升级，包含“知识”与“文化”在内的新型经济形势表现得越来越明显。

随着国货品牌将传统文化美学与现代前沿时尚进行深度融合的趋势不断显现，越来越多的国潮文化消费空间出现在大众视野中。面对这样的新现象，当前学者的研究更多是从文化的角度切入，集中在产品设计、品牌营销、符号认同等方面，这些研究从理论层面加深了我们对国潮概

① 〔法〕让·鲍德里亚：《消费社会》，刘成富、全志钢译，南京大学出版社，2001。

念的理解，使我们进一步认识了国潮的发展历程，对国潮的整体特征有了一定的把握。[①]但从实践层面来看，很多是基于宏观的讨论，没有深入地对这股潮流中的构成要素进行具象研究。因此，本报告从空间的角度切入，对国潮文化消费空间与传统文化的关系进行讨论，具有一定的创新意义。

一　文献综述

从目前情况来看，学术界对国潮方面的研究较为匮乏，自 2015 年开始才有少数学者对此进行研究。例如，刘京在对本土潮牌进行研究时提出，必须始终坚持本土化和原创。[②] 曹宇培提出，国潮就是以我国本土文化为基础设计并推出的产品所掀起的时代潮流。国潮的出现主要是因为我国传统文化和现代语境之间的融合，同时也是当代流行文化发展形成的产物，因此国潮其实是我国文化元素和西方潮流文化有机结合形成的一种产物。[③]

本报告从空间的角度切入来研究国潮文化，将“文化消费”和“空间消费”有机结合。文化消费空间是人文地理学领域的一个定义，属于空间生产理论，由列斐伏尔（Lefebvre）最先提出，他在《空间的生产》一书中对不同类型的空间做出说明，认为空间包括抽象空间、具体空间、绝对空间以及共享空间等，他在此书中也提出“文化空间”[④] 的概念。从语义学角度来看，这应该是“文化空间”第一次被提及。在社会学或者文化学领域，“文化空间”所代表的是广义的定义，即“文化方面的空间”。自 1960 年开始，西方国家改变都市发展策略，将重点转向以文化消费空间为代表的文化项目。“文化消费空间”就是将文化作为重要卖点而形成的一种城市空间，

① 陈美汐：《试论国潮文化的发展》，《大众文艺》2020 年第 6 期，第 273 ~ 274 页。

② 刘京：《本土潮流服饰品牌形象设计应用研究》，苏州大学硕士学位论文，2015。

③ 曹宇培：《真假国潮》，《中国服饰》2020 年第 8 期，第 72 ~ 73 页。

④ 高春花：《列斐伏尔城市空间理论的哲学建构及其意义》，《理论视野》2011 年第 8 期，第 29 ~ 32 页。

是将资本和文化有机融合而形成的一种空间产物。现阶段，人文地理学领域所探讨的文化有所变化，在对消费空间进行研究时，文化研究显然是一个全新的理论范式和研究视角①，与消费空间有关的文化研究在1990年之后得到快速发展。② 随着当代地理学的快速发展，空间研究尺度被不断缩小，最终成为与人们生活紧密相连的空间。③ 所以，在对消费空间进行研究时，研究对象逐渐转变为餐厅、茶馆、酒吧、剧院、咖啡厅等极具文化特色的一些尺度较小的城市空间。

目前，社会学领域主要对以文化消费为中心的现象进行探讨，着重介绍文化消费的分类、内涵与发展状况，但从城市角度入手，针对文化消费空间进行的探讨则比较匮乏。廖开怀等在对文化消费空间进行分析的过程中，将广州传统茶楼与星巴克作为具体案例，通过访谈以及问卷调查方式进行探讨，并单独对其中一种类型展开深入调研。④ 由规划角度入手进行分析，发现与其有关的空间研究主要是将“公共文化设施”⑤ 和“文化设施”⑥ 等作为重点来对空间绩效做出评估，评估类型主要涵盖图书馆、博物馆等公共设施，着重对服务范围与空间分布进行探讨。

总体而言，现阶段对国潮文化消费空间的研究较少，与传统商店进行比较，国潮文化消费空间高度重视消费者体验，更加注重客户和产品之间的沟

---

① 张京祥、邓化媛：《解读城市近现代风貌型消费空间的塑造——基于空间生产理论的分析视角》，《国际城市规划》2009年第1期，第43～47页。

② Gregson, N., Brooks, K., Crewe, L., “Narratives of Consumption and the Body in the Space of the Charity/Shop”, In Jackson Petal, *Commercial Cultures*, Oxford Berg, 2000, pp. 101－102.

③ 张阳生：《现代地理学发展的“微观极”方向——微观地理学及其应用》，《中国地理学会2011年学术年会暨中国科学院新疆生态与地理研究所建所五十年庆典论文摘要集》，2011，第29～30页。

④ 廖开怀、李立勋、张虹鸥：《全球化背景下广州城市文化消费空间重构——以星巴克为例》，《热带地理》2012年第2期，第160～166页。

⑤ 吕斌、张玮璐、王璐、高晓雪：《城市公共文化设施集中建设的空间绩效分析——以广州、天津、太原为例》，《建筑学报》2012年第7期，第1～7页。

⑥ 常青、周乐、刘溪：《城市公共文化设施规划建设的思考——以北京朝阳区公共图书馆、文化馆为例》，《2011中国城市规划年会论文集》，2011，第7865～7873页。

通互动，致力于营造和谐愉快的外部氛围。在消费主义大趋势的引导下，海外资本与意识形态也将对本土消费空间造成重大影响，在构建文化消费空间的过程中，必须始终坚持文化的传承性和独立性，维持消费空间的文化平衡是必要的，所以对影响国潮文化消费空间形成的各个因素进行探讨是一个具有现实意义的论题。对此本报告选择“中国李宁”体验店（见图1）作为调查对象对国潮文化消费空间进行研究，传统李宁门店（见图2）在品牌年轻化道路上走过一段弯路，随着“中国李宁”的崛起，以“悟道”“行”等为主题，多次登上国际时装周，将中华传统文化的魅力展露无遗，受到众多年轻人的追捧，是值得研究的对象。

图1　“中国李宁”体验店

资料来源：https：//mp. weixin. qq. com/s/6jBEvXz－ozxNcUBYsxk8og。

图2　传统李宁门店

资料来源：https：//www. sohu. com/a/249782076_ 501143。

“北京蓝皮书”《北京文化发展报告（2019～2020）》指出，2019年北京文化产业增加值占GDP的比重为9.64%，位居全国第一。[①] 可以看出，文化产业对北京市经济发展具有明显的带动作用。随着“传承弘扬中华优秀传统文化”“提升中华文化影响力”被写进我国“十四五”规划，北京市也迎来了全新的机遇和挑战。北京市应把握文化市场发展机遇，积极整合文化产业资源，致力于将城市打造成文化创意产业的航母，进一步巩固全国文化中心的地位。2021年5月31日，北京培育建设国际消费中心媒体通气会在京召开，会议提到北京将推动实施消费新地标打造行动、消费品牌矩阵培育行动等“十大专项行动”，培育建设具有北京特色和全球影响力的国际消费中心城市，其中打造“老字号+国潮”传统文化消费圈是其中重要的一环。国货品牌依托传统文化内涵衍生出一种文化新业态，以深厚的传统文化底蕴和独特的时尚设计激活行业内生动力，通过创意赋能国货品牌，在满足市民多样性文化需求与休闲体验的同时，亦拉动了线下消费、创新了传统业态。2021年7月19日，经国务院批准，在北京市、上海市、广州市、天津市、重庆市率先开展国际消费中心城市培育建设，为国潮文化消费空间的建设增加了新的注脚。可以说，北京市对国潮文化消费空间的打造，是着力构建国潮文化创意产业生态圈的重要举措，用沉浸式的场景体验凸显传统文化的当代价值，传达人们对美好生活的新期待，激发国潮品牌产品开发的内生动力，将助力北京文化产业可持续蓬勃发展。

二　国潮文化消费空间的特征

（一）注重空间文化符号的意义传达和体验

在文化传播的过程中，行为主体的认知和体验最能体现出空间特征。国潮文化消费空间中的文化符号处处可见，这个特定的空间将各种文化符号整

---

① 李建盛主编《北京文化发展报告（2019～2020）》，社会科学文献出版社，2020。

合在一起，组成了优良的城市文化空间，营造了良好的文化氛围，为传播国潮文化打下了坚实的基础。

在体验经济时代，体验是新经济发展的主要动力，消费体验通过文化产品的表征得以实现。喜爱怀旧与历史的人可以在国潮文化消费空间中看到传统文化融入现代空间之中的设计，在新式复古潮流中体会历史韵味。当下年轻消费者更加注重追求新鲜感，渴望个性化的自我表达，国潮文化消费空间传递出中国传统美学的潮流表达，并将其发扬光大，源源不断地为年轻消费者带来新鲜体验。

如中国传统文化就为“中国李宁”的“溯”系列设计注入了灵感，通过对中国传统文化和潮流运动设计的跨界重构，向更多年轻人传递传统的美学魅力。中国各地建筑各有特色，无论是配色还是设计都大有讲究，飞檐斗拱系列就是将中国三大建筑的特点融入鞋子的设计当中。“玄”的灵感来自京派建筑，京派建筑讲究对称分布，四合院方正吉祥，体现的是对美满、富裕生活的追求（见图3、图4）。北京城民居大多以灰色为主，翻毛皮鞋面也大范围采用灰黑色作为底色，红、黄、蓝三种象征皇家宫殿的颜色则为点睛之笔，与飞檐TPU（热塑性聚氨酯，固定在中底或鞋跟处，用来做抗扭转）设计相辅相成，设计大气有底蕴。“蛟”代表的是皖派建筑，皖派建筑古朴优雅，使安徽这座富有书香气息的城市目光所及之处干净舒适。居民将他们的生活美学融入建筑，以黑、白为主色，讲究的是知书达理，明辨是非，寄托了人们对代代青年都能才情禀赋的期望。“青”的灵感来自苏派建筑，消费者大多对苏州园林有着诗情画意的印象，江南地带向来崇尚艺术，建筑具有中式风骨，明瓦窗、走马楼、中式园林，配色以冷色调为主，辅之以暖色，婉约又灵动。运动机能美学与中式建筑美学交织碰撞，打造出了属于中国潮流的国风美学，让穿上它的人也能够感受到地方文化的魅力和中华民族的精神气。

（二）突出现代空间审美中的自我表达

与传统实体店相比，国潮文化消费空间还打造了许多灵感快闪店，让人印象深刻的除了品牌对自身文化和中国文化应用得驾轻就熟外，现代审美结

图3　京派建筑

资料来源：https：//mp. weixin. qq. com/s/Ab7bzYhMkbBSX4aXVLl3kQ。

图4　“中国李宁”的“溯”系列“玄”色

资料来源：https：//mp. weixin. qq. com/s/Ab7bzYhMkbBSX4aXVLl3kQ。

合传统元素的设计更是让消费者看到了空间美学的更多可能性。根据图5，“有中国传统特色的”和“让创意者自我表达的”维度的平均值分别高达3.72和3.71，紧随其后的几个维度分别是“展示性强的”（3.69）、“时尚的”（3.68）、“亲善的”（3.68）、“具有超凡魅力的”（3.68）。可以看出，国潮体验空间为消费者提供了舒适的互动环境，同时鼓励大众进行表达与创作。

文化消费空间往往是公共的、开放的，如城市广场、城市客厅、城市公

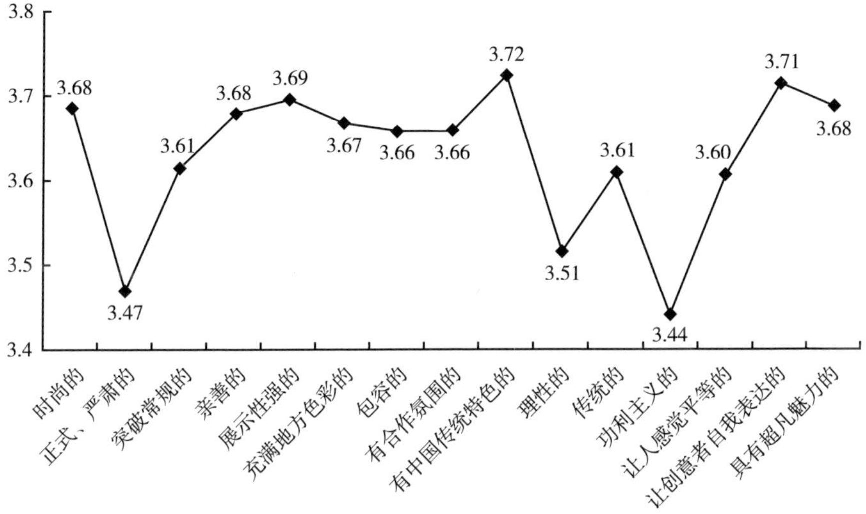

图5　场景维度平均值

园等居民能够便利交流与互动的地点。城市中越来越多的电影院、剧院、酒吧、咖啡馆、小酒馆、饭馆以及其他文化和聚会地点的出现，印证了居民对相互表达交流的互动需要，国潮文化消费空间的出现也有异曲同工之处。文化生产者们通常需要通过感官的刺激产生创意活动，形成文化创意消费的集聚区，因此集聚地点的设置往往被纳入文化空间的发展策略中，同时也需要增加文化设施等大众文化娱乐内容。

像“中国李宁”这样的国潮文化消费空间依托品牌独到的设计理念与丰富的设计资源体系，被赋予了更多灵感想象空间。其拥有良好的设计基因，通过传统元素、时尚理念与顶尖设计的有机结合进行独特的风格表达，并随着潮流文化的崛起而受到关注。为了增加这个独特时尚空间的魅力，“中国李宁”也在有步骤地拓展大型店面，大型体验店是其空间表达性的实体展现。刺激消费者进店、逛店，尽量增加其驻留时长，是全球线下零售商的共同愿望，更多的客流不仅仅意味着商业机会，还会提供更多有关款式、功能、流行趋势的反馈，帮助商家更精准地洞察消费者偏好和行为。空间内表达性的建构与消费主体的地方感联系密切，消费者在体验国潮文化空间的过程中，通过识别其文化表征，实现文化认同，使国潮文化空间的地方性得到个性化的阐释和针对性的发展，从而实现了一种自我展示，外界会对这种自我展示做出回应，而消费者也会回应他人的自我展示，国潮语言在这种展示的互动循环中维系和创造自身的符号与意义。

（三）强调传统文化和创新文化的空间区隔与共生

根据图5的场景维度平均值评估，发现有几组对立词语的平均值相同或相近，如“突破常规的”（3.61）和“传统的”（3.61）两个对立维度以同样的分值出现；“时尚的”（3.68）和“充满地方色彩的”（3.67）两个维度在消费者传统印象中可以说是属于对立面，但两者同时存在于国潮文化消费空间之中。从图5还可以看出，“正式、严肃的”（3.47）和“功利主义的”（3.44）两个维度的平均值较低，可以排除国潮文化消费空间会因为消费水平总体偏高、品牌走高端定位路线而给消费者带来无形压力。虽然消费者可以感受到大部分设施或活动是以获取商业利益为直接或间接目的的，但是国潮文化消费空间中也包含了复杂的情感层次。传统与时尚的碰撞、新潮与地方的交流都可以在空间中体会，追求时尚潮流的人可以在这里观看最新的时尚展演，古老的东方韵味与颇具科技感的现代建筑风格割裂又共生。国潮文化消费空间将种种复杂多样的情感体验和价值取向融入了一个开放的物理空间，让消费者在满足自身情感期待的同时感受到更加多样化的内容。时尚可以被定义为“在自由氛围中，围绕某些中心的具有动态差异性的文化模仿系统”，它本身就是一个模糊、拥有复杂内部结构的概念，包含文化的各个向度，是一个高开放性的整体，而自由、动态是它的本质，国潮文化消费空间中物质设施和相关活动“时尚”与“传统”的互动构成了其文化价值观的美学核心。

除了以上提到的时尚与传统共生之外，“中国李宁”还将“本土化”作为特色和亮点打造，也就是对本地传统文化的挖掘和展示，如每年都会发售的“城市限定”——以成都为灵感的“少不入川”系列、以上海为灵感的“足不出沪”系列、以西安为灵感的“长安少年”系列、以长沙为灵感的

“惟楚有才”系列，旨在深挖各个城市的市井文化，力图展示对本土文化的尊重和融入。选取这些城市作为灵感来源，是因为大城市对文化的包容性相对更强，国潮属于比较有特色的东西，在这种大环境中更容易生存。这些“城市限定”系列在设计上充斥着满满的地方味道，淋漓尽致地体现了市井风，在设计和色彩的运用上也对比强烈、大胆吸睛。国潮文化消费空间为这种传统又现代、地方又国际、保守又大胆的新生文化提供了一个共存的空间，体现了其包容性。也正是这种包容性受到年轻人的追捧，使中华传统文化焕发新的生机活力，让其真正融入生活、连接当下，这也是推动传统文化活起来的一个重要方式。

从特征来看，国潮文化消费空间是由品牌去挖掘民族的、历史的、经典的文化元素并融入产品与空间设计中，是具有浓郁文化氛围的空间。空间内的传统文化展示在一定程度上会解构传统文化的原生环境，将其搬入现代空间，为消费者提供更加直观的体验与感受，这也是空间强调传统文化能够与现代文化共生，又没有磨灭传统文化自身特点的做法。作为空间内的核心桥梁，传统文化是国潮文化消费空间区别于其他文化空间的基础基因。同时，国产品牌通过突出现代审美的产品设计彰显自己的品位，从而引起年轻消费者的青睐，但是真正的国潮文化消费空间不仅仅是中国风的应用，它从文化深处找到与品牌的契合点，再经过符合现代审美的演绎传统，从而形成了真正有内容、有个性、有共鸣的表达。

三　国潮文化消费空间形成的影响因素

空间可以酝酿出不同群体的新文化，吸引年轻人到空间中自我表达和自我成长，个性迥异的人都可以找到自己认同的价值，国潮文化消费空间就是这样一个具有表达性和包容性的地方。它的出现，融合了中国传统文化的精髓，以现代的审美演绎出来，这不是一个偶然现象，而是在各种影响因素下共同作用的结果。

（一）资本逻辑

有人说国货兴起是国家经济繁荣发展的表现，反映了全社会积极向上的心态，是整个民族复兴的强力体现。随着国民经济的快速发展，综合国力显著增强，为迎合文化消费的升级需求，国货品牌的经营模式会消解传统文化空间的纯粹性。国潮文化消费空间的出现，看似因为年轻人对国货的喜爱有愈演愈烈之势，实则是商业资本的加持。从图 6 可以看出，平均值最高的维度是“数字化新媒体多维营销”（3. 76），各大媒介通过开展形式多样的国货品牌推介活动来提高品牌识别度，再加上如今粉丝经济盛行，“明星效应，品牌跟风”（3. 72），通过明星品牌可以更好地吸引流量。资本逻辑为品牌打造国潮文化消费空间奠定了经济基础，消费需求的升级不断刺激国内时尚产业加速变革，资本的入驻推动行业洗牌，及时淘汰不思变革的品牌。在国货崛起的过程中，“潮”正成为资本市场的新宠儿，资本与品牌都想参与进来，“体验经济的兴起”（3. 72）、“文化商业地产热”（3. 70）也同为

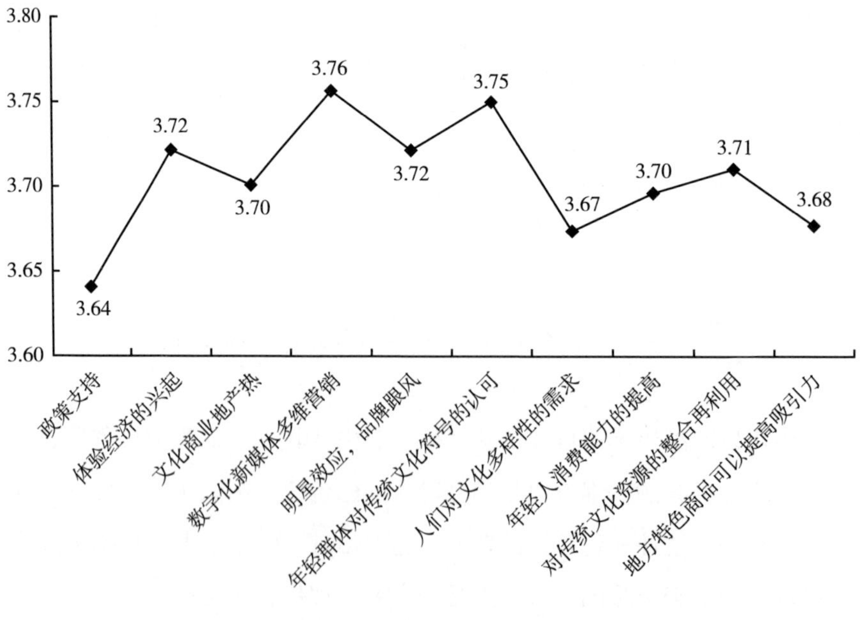

图 6　国潮文化消费空间形成原因平均值

平均值较高的维度，均成功助力国潮热的到来，国潮文化消费空间也因此在各地兴起。

市场青睐国货，一些企业抓住时机，在资本权力与文化认同的驱动下，为品牌的“国潮”路铺下基石，“中国李宁”就是其中之一。“中国李宁”在2018年纽约时装周轰动时尚界，互联网的大肆宣传使其热度一路飙升后，加入了天猫联合众多传统品牌共同打造“国潮”行动中，借助平台大数据精准洞察消费者需求，深入了解消费市场。同时，产品设计从传统文化中获取灵感，从众多国产运动品牌中脱颖而出，逐渐跳出自身固有的“土味”形象，跳入时尚的圈子，为自身的拓店事业添砖加瓦。

（二）政策逻辑

在中国，政策的引导与支持是发展的重要推动力。如同当年的“韩潮”，也是因为韩国政府订立了《文化畅达五年计划》，首次以国家最高政策纲领把发展文化产业确定为政策重点和纲领性任务。在2021北京商业品牌大会暨2020年度（第十六届）北京十大商业品牌评选揭晓活动上，北京市商务局透露，“十四五”开局，北京市将对推动国潮文化发展给予强有力的政策红利，如实施消费品牌培育行动，包括建立新消费品牌培育、发展、保护机制，进一步开放平台、开放空间、开放场景、开放资源，建设新消费品牌孵化示范区，推进互联网平台为品牌赋能，打造知名品牌与新兴品牌共生共融、商品消费品牌与服务消费品牌共同支撑的新消费品牌矩阵。国潮文化消费空间也随着中国国力的提升，以及传统文化的复兴而受到年轻人的追捧。政府作为权力的代表，是国潮文化兴起的重要推手。换句话说，国家对传统文化的扶持，使传统文化逐渐与国潮文化消费空间共生共存，文化有了实物的载体，空间有了设计的灵魂。

国潮的兴起源于国货的繁盛，更深层次的原因其实是大国的崛起。在“综合国力”成为高频出镜词语的同时，“中国李宁”选择走出国门，踏上了纽约时装周的道路，拉开了国潮的大门，一句“中国李宁”让年轻的消费群体找到了认同感和归属感。可以看出，国潮文化消费空间的权力逻辑体现在以下几个方面：①政府作为传统文化传承与发展的倡导者，在很大程度上影响了城市文化消费空间的发展方向和空间布局；②政府通过一系列的活动设计和政策实施，完成对传统文化在国潮文化消费空间中的推广；③政府通过提出制造业升级的发展方向，将传统国货品牌的生产逐渐引向“中国质造”，引发消费者对国货质量观念的转变。

（三）文化认同逻辑

一个国家的经济发展水平是衡量其国际地位的重要指标，在当今世界，中国人民的民族文化认同感也因国际地位的提升而变得愈加强烈。中国经济发展水平的提升能够为文化自信提供保障，为传统文化的流行添砖加瓦。衡量本土品牌能否长久发展的重点，是要意识到现在最大的消费人群是Z世代（95后消费人群），供应链、渠道、设计，以及产品的服务能否贴合这类人群的需求是关键点。当下的年轻人成长在物质文化相对富足的年代，信息获取途径众多，因此对外部世界没有太多的陌生感。这也是为何与60后、70后相比，他们没有太多的“崇洋媚外”思想，民族认同感在Z世代的一辈中得到进一步的释放。消费者对“年轻群体对传统文化符号的认可”这一维度的评价很高，平均值为3.75，位列第二，而“对传统文化资源的整合再利用”和“地方特色商品可以提高吸引力”的平均值分别为3.71和3.68。

“中国李宁”体验店也是因为抓住了当代年轻人对传统文化认同的心理，为了凸显其与主要竞争对手，如耐克、阿迪达斯的差异化，在空间设计上蕴含了许多东方元素，塑造了中国形象。同时，在空间显眼处摆放的设计广告宣传中也加入了具有中国特色的元素，如汉字书法、水墨画和中国功夫。更令人惊喜的是，李宁品牌并未在革新中丢掉中国魂，从年轻的视角将过去记忆中熟知的品牌表达出来，唤醒国人记忆中对李宁本人和这个品牌在过去中的点点滴滴，比如红与黄的配色，又如李宁本人举着火炬亮相奥运的瞬间，将历史融入潮流设计之中，传承品牌基因，“中国李宁”精神内涵的核心就是中国精神及中国文化。

影响国潮文化消费空间演变的主要因素有经济、政治、文化认同因素，其中经济和政治因素是影响国潮文化消费空间形成的根本因素。国家的经济实力越来越强，中国制造业生产的产品越来越受欢迎，随着现代经济发展方式的转变，资本开始寻找新的投资点，国潮成为一个新兴的文化消费热点。同时，根植于群众内心深处的文化自信心是国潮热的原动力，国潮空间设计在博大精深的中国文化中汲取灵感，受到年轻人的喜爱，既表现出当前消费者的文化自觉和对本土文化元素的认同，也展现出其消费观念的多元化、个性化。现如今可以看到许多地方政府同样重视通过国潮的概念传播传统文化，这在一定程度上是因为国家将文化复兴提升到了国家发展战略的高度，对文化的保护、传承和发展给予了前所未有的支持。我国经过西方文化的侵蚀，在某种意义上国潮文化是国人反思后的回归，也是民族自信心和民族文化认同高度增强的必然趋势。随着国家对文化的高度重视，人们对自己的文化进行了深入的学习，对其有了更深刻的了解，更能体会到传统文化的魅力及其深厚的内涵。

四　国潮文化消费空间内中华传统文化的传承

中华传统文化贯穿于中华上下五千年的历史长河之中，并传承发展至今。文化是人类在社会发展过程中所创造的物质财富和精神财富的总称，它能够传承千年靠的不是建设几个传统文化基地，更不是虚伪的形式性的口号旗帜，而是言传身教、脚踏实地，靠的是鲜活的思想和生命。就中国的现状来看，体验经济的逐渐兴起，让消费者更愿意身临其境感受文化，国潮文化消费空间的诞生为其提供了场所，让消费者对文化的感受更加直观。可以说，在国潮文化消费空间形成之初，就已经肩负起传播文化、传承文化的重担。

（一）传承的对象

文化传承的成效如何，传承载体起着主导作用。在文化传承实践中，载体有主体、客体之分。其中，“人”是主体，是传承任务的主要及主动承接者；各种“物质形态的文化呈现”是客体，是传承任务指向的对象，其被动参与传承过程。如何激活传承主体在现代化进程中自觉自发传承传统文化的原动力，将“外界输血型”传承变为“内生造血型”传承，是当前推进中国优秀传统文化创造性转化和创新性发展的关键问题之一。① 不管在什么时代背景下，潮流始终来自年轻人，并首先作用于年轻人。因此，理解国潮文化空间对文化的传承，首先需要理解其背后的年轻消费者。

根据《2019 中国潮流消费发展白皮书》，消费者以 90 后、95 后及 00 后人群为主，占到潮流消费规模的八成，这说明对国潮文化更感兴趣的人群为青年群体。Z 世代是真正从小接触网络的一代，他们成长在一个随时随地就能了解全球潮流观念的时代，视野前所未有的开阔，捕捉信息的速度十分迅疾，对潮流文化的敏感度和认可度也急剧高涨，同时也更具有文化自信。随着新媒体时代的来临，Z 世代冒出尖角，消费崇洋媚外的时期已经过去，这一代年轻人见证了大国崛起的过程，甚至出生时中国经济就已位居世界前列，相较于上一代，他们的民族自豪感更为坚实，消费选择日趋理性，更加追求品质和性价比，因此他们开始主动成为中华文化的传承者，继承优秀传统，为弘扬优秀文化尽自己的力量。

（二）传承的内容

传统文化的传承是一种“活态”实践活动，消费者对“中国元素”与“传统符号”这两个词语较为敏感，国潮文化消费空间是一个既潮流又复古的空间，其中的产品设计或装潢摆设既有丰富的历史遗存，又建构了诸多关于历史和文化的想象，是激发人们记忆和怀旧的地方。在国潮文化消费空间建构的过程中，根植于传统的历史、文化和记忆通过设计或衍生的方式展现出来，这些空间和物质实体往往承载着某些群体共同的历史记忆，即集体记

① 陈俊秀：《传统文化传承主体的自我激励与长效激励》，《学习与实践》2020 年第 12 期，第 108 ~ 114 页。

忆，这些记忆影响着文化群体身份认同的延续。① 而空间物质载体的建构和塑造会影响集体记忆的强弱，也会影响消费主体地方认同的建构。“中国李宁”体验店作为国潮文化消费空间的物质载体，承载着不同文化群体的共同记忆。所以，国潮文化消费空间的建构有利于强化文化认同感，自觉传承中华传统文化。

国潮文化消费空间相当于一个国货品牌与传统文化交融的空间，在这个空间中传统文化被浓缩为某个具体意象或者东方哲学中像禅意这样抽象的东西，依附在产品设计上，将东方的传统文化美学与现代设计理念的实践相融合。如“中国李宁”的“行”系列，即旅行、远行，不仅结合了中国古代文人墨客行至山水并寄情于此的洒脱，而且有现代含义中的坚持自我、脚踏实地的内涵。传统文化就是在这样与时尚的碰撞中迸发出属于这个时代的火花，同时空间将造形中的“形”与寓意中的“意”结合起来，将不同的文化符号具象传播，受到了越来越多人的认同与喜爱。

（三）传承的方式

传统文化的传承离不开各种传播方式。从口头传播时代、文字传播时代，到后来的印刷传播时代，文化都通过不同的载体传承。时至今日，随着互联网和电子信息时代的发展，我们有图片、视频等更多、更快捷、更方便的传播途径使传统文化能够更好地与其他文化交流。文化的传承与发展需要一个交流场域，从纵向来看，包括与上层下级的阶层或代际交流；从横向来说，表示与同圈层对象的水平交流。国潮文化消费空间对传统文化的传承更像后者，是在同圈层对象对国潮文化和传统认可的交流。

Z 世代大多是通过微博、小红书、得物等社交平台知道国潮的存在的，潮流文化消费的飞速出圈，社交媒体在其中发挥了重要的作用。归结来看，就是互联网推动了国潮的发展，也让更多的人通过网络了解到国货与传统文

---

① 罗彩娟:《空间记忆与族群认同——云南省马关县壮族的“依智高”纪念实践》,《中南民族大学学报》(人文社会科学版) 2012 年第 2 期，第 18 ~22 页。

化之间相互盘活的共生关系。青年群体普遍具有先锋意识和创新理念，可以借助网络推动国潮文化向外传播。他们成长在中国经济飞速增长的时期，感受着国力提升带来的文化回归和文化自信，短视频、微博、微信、小红书、得物等 App 对国潮文化的多元解读给年轻人带来了更直观的思维冲击，从而重塑对传统文化的固有认知。陌生感会随着对文化环境的熟知而降低，当人们对某种文化逐渐熟悉时，其心理屏障会降低，逐渐构建起具有社会联系的情感空间，在这个空间中架起文化生产者和消费者沟通的桥梁，彼此实现互动交流，更加了解彼此的需求，文化产品在这样的环境中更具地方感，国潮文化消费空间也在这样的过程中得到建构和发展。

因此，国潮文化消费空间的主要传承影响群体为生活在国力日渐强盛时代的频繁接触互联网的年轻人。他们生长在物质富足且消费和需求日趋多元的时代，通过衣食住行的消费表达自己的态度，由此收获社群认同和归属感。互联网的双向互动是年轻人对传统文化传承的主要形式，网络普及程度高的年轻群体对信息已经具备一定的需求与辨识能力，因此能够对潮流文化做出自己的判断，当确定国潮文化符合自己的文化需求时，便会进入国潮文化消费空间寻找认同。作为年青一代，自身长期受中华传统文化影响，这种经验与身份构成其对国潮文化的认同。国潮文化，实际上以传统文化精髓为内核，以现代审美设计包装为外包，当年轻人对西方潮流设计逐渐感到审美疲劳时，便会有重新寻找独特文化特色的需求，而传统文化此时就符合其当下的审美需求，于是他们便主动成为中华文化的传承者，被几千年传承下来的文明艺术所吸引，开始体会东方艺术的“浓妆淡抹总相宜”，这就是东方的审美。受到广泛的文化认同和强烈的文化自信的影响，以复兴传统文化为使命的国潮在中国年轻群体中具有很强的穿透力。

五　研究启示

值得注意的是，当前国潮文化消费空间依旧存在形式过于单一、主题老套重复的问题，无法深耕传统文化精髓，同质化、碎片化问题难以引起大众兴趣。在国潮中，“潮”要变，“国”要稳，要用实力让人民的爱国情怀落地，让匠人的制造精神薪火相传。因此，本报告提出以下几点建议。

第一，完善体制机制，强化综合影响力。国潮热是时代发展的产物，是国家实力的体现。之所以出现国潮热，是因为综合国力的提升，因此国家还应该继续秉承大格局与和平发展的观念，不断完善市场机制，带动经济繁荣，而北京作为全国文化中心，可以打起国潮的大旗。

第二，促进文化创新，激活传统元素。国潮热并不是一时的，更不应该是昙花一现，国潮热应该持续热下去，并且进行更多文化创新，激活优秀的古代文化元素，打造具有时代意义的文创作品。

第三，做好宣传引导，保持持久活力。国潮热的兴起离不开文化的宣传，北京作为首都任重道远。例如，故宫博物院每年都会推出众多的文创艺术作品，让具有几百年历史的故宫始终走在时代的文化前沿，这需要持续的运作和宣传，只有不断地把客观事物与爱国精神和文化自信融合在一起，并打包宣传出去，国人的文化自豪感才会深入每一个人的心中。

技术应用篇

Technology Application

B.12
虚拟现实技术推动首都文化产业发展新格局构建

李道今*

摘　要：　本报告从虚拟现实（VR）技术如何创造文化产业未来场景的宏观视角出发，全面梳理了虚拟现实技术推动北京文化产业发展的现状与趋势，以翔实的数据和生动的案例，盘点了首都文化产业各环节、各细分行业应用虚拟现实技术的现状和特征，深入分析了虚拟现实技术在与首都文化产业融合发展进程中的制约因素，并在此基础上，从加强虚拟现实技术迭代升级、加快建设公共服务平台、构建标准规范体系、制定专项政策、强化应用场景建设、深化产业发展生态建设等维度，提出了推动虚拟现实技术赋能首都文化产业的解决方案。

* 李道今，投资北京国际有限公司研究中心主任，投资北京研究院常务副院长，主要研究领域为文化创意与产业政策规划。

关键词： 虚拟现实技术 未来场景 首都文化产业 产业格局

随着5G技术商用化进程的加快，加之自2020年以来新冠肺炎疫情影响下“非接触式”经济新需求的爆发，虚拟现实产业迎来爆发式增长的新机遇。《中国虚拟现实产业发展报告（2020）》数据显示，2020年中国虚拟现实产业规模约为40.9亿美元，较2019年增长65.9%，占全球总额的38.3%，排名第一。①

从产业维度看，虚拟现实产业的大部分产业活动本身就在文化产业范畴内，按照《文化及相关产业分类（2018）》，虚拟现实设备制造活动（小类代码为0954）及虚拟现实技术软件开发活动（小类代码为0243）本身就是文化产业的组成部分，而虚拟现实技术在文化产业中的游戏、视频直播、文旅、文娱、文博、影视、会展、设计等领域已得到深度、广泛的应用。

北京作为全国文化中心和科技创新中心，集聚了虚拟现实领域的优质资源，具有领先的技术，虚拟现实产业与文化产业交集的软硬件、内容制作与分发、应用和服务等产业链环节均呈现良好的发展态势和巨大的发展潜力。

一 虚拟现实技术创造了文化产业的未来场景

虚拟现实技术是以近眼显示、感知交互、渲染处理、网络传输和内容制造等为基础的新一代信息通信技术。当代的虚拟现实技术是在计算机图形学、人机接口、多媒体、语音识别、传感器等技术的基础上，在移动互联、智能终端、大数据、云计算、人工智能和物联网等新技术支持下产生的综合技术形态。

目前，虚拟现实技术的终端产品形态不断创新，应用领域日趋广泛，主

① 孙立军主编《中国虚拟现实产业发展报告（2020）》，社会科学文献出版社，2021。

要集中在游戏与泛娱乐、虚拟购物、教育、文化旅游、健康医疗、工业制造、会议会展、城市管理等领域。据赛迪研究院预测，2021 年我国虚拟现实技术应用行业市场规模将再度大幅攀升至 500 亿元以上，其中游戏应用市场规模占比有望达到 37.9%，视频和直播市场规模占比分别有望达到 21.4% 和 11.8%，虚拟购物市场规模占比有望达到 11.0%，教育和医疗市场规模占比分别有望达到 9.3% 和 7.6%。①

鉴于虚拟现实技术的沉浸感、交互性、构想性等基本特征，其技术尤其是图形、图像、视频处理、建模、仿真、交互等相关技术的应用，与追求思想价值、审美价值及体验价值的文化产品在生产创作制作与展示、传播、消费各个环节都能够深度相融，因此当前虚拟现实技术在文化产业中的应用最为突出和显著，并延伸至文化产业的各个行业类别，不仅有力地促进了文化产品与服务的创新，而且有效地推动了文化展示、传播与消费的升级。

（一）文化产业应用虚拟现实技术的源流追溯

梳理文化产业应用虚拟现实技术的历史会发现，我们无法准确地判断其最初的应用场景，但事实是，随着文化产业及虚拟现实产业的发展，虚拟现实技术逐渐被广泛引进与应用，其中 2008 年北京奥运会开闭幕式的举办便是虚拟现实技术应用于文化产业的里程碑事件。

2008 年北京奥运会是虚拟现实技术应用的集大成者。除了开闭幕式视频影像中各种声光电、影像技术的集合以外，其幕后更是隐藏着从内容制作到演练调度过程中大量的虚拟现实相关技术。这种科技、影像与文化相结合的内容呈现方式极大地影响了后来的各种大型活动和晚会的举办，不论是 2016 年的 G20 杭州峰会文艺晚会，还是 2019 年的故宫“紫禁城上元之夜”，抑或是 2019 年的武汉军运会，都继承和发扬了北京奥运会开闭幕式应用虚

① 赛迪智库虚拟现实产业形势分析课题组：《2020 年中国虚拟现实产业发展形势展望》，《中国计算机报》2020 年 4 月 13 日，第 14 版。

拟现实技术的创意，塑造了无与伦比的视觉体验。

在2010年上海世博会上，虚拟现实技术首次被大规模地应用于网络平台传播，上海世博会将WEB VR推向世人眼前，打造了永不落幕的网络世博会，虽然受限于当时的网络条件，但最终仍通过虚拟现实技术的赋能，实现了“线上逛世博”的构想。

2016年被业界称为VR元年。“元年”并不是指虚拟现实技术的诞生之年，而是因为虚拟现实技术在当年得到了爆发式的发展。随之而来的，是文化娱乐行业对虚拟现实技术的广泛应用，VR直播、VR影视等新兴“科技+IP”的文娱新模式层出不穷。

2017年，万众瞩目的央视春晚首次拉开了VR直播大型晚会的帷幕，之后以虚拟现实技术为核心的VR直播视频节目如雨后春笋般频频上线。虚拟现实技术在影视节目直播中的应用也影响着体育领域，在篮球、足球、排球、体操、拳击等众多比赛中都出现了VR视频直播的身影。

而随着虚拟现实头显设备的普及，近年来小型VR体验项目由于其低成本、个性化、高沉浸感的特点，在电影院、商场等载体中加快布局并加速渗透。在文旅行业中，华谊兄弟在苏州率先进行了尝试，集穿越式游览、沉浸式体验、明星化服务、互联网消费于一体，打造了众多虚拟现实相关体验，南昌打造的国内最大的虚拟现实体验中心也是其中的佼佼者。

在数字文博领域，借助虚拟现实技术扩展文物的历史内涵和文化价值成为文博领域发展的新趋势，如西北大学利用虚拟现实技术对兵马俑进行三维重建及修复取得巨大的成果，故宫引入虚拟显示技术打造“让文物活起来”系列品牌，已形成5万件数字化文物，高科技互动艺术展演《清明上河图3.0》吸引了大量的游客参观，数字敦煌已经上线上百个敦煌石窟的高精度数字图像和虚拟漫游节目。

2020年初，突如其来的新冠肺炎疫情使“非接触式”经济新需求爆发，虚拟现实技术应用于文化产业的步伐加快。例如，疫情限制了旅行和公众集会，大卫塔博物馆（Tower of David Museum）通过一个立体360度虚拟现实纪录片将游客沉浸在耶路撒冷老城中，这种新的沉浸式体验可将游客传送到耶路撒冷最独特、最难到达的地方，并且仿佛真的置身其中。又如，丹麦法罗群岛为遏制疫情的扩散，禁止游客访问，但运用虚拟现实技术创建了一种远程旅游工具，允许世界各地的人们以虚拟游客的身份探索这个岛国，释放了新的旅游体验需求。

追溯虚拟现实技术应用于文化产业的源流可以发现，虚拟现实技术不仅推动了文化产品的内容创新与形式创新，而且激发了消费者新的文化需求，促进了传统文化消费的升级，其在文化产业供需两端的赋能，也引发了文化产业的产业链重塑与升级，这种赋能机理与作用，不仅贯穿于文化产业发展的历史中，而且会呈现在文化产业发展的未来中。

（二）文化产业应用虚拟现实技术的未来图景

从虚拟现实技术本身的发展趋势看，随着虚拟现实技术与人工智能技术的快速进步，人工智能技术融入 VR 系统是大势所趋，虚拟现实技术特征将由 3I 演进为 4IE，即 VR 系统除了具有沉浸感、交互性、构想性三个基本特征之外，还将具有智能性和自我演进的特征，这将进一步扩展虚拟现实技术在文化产业中的应用空间，必将为文化产业带来新的创新发展机会。

虚拟现实技术与人工智能技术的融合，将带来虚拟对象智能化、VR 交互智能化、VR 内容研发与生产智能化的变化。虚拟对象智能化将推动从虚拟实体到虚拟孪生、从虚拟化身到虚拟人、从虚拟环境到虚拟人体；VR 交互智能化更加强调交互的感知、识别和理解，将通过视觉、听觉、嗅觉等增强方式带来交互的全新方式；VR 内容研发与生产智能化将有效提高 3D 建模（几何、图像、扫描）、图形动画等 VR 内容生产环节的效率，提高其智能化、自动化水平。

从虚拟现实技术赋能文化产业的未来图景看，虚拟现实技术的应用将再次改变人们接收信息、交换信息的方式，推动融媒时代第六大媒介传播形态的发展，引领一个新的时代。虚拟现实技术带来的各种终端设备的升级，将使其成为继报纸、广播、电视、互联网、移动互联网之后的第六大媒介传播形态，尤其是在融媒体时代，众多广电、报业集团借助虚拟现实技术，结合5G技术，形成了技术逻辑主导下传播要素的全面变革，从而推动媒体技术与企业发展的变革。相较于媒介传播的传统形式，虚拟现实技术传播的内容可以是现实中存在的场景或者人物，也可以是异次空间中的场景或者物体，而观众也将以沉浸式的方式与媒介内容进行信息传递。虚拟现实交互方式的出现颠覆了媒介信息消费的形态，更新了媒介传播的制作和投放方式，虚拟现实媒体内容的制作、传播和消费必将成为文化传媒的重点领域。

从更广义的未来图景看，虚拟现实技术的应用将构建出平行于现实的数字世界，这也将是虚拟现实技术发展的终极目标。学界预判，辅助以区块链等技术，数字世界的安全性将大幅提升，虚拟世界与现实世界连接的最后壁垒将被打破。虚拟现实技术可以将海量的大数据可视化，将人们获取信息的方式从当前的图片、视频、三维模型扩展到声音、地点和内容等各种信息源上，带给人们最直观的体验。同时，虚拟现实技术具备可交互的双向沟通机制，使用者在获取数据信息后可快速与信息进行互动，随时随地将使用者的数据信息与数据中心进行交互。基于虚拟现实技术所构建的平行于现实的数字世界，将对文化产业各领域的发展产生广泛而深刻的影响，有望重构文化产品及服务的底层技术与逻辑，带来颠覆式、革命性的变革。

展望虚拟现实技术在文化产业中应用的未来图景，虚拟现实技术将不断拓展在文化产业中应用的广度和深度，创造新的文化产品及服务供给、新的文化发展模式及文化消费体系，聚力开创文化产业发展新格局。

二　虚拟现实技术推动北京文化产业发展的现状与趋势

北京作为全国文化中心，虚拟现实产业发展迅猛，关于其商业应用，企业布局较全也较早，近眼显示、GPU 渲染、感知交互、内容生产等关键技术领先全国，虚拟现实技术在游戏、视频直播、文旅、文博、影视、文娱、会展、设计等领域加快应用，有力地支撑了首都文化产业的升级跨越。

（一）北京虚拟现实技术应用仍有较大提升空间

从虚拟现实技术演进的趋势看，相关研究机构将虚拟现实技术发展分为几个阶段：2015～2017年，处于初级沉浸阶段，此阶段出现了少量的裸眼3D技术，VR内容极少；2018～2020年，处于部分沉浸阶段，此阶段裸眼3D技术相对成熟，上市了少量VR/AR设备，市场推出少量定制内容；自2021年起之后的10年内，虚拟现实技术的发展将进入深度沉浸和完全沉浸阶段，智能终端与内容从不断丰富到完全普及，尤其是到完全沉浸阶段，虚拟现实智能终端设备将融合听觉、触觉、嗅觉等一体化感知。

当前，北京集聚了一定规模的虚拟现实软硬件技术头部企业，但其技术与全国处于同一水平线上，正处于部分沉浸阶段。从北京虚拟现实领域头部企业的主要技术路径看，其主要呈现形式是沿用VR终端设备和裸眼3D两种技术路径平行发展。

对于沿用VR终端设备技术路径而言，因其技术可随时随地为用户提供视觉信息输入以及沉浸式体验，未来前景广阔，但如何通过技术升级实现VR终端设备的高清晰度、高刷新率、不易视疲劳、轻小超薄显示等功能，仍然存在技术瓶颈与难点，且在短时间内不易攻克。

对于沿用裸眼3D技术路径而言，由于裸眼3D技术可以直接将智能手机、PC等作为显示对象，其终端普及率高，技术难度也相对低，未来的市场覆盖率将会更高，尤其是依托智能手机等终端设备即可体验的裸眼3D技术，目前已在虚拟商贸领域得到广泛的应用。但是，裸眼3D技术向限下的产品沉浸感也相对较差，如何提升裸眼3D技术的沉浸感是北京乃至全国虚拟现实技术研发机构亟待解决的问题。

总体而言，北京依托科技创新中心及全国文化中心优势，集聚了头部的虚拟现实技术研发机构，其技术水平在一定程度上领跑全国，但并未显现出独树一帜的特色及超高的技术门槛，虚拟现实技术近眼显示、内容制作、网络传输、渲染处理、感知交互等环节仍有较大提升空间。

（二）北京虚拟现实硬件终端环节具有领先优势

虚拟现实设备研发制造活动本身就包含在文化产业范畴中，是虚拟现实产业与文化产业的最大交集部分。从虚拟现实硬件终端功能看，又包含输出设备和输入设备两大类，而在这两大类硬件终端领域，北京都具有较强的领先优势。

在 VR 输出设备领域，北京已集聚了小鸟看看、爱奇艺、小米等头部企业，在国内 VR 输出设备市场具备较强的技术优势并占有较大的市场份额。小鸟看看主要产品 3DoF VR 眼镜在同类产品中的市场份额为 60%，Pico G2 4K VR 眼镜占全国的份额为 12%，6DoF VR 眼镜处于国内领先水平，并与 Pico Neo2 VR 一体机共同占据全国 18% 的市场份额。小鸟看看相关产品主要应用在消费、运营、教育及培训等领域，已成为 VR 输出设备市场中的头部品牌。爱奇艺作为内容运营企业，在 VR 硬件领域也进行了布局，其主打产品是采用 4K 分辨率 VR 专用快速响应屏开发的奇遇系列 VR 一体机，在细节还原的同时还能保证画面流畅无拖影，最大限度地减弱纱窗效应。小米作为智能终端提供商，与全球知名的 Oculus 联合，引入其平台优质内容，共同打造小米 VR 一体机，定制 VR 专用 Fast-Switch 超清屏，其产品可有效减少拖影、延时等现象。

在 VR 输入设备领域，北京已集聚了包括北京诺亦腾科技有限公司、北京度量科技有限公司等在内的一批优质机构。北京诺亦腾科技有限公司已成为全球拥有最大用户群的专业动作捕捉技术提供商，推出了一系列具有完全自主知识产权的低成本、高精度动作追踪及动作捕捉产品，其 Perception Neuron 系列产品在行业内享有极高的知名度。北京度量科技有限公司推出的 NOKOV 光学动作捕捉系统，作为虚拟现实应用中的交互定位设备，填补了同档次“中国智造”光学式动作捕捉设备的空白，其产品可广泛应用于虚拟现实、模拟训练、人机交互、电影动画、游戏制作等领域，可以采集并生成精准、实时的动作信息。

总体而言，北京当前的虚拟现实输入和输出硬件终端均具有一定的优势，但随着华为等智能终端企业在 VR 领域的布局，北京也将受到严峻挑战。从硬件终端的未来发展趋势看，随着消费的升级、虚拟现实技术的普及应用、5G 技术的成熟和超高清视频内容的丰富，VR 一体机、分体机以及 AR 眼镜等产品将加快创新迭代，向轻便化、移动化、超清化发展，硬件终端的多样性将进一步增强，北京需依托硬件终端环节的基础与优势，加快技术升级与产品创新，保持硬件终端领域的发展优势。

（三）北京虚拟现实内容制作与分发环节发展迅猛

内容制作与分发环节是虚拟现实技术在文化产业中最具商业价值的应用部分，也是虚拟现实产业自身发展的重要方向。在内容制作与分发环节，虽然国内尚未形成具备明显市场优势的头部内容平台，但北京所集聚的头部企业在内容制作与分发环节中的综合媒体平台、云平台、视频渲染平台等细分领域已有显著优势。

从综合媒体平台领域看，爱奇艺作为影视线上内容制作与分发的龙头平台，较早引入 VR 技术，横跨硬件开发与销售、内容制作、内容线上运营、内容线下运营四大领域，依托用户流量入口优势，推出 VR 综合媒体平台，提供各类 VR 影片及游戏，成为国内 VR 内容制作与分发细分领域的领头羊。

从视频渲染平台领域看，北京七维视觉科技有限公司推出实时球员跟踪系统、全媒体演播室系统、“VR + AR”融合直播解决方案及影视特效预览解决方案，打造了 Vibox 实时视频渲染引擎产品，着力开展媒体融合、视频直播、赛事活动、影视拍摄、移动直播、游戏电竞、在线教育等方面的产品和内容服务，其视频渲染的技术与品牌优势显著。

从具备内容制作与分发功能的云平台领域看，北京视博云科技有限公司的电视云游戏和电竞平台业务日趋成熟，已服务于歌华有线、福建移动等近 30 个省市级的广电、电信运营商，为其提供云流化 PaaS 能力，注册用户已突破 1300 万，覆盖 1.6 亿家庭。

总体而言，依托发达的文化产业中内容制作与分发链条基础，在导入虚拟现实技术后，北京的内容制作与分发环节具有不可比拟的优势。从内容制作与分发环节的发展趋势看，随着虚拟现实技术的不断突破及其商业模式的不断成熟，内容制作作为虚拟现实价值实现的核心环节，其热度将大幅提升，衍生模式日渐活跃，北京需不断丰富虚拟现实内容，推出市场爆款，进一步提升内容制作与分发环节的发展优势，把握未来虚拟现实产业发展的核心价值。

（四）北京文化产业重点领域的虚拟现实品牌彰显

虚拟现实技术在文化产业中有着广泛的应用，尤其是在游戏、视频直播、文旅、文博、影视、文娱、会展、设计等领域已形成独特的细分行业门类。北京文化产业资源丰富，虚拟现实技术应用较早，在多个门类中形成了良好品牌。

从游戏领域看，该领域是虚拟现实技术应用最早、最为典型的领域，也是虚拟现实产业中盈利状况最好的领域。如北京为快科技有限公司建立了全球最大的精品 VR 视频库，开发了 VeeR 环球 VR 内容平台和零号空间 VR 影院等娱乐产品，已成为国内外主流 VR 设备商领先的 VR 视频平台。再如北京盗梦空间科技有限公司开发了 VR 体感座椅、VR 赛车、VR 飞行模拟器、VR 时光穿梭机、VR 栈桥等多种娱乐体验设备，应用运动体感技术与 VR 显示技术，实现视觉、运动与体感的高度融合，获得了较高的市场响应度。

目前，VR/AR 游戏终端具备一定成熟度，都可以支撑起 3DoF 的轻量级游戏，但真正要为用户提供不错的体验，还需要全视角 8K 等技术的突破与应用，短期内线下体验中心、主题乐园等产品具有较好的市场前景，远期随着技术的突破，大量优质产品出现，内容端形成产业集聚，将推动硬件发展。北京游戏产业发达，正在着力打造国际游戏创新高地，规划到 2025 年，游戏产业年产值力争突破 1500 亿元，当前虚拟现实技术在游戏及泛娱乐领域的应用市场状况良好，未来应用前景将更具潜力。

从视频直播领域看，如北京虚实科技有限公司推出“Avatar 虚拟主播”方案，以其低成本、高 AI 的特点，突破了虚拟主播设备、技术、成本、知识图谱构建等瓶颈，助力企业以超低成本秒级构建 AI 虚拟主播，其产品得到市场的积极响应。北京七维视觉科技有限公司研发了从广电级到民用级的 VR/AR 技术和产品，打造了全媒体演播室系统、“VR + AR”融合直播解决方案及影视特效预览解决方案，是 CCTV、光线传媒、爱奇艺等机构的长期合作伙伴。

目前，VR 视频直播领域如雨后春笋般迅猛发展，由于 VR 视频直播能够使观众真正体验到三维化带来的身临其境的感受，其在文娱、虚拟购物等方向的应用逐步普及，北京在 VR 视频直播领域的头部企业及创业机构越来越多。随着 5G 基础设施建设的完备及 VR 消费终端的普及，虚拟与真实的边界被逐步打破，文娱类视频直播中的在线付费观赏将成为重要的商业模式，VR 直播带货也将是疫情防控常态化下虚拟购物领域的必然趋势。

从文旅、文博、影视及文娱等领域看，北京当红齐天国际文化科技发展集团有限公司依托其 VR 博物馆、VR 乐园、VR 党建、VR 体育竞技等技术及产品优势，与首钢集团联手打造的首钢园 1 号高炉项目，成为全球首个将虚拟现实技术应用于工业遗存国际文化科技乐园的项目。北京犀牛数字互动科技有限公司根据景区旅游主题特色定制 VR 体验内容，提供 VR 景区综合性解决方案，通过 VR 全景拍摄，全角度展现景区魅力，其产品及服务受到市场热捧。北京圣威特科技有限公司与华谊兄弟电影世界、日照海洋馆花鸟园、上海世博会、中国科技馆新馆等开展合作，推出 VR 站立式飞行影院、VR 探险、VR 射击、VR 悬挂式飞行影院等各类虚拟现实体验与应用产品，引领文旅、文博行业创新发展。北京乐客灵境科技有限公司的虚拟现实游戏互动开发系统技术领先，同时向虚拟现实主题娱乐开发、虚拟现实电影制作、虚拟现实旅游研发以及主题展馆等互动类虚拟现实整体解决方案领域拓展，其品牌影响力不断提升。

虚拟现实技术在文旅、文博及文娱领域的应用，不仅为其发展赋能，而且衍生了新的文旅、文博及文娱业态。随着“5G + VR”产业的发展，以及伴随互动、头手定位、语音识别、眼部追踪、全身动作捕捉、肌电模式、脑电模式等新技术的落地，虚拟现实技术在文旅、文博及文娱领域将逐步展露出较强的人才、资源和资本吸纳能力，北京的虚拟电影院、虚拟音乐厅、虚拟博物馆、虚拟艺术馆、虚拟现实主题乐园、虚拟现实行业体验馆等业态将蓬勃发展。

从会展、设计等领域看，爱迪斯通（北京）科技有限公司引进国际先进的虚拟现实、增强现实、动作捕捉、力反馈与多平台发布等技术，为航天、航空、汽车、造船等行业提供3D/VR等虚拟设计及相关科技解决方案，成为虚拟现实技术赋能下智能制造设计领域的翘楚。贝壳找房率先在国内建立了“硬件+技术+内容”的整套VR空间构建能力，技术优势奠定了其在行业中的领先地位。贝壳找房的VR业务在整个中国的市场占有率达75%，其在空间三维重建领域的技术突破，除了在房地产领域的应用落地，也广泛服务于会议会展行业，其最具示范性的项目，是将国际会都怀柔区90%的会议设施实现数字线上化。

目前，虚拟现实技术在会展领域的应用更加深入，通过虚拟现实等沉浸式技术手段搭建模拟仿真的数字三维场景，提升了会展的展示交流成效。北京会展业较为发达，新冠肺炎疫情进一步促进了VR会展的发展，其未来的前景将更加广阔。由于虚拟现实技术打破了设计中时空的局限，并大幅节约了设计成本，其在建筑、工业等设计领域具有天然的优势与潜力，是虚拟现实与制造业融合中最大的融合点。虽然北京的设计产业优势显著，但虚拟现实技术在设计领域的应用尚有不足，未来需加大双向融合力度，释放虚拟现实技术赋能的设计行业发展潜力。

三　推动虚拟现实技术赋能首都文化产业的瓶颈与解决方案

虽然北京文化产业中的虚拟现实板块发展态势良好，虚拟现实技术推动文化产业发展的优势显著，但是在推动虚拟现实赋能文化产业发展中，北京还存在技术、标准、产品、政策等方面的问题，亟待通过专项的政策支持，系统地谋划发展，以虚拟现实技术的张力，为文化产业赋能，推动首都文化产业发展新格局的构建。

（一）北京虚拟现实技术应用于文化产业的瓶颈

一是从虚拟现实技术自身的发展层面看，除了前文提到的近眼显示、内容制作、网络传输、渲染处理、感知交互等技术仍有待突破与提升外，虚拟现实技术的标准化也一直是困扰问题。尤其是面向5G时代，关于虚拟现实设备和内容的标准层出不穷，这些标准都在快速提升层次，但其设备、技术、产品和系统评价指标体系尚不健全，产品性能和质量没有标准规范，硬件、系统、内容之间的兼容性差，软件开发工具、数据接口等标准也尚未建立。

二是从虚拟现实技术在文化产业中的内容供给层面看，虚拟现实设备采购及其制作与分发成本高昂，其商业模式仍处于探索阶段，回报预期不足，虚拟现实内容制作和运营机构投入意愿不强，加之应用虚拟现实技术语言表达文化元素与内涵的人才仍然处于断层阶段，导致应用虚拟现实技术的内容创意创作匮乏，虚拟现实技术支撑的文化产业内容生态尚未形成。

三是从虚拟现实技术在文化产业中的商业模式层面看，虽然虚拟现实技术在游戏、视频直播、文旅、文博、影视、文娱、会展、设计等领域已建构起特色化的应用场景，但受限于终端设备高昂的价格、近眼显示技术的纱窗效应、渲染技术的晕动症等缺陷，虚拟现实技术在文化产业中的应用场景转化不足，且使用率不高，孤立、分散的示范应用难以推广。

四是从虚拟现实技术应用于文化产业的政策层面看，北京市相关部门发布了《关于促进中关村虚拟现实产业创新发展的若干措施》等专项政策，在《北京市加快科技创新培育人工智能产业的指导意见》等相关政策中提出大力发展虚拟现实产业的政策措施，同时在《关于推动北京影视业繁荣发展的实施意见》等文化产业相关政策中也提出围绕虚拟现实、增强现实等关键技术，培育和发展新兴影视业态等政策措施。但上述两个维度的政策均缺乏对虚拟现实技术赋能文化产业发展的系统政策谋划，对虚拟现实技术推动文化产业发展的指导及支持作用相对不足。

（二）推动虚拟现实技术赋能北京文化产业发展的措施建议

一是加强应用于文化产业的虚拟现实技术迭代升级。充分发挥北京文化产业及虚拟现实产业发达的优势，围绕文化产业应用场景的虚拟现实硬件终端及内容制作与分发环节，立足游戏、视频直播、文旅、文博、影视、文娱、会展、设计等重点细分领域，加强产学研用协同合作，加强虚拟现实相关基础理论、共性技术和应用技术研究，提升虚拟现实建模、显示、传感、交互等重点环节的技术水平，加快虚拟现实视觉图形处理器（GPU）、物理运算处理器（PPU）、高性能传感处理器、新型近眼显示器件等应用于文化产业的硬件终端研发，加强动态环境建模、实时三维图形生成、多元数据处理、实时动作捕捉、实时定位跟踪、快速渲染处理等文化产业中的关键软性技术攻关，持续提升北京文化产业应用虚拟现实技术的优势。

二是加快建设文化产业中的虚拟现实技术公共服务平台。引导文化产业及虚拟现实产业中的行业龙头企业、行业组织和金融机构等深入协同合作，面向文化产业对虚拟现实技术应用的需求，搭建涵盖技术攻关、资金支持、成果转化、测试推广、信息交流、创新孵化等的各类专业公共服务平台，推动构建集规模化创新、投资、孵化和经营于一体的文化产业应用虚拟现实技术的技术、产品、服务生态系统，强化虚拟现实技术对文化产业的赋能作用，使虚拟现实技术最大限度地应用到文化产业中。

三是构建并完善文化产业应用虚拟现实技术的标准规范体系。发挥标准对产业的引导支撑作用，率先在全国建立健全应用于文化产业的虚拟现实技术标准和评价体系，规范应用于文化产业的接口数据、程序接口、互联互通等标准，制定并完善文化产业技术应用的内容分级分类标准，研究建立文化产业中虚拟现实产品检验检测与评估机制，形成政府主导制定的文化产业应用技术标准体系，以及依托各类市场主体自主制定的文化产业应用标准体系，规范及指导文化产业对虚拟现实技术的应用。

四是制定虚拟现实技术推动文化产业发展的专项政策。结合5G、新基建等发展契机，明确北京市虚拟现实技术推动文化产业发展的技术、产品、服务方向与重点，制定产业集群建设的发展定位目标和发展思路，明确虚拟现实技术推动文化产业提质升级、扩张延展的路径与具体任务，推动一批重点项目的建设与运营，强化中关村虚拟现实产业园等专业园区的集聚发展功能，发挥政策效力，有效推动虚拟现实技术在文化产业中的创新发展。

五是强化文化产业中虚拟现实技术应用场景建设。构建“虚拟现实+文化产业”融合创新能力体系，提高跨产业链条、面向特定场景、具备商用潜力的文化产业中虚拟现实技术应用的研发效能，拓展文化产业及虚拟现实产业双向的内涵和外延，弥合双向技术断点，强化重点应用领域的单点突破，打造文化产业中虚拟现实技术的硬件终端、内容制作与分发等应用场景，实现虚拟现实技术在文化产业中从“看上去”向“用起来”转变，支持文化产业开展虚拟现实的新技术、新产品、新服务示范应用，推动其产业化、市场化发展。

六是深化虚拟现实技术应用与文化产业发展生态建设。依托文化产业与虚拟现实产业的龙头企业、连接器企业、中介组织、投资机构等主体，加强虚拟现实产业与文化产业融合型的产业联盟建设，谋划专业化的产业峰会等活动，精准推动重点项目、龙头企业、创新人才和创业团队发展，加大力度培育云计算、数据处理、算力基础设施等新基建平台项目，推动相关产业链上下游企业集聚发展，全面优化产业链布局，持续完善虚拟现实技术应用于文化产业的发展生态。

B.13

人工智能技术在文化产业中的应用研究

梅 松 安 然 张海军*

摘 要： 2021年3月，“十四五”规划纲要全文发布，提出培育壮大人工智能、大数据、区块链、云计算、网络安全等新兴数字产业，扩大优质文化产品供给，实施文化产业数字化战略，加快发展新型文化企业、文化业态、文化消费模式。基于此，本报告在对数十个人工智能文创企业调研的基础上，对文化产业与人工智能融合的理论研究、应用场景、新业态产品、商业模式进行了总结分析，对融合过程中出现的问题进行了思考探索，提出文化企业在新一代数字化技术介入的转型发展过程中应该处理好的五对关系，以及北京文化产业发展的相关建议。

关键词： 人工智能 文化产业 技术创新 融合应用

1956 年夏天，麦卡锡在美国达特茅斯学院组织召开了“人工智能夏季研讨会”，开启了全球人工智能研究的历史进程。2016 年以来，发源于互联网行业的人工智能开始向互联网以外的行业延伸，在诸多领域引发颠覆性变革。作为一种具备机器智能和创意能力的新技术范式，人工智能技术具备与重内容、高创意的文化产业融合的巨大潜力，对文化产业生产转型、产品升

* 梅松，经济学博士，研究员，北京文化产业发展研究院首席专家；安然，北京市文化创意产业促进中心信息服务部副部长；张海军，北京大学艺术学院硕士研究生。

级、消费提质等都具有重要的赋能意义。当下，人工智能技术已经相继介入文化生产、文化资源分配、文化产品交换与文化消费的过程，加速了文化产业的业态培育、链式创新、更新换代，形成了新的智能化与数字化文化产品和服务，与此同时，新的运营管理模式和商业模式也在不断涌现。

一 人工智能融合文化产业的理论研究

在国内，以西南大学与同济大学的相关文化产业学者为代表，较早对此领域进行了相关研究。例如，2017 年，西南大学文化与社会发展学院杨佳续和张海燕发表文章《光韵重塑：机器创意时代的文化产业生产策略》，指出伴随人工智能技术的应用与发展，文化产业即将步入机器创意阶段，文化产业的生产情境将发生巨大变革（杨佳续、张海燕，2017）。2018 年，西南大学文化与社会发展学院黄美玲和重庆文化产业研究院向辉发表文章《人工智能与文化产业融合模式及规制路径研究》，认为人工智能与文化产业融合的内涵机理，是文化产业吸收智能技术进而带动传统文化产业实现智能化发展和价值链创新（黄美玲、向辉，2018）。2019 年，同济大学人文学院解学芳发表文章《人工智能时代的文化创意产业智能化创新：范式与边界》，通过分析人工智能进入文化创意产业的理论与技术基础，提出人工智能时代文化创意产业创新的范式转向（解学芳，2019）。同年，相关学者也开始关注研究人工智能介入文化产业将引发的问题、风险防范、文化科技伦理、相应的文化政策与文化治理以及人工智能应用过程中的著作权保护等知识产权问题，研究的学科开始融入法学、社会学等。

综观相关研究，当下我国学术界对人工智能介入文化产业的研究具有以下特点：①对人工智能赋能文化产业发展持积极态度，同时也开始从法学、社会学、美学等角度对二者融合所带来的著作权问题、文化科技伦理问题给予了高度关注；②一致认为人工智能时代文化产业的智能化转向势在必行，并从文化产业链条以及生产、消费、体验端进行了研究；③对人工智能进入文化产业的学理基础进行了研究，并开始从宏观关注过渡到人工智能技术在文化艺术创作具体领域的研究；④更加聚焦关注技术与艺术、文化产业的关系，从技术赋能到技术垄断；⑤在应用研究层面，相关学者开始关注文化产业的政策规制转向、协同发展以加速产业融合等问题。然而，整体上来讲，尽管研究涉及多个角度，但由于人工智能与文化产业融合尚处于初级阶段，研究数量不够丰富，研究成果存在很多有待挖掘的空间，如对人工智能技术介入文化产业具体路径的研究还不够深入。从产业链、产业融合角度对二者融合边界及深度的研究尚待展开，人工智能时代的文化产业政策及文化治理还没有进行系统研究，对人工智能介入文化产业引发的一系列问题缺乏辩证思考，对风险防范机制的构建缺乏思路，等等。

二　人工智能与文化产业融合的实践

当前，人工智能技术已经应用于文化、娱乐行业的各个领域，人工智能和文化产业的融合作为文化产业新的增长引擎备受关注。其应用遍及旅游、教育、设计、时尚、动漫、音乐、影视、传媒、写作等众多文化场景，并全面赋能文化产业链条的创意、生产、传播、消费、体验端（见图1）。

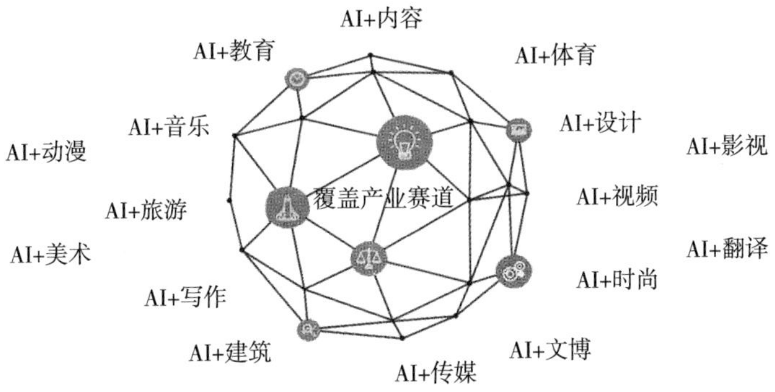

图1　人工智能技术在文化产业中的应用场景

人工智能技术介入文化企业，改变了企业的商业模式，给文化产业带来了新的价值增长点和商业合作机制。文化企业在积极寻求自主创新技术或与相关技术提供方合作的过程中，自身发展模式不断升级，为未来的发展提供了新的动力（见图2）。

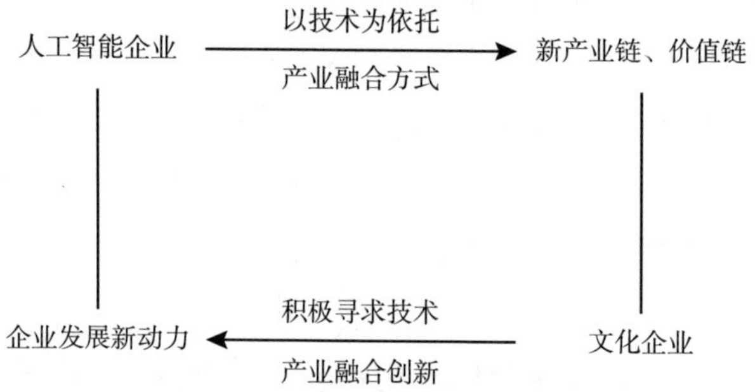

图2　人工智能技术与文化产业融合

文化生产融合。内容是文化产业的核心与本质所在，人工智能与文化生产的融合，将人工智能技术运用于文化产品和服务的生产创作中，最终形成新型的文化产品和服务，提升了文化生产的效率、质量、产品内涵，创新了产品的生产形式。例如，网易的智能动画平台利用人工智能技术，面向游戏动画制作、短视频制作、虚拟偶像内容等场景开发了一系列人工智能动画制作技术平台，能够实现智能场景创建、角色智能生成、智能镜头拍摄、智能角色表演等，通过人工智能技术将内容制作的技术门槛降到最低，帮助创作者高效进行创意生产和实现。

文化传播融合。文化传播融合提升了文化传播渠道的精准度和传播效率，丰富了传播形式和即时性的文化消费体验，开拓了智能传播渠道，通过人机交互传达文化产品的精神价值，增强了趣味性表达。例如，国内应用表情内容智能分发云平台“动图宇宙”独家研发的 MGC（机器生产内容）技术可以批量自动切割生成动图，其速度是人工编辑的 200 倍，该公司与华谊兄弟、湖南卫视、爱奇艺、灿星等超千家 IP 机构达成内容授权合作，将 IP 表情在 4000 多家移动应用终端进行分发，目前已覆盖 10 亿用户，极大地提升了内容的传播效率。

文化消费融合。文化消费的质量最终决定了文化产业发展的质量与水平，人工智能通过对文化消费的赋能，提升了文化消费质量，推动了文化消费转型升级，刺激了文化消费需求，带动了新的文化消费形式的兴起，推动文化权益得到更好的保障。例如，姆姆寓乐儿童数字互娱平台运用人工智能技术及交互传感技术，开发了数百款儿童交互类游戏，通过各类大屏实现了智能交互，改善了儿童游戏的参与方式，注重游戏的多样性，将线上智能系统与线下智能娱教相结合，打造出新的交互数字课堂、智能教育产品等消费形态。

通过对样本企业的研究分析，借鉴黄美玲和向辉（2018）提出的人工智能与文化产业的四种产业融合模式实践范畴，结合当下产业实际发展情况，对此范畴进行了具体路径与示例的延展补充（见表1）。

表1　人工智能与文化产业融合的路径与示例

融合模式	突破边界	融合方式	产业链环节	具体路径	示例
技术融合	技术边界	智能技术应用于文化生产	生产	智能化创造	新闻传媒领域应用
				智能化辅助	工具化/素材化提效
业务融合	业务边界	智能化文化产品与服务供给	产品和服务	智能产品文化化	科技产品蕴含文化底蕴
			文化消费	文化产品智能化	拓展文化产品应用场景/新文化产品服务
市场融合	市场边界	交易环节与流转方式改变	交易	优化文化产品供给端	提升文化消费体验
				智能营销/精准挖掘	降低营销成本，带动圈层经济
运作融合	运作边界	产业基础平台和外部条件改变	组织	数据与内容的融合	文化内容数字化展示
				算法与创意的结合	人工智能算法增加创意生成选择
				通用人才的培养	跨学科智能文创人才培养

三 调查问卷分析

为更好地了解人工智能技术在文化企业中应用的实际情况，我们进行了两轮问卷调查，首轮问卷调查针对泛文化领域的所有企业，共收到有效问卷105份，其中来自北京的文化企业有81家，来自上海、江苏、吉林、辽宁的文化企业有24家（见图3）。第二轮问卷调查针对已经掌握部分人工智能技术并在文化领域投入实际应用的企业，对人工智能在文创企业的应用情况做详细调查分析，其中80%为在京企业，20%为参加北京文创大赛全国赛区的企业（见图4），对北京的文化产业政策较为关注，有意向来京发展，第二轮问卷调查共回收有效问卷35份。

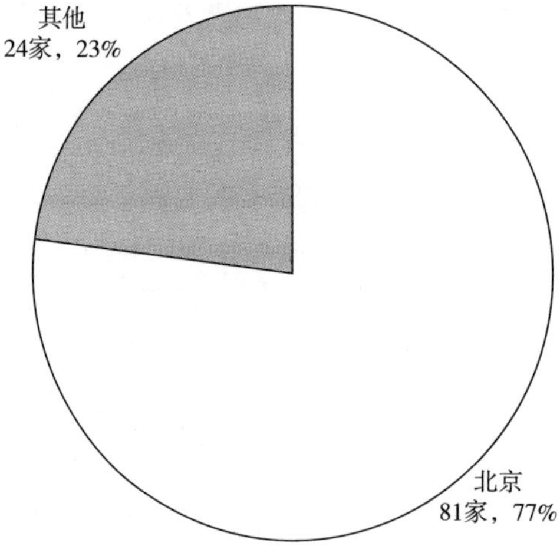

图3 首轮参与调查企业的地区分布

（一）人工智能在文化产业中的应用情况

人工智能在文化产业中应用较广泛的是大数据技术和计算机视觉与视频处理技术，占比分别为47.62%和31.43%。其作用主要体现为提高制作效率、创新展示模式和降低制作成本（见图5）。

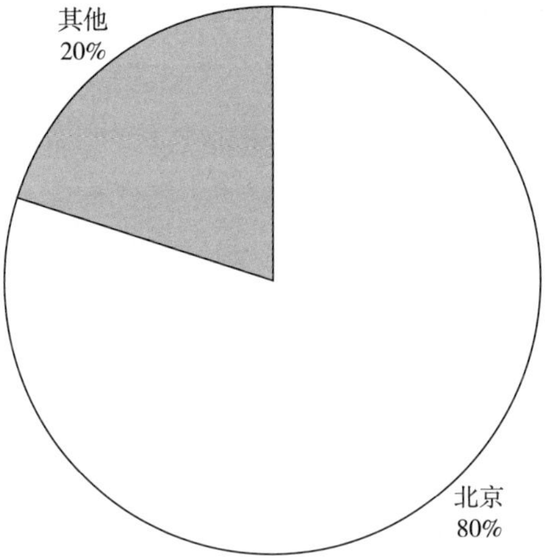

图 4　第二轮参与调查企业的地区分布

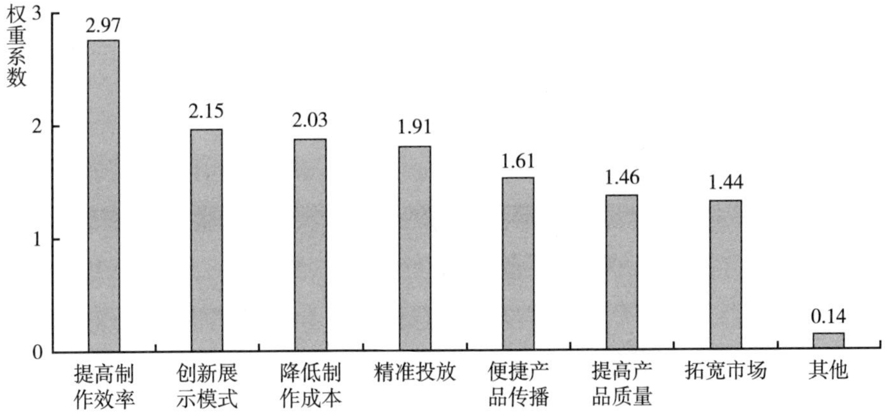

图 5　人工智能技术的作用（按重要性排序）

调查显示，人工智能赋能文化产业面临的困难主要集中在缺乏科技/文化复合型人才和对人工智能赋能认识不足两个方面。

在人工智能人才的培养方面，目前文创企业中人工智能核心人才主要依靠外部引进，占比为 51.43%；其次为企业内部培训及高校/科研院所培养，占比分别为 35.24% 和 22.86%。目前文化企业急需的人才为人工智能专业人才和人工智能文创复合型人才。

调查结果显示，大部分企业对人工智能赋能文化产业持乐观态度，认为人工智能在产业升级改造、引领文化产业发展、拓宽文化产业市场、加速文化传播方面有积极作用。

21.9%的企业表示会经常参加人工智能赋能文化企业相关技术交流活动，也有相当一部分企业在推动人工智能赋能文化企业方面采取科普人工智能知识、组织员工培训、举办交流研讨会等手段。

（二）人工智能文创企业发展情况

在参与两轮调查的企业中，内容创作生产、创意设计服务、文化传播渠道领域的企业占比较高，超过50%。其中，大部分为中小企业，63.64%的企业规模在50人及以下（见图6）。参与调查的企业均获得融资，其中获得种子轮融资的企业占比为36.36%，获得天使轮融资的企业占比为15.15%，获得PreA轮融资的企业占比为9.09%，获得A轮及以上融资的企业占比为39.39%。

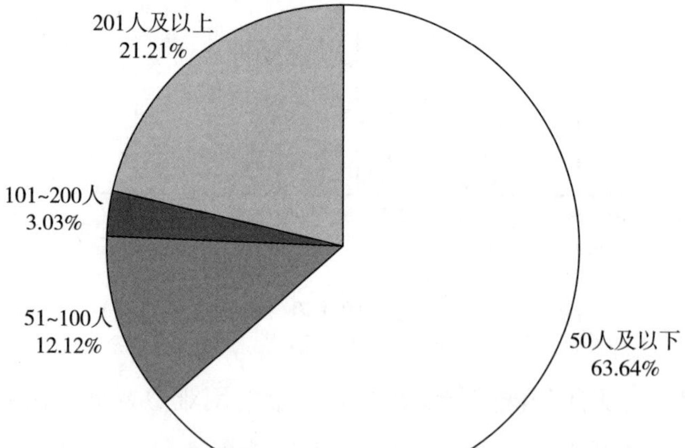

图6　企业规模分布

在参与调查的企业中，60%的企业年产值在1000万元以下，企业产品同步面向B端和C端用户，目前阶段以B端企业收费模式为主，42.42%的企业已经完成产品与服务的研发和试生产，处于量产和市场拓展阶段（见图7）。其中，33.33%的企业过去三年营收增幅超过50%。这些企业中84.85%的企业有扩大融资的需求，其中67.86%的企业融资需求规模为500万～5000万元。

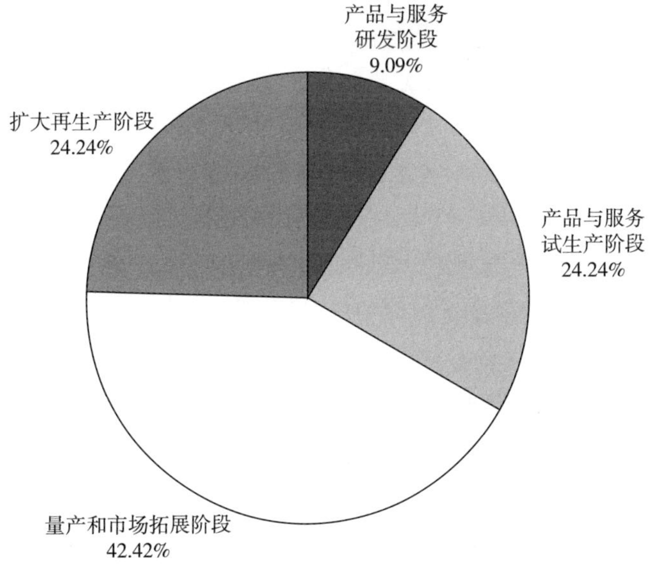

图7　企业发展阶段分布

根据调查结果，企业认为在影响自身发展的几项因素中，资金占最重要的地位，其次是人才、销售渠道、市场需求和营商环境。在创新优势方面，企业对自身产品创新、技术研发和商业模式充满信心。

企业在开拓市场的过程中遇到了许多问题，其中渠道建设不畅、品牌宣传力度不够、优质营销队伍较难组建、竞品价格战激烈等成为影响企业发展的主要问题（见图8）。

在人工智能的应用方面，44.83%的企业应用人工智能的时间为2～5年，涉及的人工智能产品与服务占比较高的是智能软件和AI行业应用，分别为66.67%和45.45%。

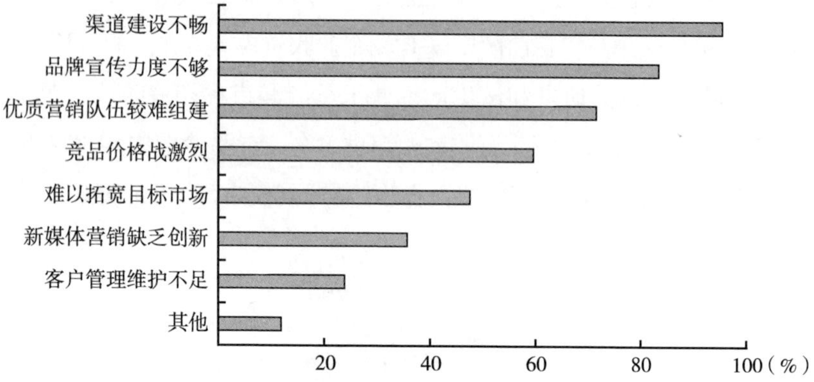

图8　企业发展中遇到的主要问题

企业所使用的人工智能技术占比较高的是计算机视觉与视频处理、机器学习/深度学习、虚拟现实/增强现实、自然语言处理、大数据技术。企业主要的研发模式有自主研发、与高校或科研机构合作研发、委托研发、联合研发，以自主研发为主，占比达75.86%。其中，55.18%的企业2019年研发投入占主营业务收入的比重超过30%，27.59%的企业这一比重超过50%。

在参与调查的企业中，41.38%的企业已经取得高新技术企业证书，其中24.14%的企业拥有专利数量超过10件。企业在技术开发和应用过程中遇到的三大主要问题是自主研发成本高、硬件设施成本高、技术带头人及团队组建难，占比超过70%。

人工智能技术对企业的赋能作用主要体现在文化产业链条的生产端，其次是传播端，在消费端尚需探索（见图9）。

在企业人才培养和需求方面，文创企业对从事人工智能应用开发的人才学历要求在硕士及以上的占比为45.36%。已经进入量产和市场拓展阶段的文创企业急需的人才是市场销售人才、产品创新设计人才以及人工智能与文创复合型人才，企业在人才培养过程中遇到的主要问题是人才成本过高及优秀人才稀缺。

在参与调查的企业中，39.39%的企业在智能化转化、生产的过程中获得过政府支持，主要体现在社保减免、房租补贴、创业基金扶持、前沿项目

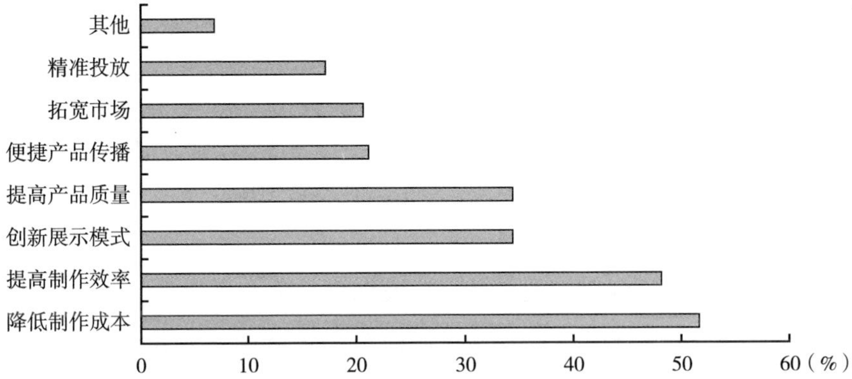

图9　人工智能技术对企业赋能作用的体现

扶持、小微企业研发费用补贴等方面。在政府对企业的扶持方面，96.97%的企业希望获得相关资金补贴，66.67%的企业希望获得针对性税收减免，48.48%的企业希望政府制定相关的人才引进政策。企业在申请政策扶持过程中遇到的问题主要是不能第一时间了解信息、对政策内容解读不够（见图10）。企业希望参与的交流活动组织形式主要有行业交流论坛&沙龙、人工智能文创创始人俱乐部、政策辅导班、一线人工智能平台研学等。

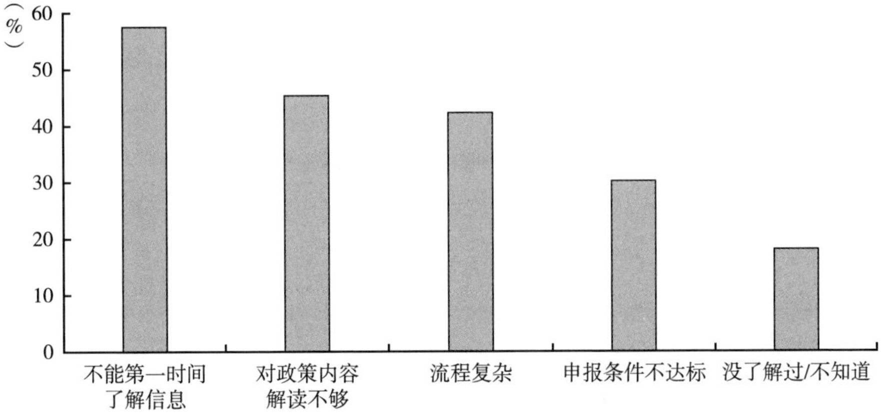

图10　企业申请政策扶持遇到的问题

四　人工智能介入文化产业面临的问题

人工智能中的许多核心技术，如数据处理、语音与图像识别、智能算法等，均普遍适用于文化产业运营，从目前产业实践观察，人工智能已经无边界地融入了文化产业的各行业中，正在以其高效的产能、精准的定位，逐渐打破传统文化产业的内容生产、平台分发和用户消费等链条。通过走访调研，我们总结了人工智能技术应用于文化产业的现状及其在发展过程中所面临的问题。

目前人工智能技术赋能文化产业的基础技术包括计算机视觉、自然语言处理、语音识别、机器学习等几大类，在具体的融合过程中，并非单一技术与产业的融合，而是在已有的互联网、大数据基础之上，多重技术同时作用的结果。多重技术包括人工智能相关技术的综合使用，也包括人工智能技术与虚拟现实技术、增强现实技术、云计算技术等的综合使用。目前，人工智能与文化产业融合主要表现为掌握技术的企业向文化内容生产企业渗入，而传统的文化企业出于意识欠缺、技术难度、实施成本等方面的考虑，主动迎接新技术变革的较少，这一方面说明技术进入门槛较高，容易形成技术垄断；另一方面说明广大中小企业资金投入有限，技术开发成本较高，缺少跨学科的复合型人才。

（一）市场需求真伪性问题

当下人工智能文创企业的创始团队多由从事人工智能技术研发的技术人员组成，以海外院校与国内一线院校的青年毕业学生为主，他们在创业过程中，由于文化产业实践认知的信息偏差，对市场需求的真伪性存在一定误判。部分企业的核心团队匹配有资深的文化产业从业人员，对其产品的市场需求会把握得相对准确，而那些创始团队没有匹配相关产品、市场人员的企业，则存在拿着技术寻找文化应用落地场景的现象，试错成本较高，如果企业长期找不到精准落地场景，则会面临较大的存续风险。

（二）产品化能力问题

人工智能技术并不能直接赋能文化产业，必须通过一定的产品表现出来，人工智能技术是工具，企业把工具开发成适合的产品，作用于需求场景，才能发挥技术的赋能作用。因此，产品化能力是人工智能文创企业发展的一项决定性因素，也是目前我国新业态融合企业稀缺的一项能力，好的产品需要优秀的、具备多学科跨界知识储备的产品设计人员，如优化人工智能技术开发路径的技术人员、创意设计人员、用户体验交互设计人员等，同时需要良好的团队配合。

（三）商业模式开拓问题

目前，很多人工智能文创企业以提供技术服务为主，针对 B 端和 G 端收费，因而市场开拓周期和回款周期相对较长，对商务拓展的资源能力要求较高。针对 C 端的优秀产品非常少，多数企业认为 C 端付费能力较弱且付费额度较小，产品开发难度大，开发投入更大。然而在实践中，有规模付费能力的 B 端文化企业数量有限，拥有文化资源的机构多为政府事业单位，与市场化的付费客户有本质区别。如何开发出能够为广大个人用户所认可的新型产品，找寻更多商业模式，成为文化产业升级后面临的新问题之一。

（四）复合型人才缺失问题

在调查中，企业一致认为复合型人才不足是行业发展的制约因素之一，能够同时熟悉人工智能和文化创意的综合人才、熟悉人工智能和商业运营的综合人才、了解技术算法并具备一定产品设计能力的人员十分欠缺，尽管部分高校已经具备一定的培养能力，但具备交叉学科背景、能够将理论与实践融合的复合型人才仍是高校层面所没有涉猎和无法输出的，仅能依靠企业内部培养，培养的时间成本较大，并且人才流失风险也很高。

（五）文化底蕴不足问题

文化底蕴不足主要体现在两个方面：一方面，目前人工智能文创企业的运营团队注重技术背景和技术研发，领导者大多具备纯工科学习和工作背景，尽管公司产品落地文化产业，但多数管理团队成员仅限于对文化艺术有一定兴趣，或出于商业机缘进入该创业领域，对文化类产品的理解力不够；另一方面，体现在产品设计上，产品的科技功能属性较强，人文底蕴不足，无论是从设计上还是交互体验和内容创意上看，由于缺乏对所处领域传统文化知识的系统了解和学习，产品缺乏文化感染力和展现力。

（六）管理能力跃升问题

人工智能时代的到来，不仅对文化企业的各环节产生了颠覆性改变，而且对企业的管理能力提出了巨大挑战，传统的管理方式已不再适用于人工智能文创企业的管理，诸如复合型人才团队的匹配组建、对科技型人才与创意人才跨界合作团队的融合管理、对年轻“网生代”员工的激励方式等，都对传统的企业人才管理模式提出了新的挑战，而人才管理恰恰是人工智能文创企业发展非常重要的一环，是解决以上五个问题的根本。

（七）政策扶持与投融资问题

在参与问卷调查的企业中，80%的企业表示未能及时知悉政府相关具体政策，多数企业没有享受过相关文化管理部门给予的政策扶持，缺乏有效的政策信息来源渠道。这些企业明确表达了对政府的期望，如相关产业扶持基金的支持、相关文化资源对接机制的提供、人才及税收等方面的补贴、对研发投入及知识产权顶层制度设计的支持等。在投融资方面，头部人工智能文创企业较为容易获得风险投资关注，多数中小企业仍然存在大量融资需求，希望可以获得尽可能多的投资机构关注，以及来自战略投资机构的商业资源对接和商业模式辅导。

五 人工智能与文化企业融合需处理好的五对关系

（一）人工智能技术应用与传承中华优秀传统文化的关系

文化产业承载着传播社会主流价值的功能，企业群体是文化产业良性发展的主体基础，进入人工智能时代，人工智能技术重塑了文化内容的创作、生产、传播体系，带来了更高的效率，同时也带来了更大的挑战，如何在人工智能时代，将主流价值观以适宜的方式融入文化产业各价值链环节十分必要和重要。一方面，要合理利用人工智能技术，将我国优秀传统文化、文化资源充分展现出来；另一方面，要监控文化生产、消费环节的不健康数字内容，加强预防性监管及文化精准治理。利用技术优势高效生动地传播我国核心价值观，处理好人工智能技术应用与传承中华优秀传统文化的关系，是我国文化产业转型发展的机遇，也是文化产业健康持续发展的保障。

（二）融合深度与融合广度的关系

人工智能技术作为新一轮文化产业科技创新的助推器，蕴含着重塑行业链的巨大潜能，可以催生新的文化业态、新的文化产品和新的商业模式，然而这并不意味着任何文化相关领域都必须立即转型。一方面，文化产业具有特殊性，不仅具有产业发展的商业属性，而且具有精神生产属性，二者融合时，哪些细分行业适宜先行，哪些价值链环节应谨慎前行，需要政府进行规制引导，对融合广度也要把握节奏；另一方面，人工智能自身的发展尚处于初级阶段，其在行业内的应用需要时间来优化、完善、验证、推广，究竟哪些应用技术更适配文化产业都需要时间来验证，且人工智能技术的开发成本较高，文化产业多为中小微企业，若盲目融合则会带来不必要的资源浪费，因而新技术对行业的赋能需要政府、行业协会等机构从顶层做好设计和引导，处理好融合深度与融合广度的关系。

（三）合理性与充分性的关系

自2016年以来，随着大数据、云计算、深度学习等技术的发展，人工智能技术以一种网络话题的方式席卷全球，成为各界人士关注的焦点。毋庸置疑，人工智能技术将成为新一代科技革命的动力引擎，加速改变各行各业，颠覆人类现有的生产生活方式，人工智能技术介入文化产业有其天然的时代背景和合理性。然而我们也必须清楚，人工智能技术不等于直接赋能，从人工智能技术算法到工具，从工具到产品，再从产品到赋能，方能实现整个产业的转型升级。因此，对于人工智能技术应用于文化产业来说，我们必须在合理性的前提下挖掘其充分性，一方面要对文化场景有更详细的分析，对文化消费需求有更明确的定位；另一方面要对人工智能技术的应用有更深入的了解。这样才能真正将人工智能技术用好，以适宜的、合理的、市场化的产品形态充分赋能文化产业。

（四）应用实践研究与精准治理的关系

传统的文化产业管理模式基于应急思维，多为事后管理与经验管理，人工智能时代，产业发展日新月异，新产品、新业态、新技术、新问题层出不穷，并且没有成熟的经验可借鉴，因此加强对文化产业应用实践的实时研究非常重要，尽量确保第一时间发现问题，可以在新案例出现的同时做到新问题预测，这样将有利于政府相关管理部门进行文化精准治理。将人工智能技术同步引入文化产业管理工作中，边发展边规制、边发展边引导、边规制边实践，将成为常态化的文化产业管理趋势。

（五）科技创新与人文反思的关系

自古以来，技术创新就是建构性创新与破坏性创新并行，人工智能技术的出现提升了以往技术创新的规模效能，因而所带来的问题也将具有更大的破坏力且更加难以处理。在人工智能介入文化产业后，我们不得不更多地思考机器创意与人类思考的关系、人机协同发展的互动关系、文化价值与商业利益的博弈关系、产业发展与就业结构的关系、发展契机与隐私权利的关系、技术应用与价值判断的关系、技术寡头与社会公平的关系等，无论是文化产业管理部门、高校、科研院所还是文化产业从业主体，都有责任和义务保持对科技与人文关系走向的辩证思考。

六　北京文化产业发展的相关建议

基于调查研究成果，受访企业对政府的期望与建议聚焦在以下几个方面（见表2）。

表2　受访企业对政府的期望与建议

序号	建议内容
1	文化资源整合、对接、专项交流
2	制定税收优惠政策
3	版权归属问题界定
4	数据获取的合法性规范
5	提供研发资金，设立产业扶持基金
6	制定人才政策，提供租房、住房补贴
7	提供文化场景进行应用试点
8	有针对性地宣传推广
9	提供获取相关科技文化具体政策的有效渠道
10	提供有效的服务对接平台

为加快北京市人工智能技术与文化产业的融合，本报告尝试从以下维度提出相关建议及具体实施细则。

（一）政策目标

形成动态交互的企业主体生态、人才生态、制度生态、政策生态。

（二）政策维度

（1）从机构设置上，考虑设置数字文化与科技融合政策部门，调研并服务于人工智能文创企业。

（2）搭建公共服务平台，提升要素资源配置效率，吸引人工智能文创企业集聚。

（3）建立人工智能与文化产业深度融合的体系标准，提供统一指导。

（4）引入精准治理模式，利用人工智能技术进行预见性制度创新。

（5）防止技术垄断，开发公共算法，采取政策扶持与技术扶持相结合的方式。

（6）更新原有文化产业的资金扶持方式，采取资金扶持与技术扶持相结合的方式。

（三）细则建议

（1）将符合条件的人才及核心团队纳入北京市“科技文创人才工程”，为其提供在北京创新创业、工作生活的配套保障措施。

（2）支持本地高校、科研院所和企业联合培养人工智能与文创复合型人才，合作开设相关课程，设立人工智能文创研究机构，建立人才实训基地，提高应用型、复合型人才培养精准度。

（3）设立北京市人工智能文创战略咨询专家委员会，论证和评估人工智能文创发展规划、重大科技文化项目实施，组织开展人工智能文创相关战略问题研究和重大决策咨询。

（4）深化文化艺术、旅游文博等领域的数据开放，完善相关文化场景设施，加快人工智能文创新技术、新产品、新业态在北京落地生根，培育创新标杆企业。

（5）将以人工智能为主的数字技术纳入人工智能文创产业发展重点领域，鼓励企业参与制定人工智能文创相关行业标准、数据安全等制度规范，建设50个人工智能深度应用文化场景、100个人工智能文创应用示范项目。

（6）加快出台北京市文化旅游公共数据管理办法，实现公共数据的规范采集、共享使用，引导相关市场主体合法合规开展数据资产流通和交易。

（7）制定文化旅游公共数据资源开放清单，依法有序向人工智能文创企业开放重点领域数据信息，满足人工智能深度学习的数据需求。

（8）整合重点企业、科研机构等要素资源，加快在文化领域应用的新型智能算法研究突破、相关关键共性技术攻关。

（9）支持人工智能文创头部领先企业在京建立总部，鼓励有条件的企业或机构设立创新平台、孵化基地，鼓励相关创新成果在本市转化。

（10）举办相关数字智能文创赛事、专题会、论坛等重大活动，组建人工智能应用文创创新联盟，深化产业协同发展，提高市场活跃度，扩大品牌影响力。

（11）发挥政府投资基金精准撬动作用，引导设立“人工智能+文化产业”定向发展基金，培育壮大一批文化旅游细分领域的隐形冠军和创新标杆企业。

参考文献

黄美玲、向辉：《人工智能与文化产业融合模式及规制路径研究》，《企业科技与发展》2018年第11期。

黄少华：《人工智能与智能社会学》，《甘肃社会科学》2019年第5期。

黄永林、余欢：《5G技术助推文化产业创新发展》，《理论月刊》2020年第4期。

黄永林、余欢：《智能媒体技术在非物质文化遗产传播中的运用》，《华中师范大学学报》（人文社会科学版）2019年第6期。

李景平：《人工智能深度介入文化产业的问题及风险防范》，《深圳大学学报》（人文社会科学版）2019年第5期。

李景平、张珊：《人工智能助推文化产业生产经营变革》，《齐鲁艺苑》（山东艺术学院学报）2019年第6期。

李泽华：《人工智能时代文化产品供应链创新研究》，《山东大学学报》（哲学社会科学版）2019年第4期。

林秀琴：《文化科技融合的趋势及问题研究》，《文化产业研究》2019年第1期。

刘志杰、智慧：《技术赋能or技术附庸：智媒时代文化产业的技术垄断与规制》，《出版广角》2020年第6期。

孙玉荣、刘宝琪：《人工智能生成内容的著作权问题探究》，《北京联合大学学报》（人文社会科学版）2020年第1期。

覃京燕、贾冉：《人工智能在非物质文化遗产中的创新设计研究：以景泰蓝为例》，

《包装工程》2020 年第 6 期。

王爽：《人工智能时代的内容生产探析》，《人文天下》2020 年第 13 期。

王晓慧、覃京燕、全烘辰：《基于 AI 画作生成的个性化文化创意产品设计方法》，《包装工程》2020 年第 6 期。

王禹：《人工智能动画制作引擎开发研究》，《信息与电脑》（理论版）2020 年第 11 期。

向波：《人工智能应用与著作权保护相关基础问题探讨》，《南昌大学学报》（人文社会科学版）2019 年第 2 期。

解学芳：《人工智能时代的文化创意产业智能化创新：范式与边界》，《同济大学学报》（社会科学版）2019 年第 1 期。

解学芳、臧志彭：《人工智能在文化创意产业的科技创新能力》，《社会科学研究》2019 年第 1 期。

解学芳、张佳琪：《AI 赋能：人工智能与媒体产业链重构》，《出版广角》2020 年第 11 期。

解学芳、张佳琪：《技术赋能：新文创产业数字化与智能化变革》，《出版广角》2019 年第 12 期。

宣晓晏：《人工智能时代文化生产与管理机制革新》，《艺术百家》2019 年第 1 期。

杨佳续、张海燕：《光韵重塑：机器创意时代的文化产业生产策略》，《文化艺术研究》2017 年第 3 期。

杨晓东、崔莉：《疫情防控形势下加快激发数字文化产业新动能》，《社会科学家》2020 年第 1 期。

杨毅、向辉、张琳：《人工智能赋能文化产业融合创新：技术实践与优化进路》，《福建论坛》（人文社会科学版）2018 年第 12 期。

意娜：《数字时代大平台的文化政策与伦理关切》，《清华大学学报》（哲学社会科学版）2019 年第 2 期。

臧志彭、解学芳：《人工智能时代文化产业主流价值传播：重塑与建构》，《毛泽东邓小平理论研究》2019 年第 4 期。

郑笑眉、王凌峰：《算法驱动下的电影营销机制探析》，《电影文学》2019 年第 14 期。

B.14

全息视觉技术在文化产业中的应用研究

谢 峰 赵 琪 孙晓萌*

摘 要： 全息视觉技术是数字媒体产业中技术创新的代表，推进数字技术与文化产业有效衔接、推动科技成果转化应用是文化产业发展的必然选择。本报告提出以创意为核心，发展相关数字媒体产业，布局建设一个全息视觉创意主题园区，依托北京完善和成熟的教育资源、共享数字资源平台、知识产权交易平台，打造全息视觉创意孵化中心、知识产权教育中心和人才教育培养中心，围绕北京文化产业优势领域，引导部署全息视觉创意在文旅演艺、文博、动漫游戏、影视制作四个领域优先应用，并逐渐向文化产业全行业和全产业链辐射。

关键词： 全息视觉技术 文化产业 数字媒体艺术 技术应用

一 全息视觉创意的相关技术简介

（一）全息视觉技术简介

全息视觉技术是利用干涉和衍射原理，记录并再现物体真实的三维图像的技术，是一种增强现实（AR）技术。主要采用光学投影技术再加以影像

* 谢峰，文投文创（北京）文化有限公司副总经理；赵琪，文投文创（北京）文化有限公司经理；孙晓萌，北京市文化创意产业促进中心项目评审部。

内容，在空间中呈现三维影像，可以在不佩戴额外设备的情况下实现裸眼3D的立体视觉呈现效果。

实际上，真正的全息视觉技术还不能商用，目前仍处于实验室阶段。当下的全息视觉、裸眼3D等技术需要特定环境和成像介质，通过突出二维画面的结构感来呈现3D效果，使大众普遍认知为“全息视觉”。

目前，全息视觉的显示技术有多个分支，其显示效果、应用场景、应用环境均存在较大的差别。国内外研发及应用的全息视觉技术主要分为全息介质成像类、全息空间成像类及全息光学成像类，根据其图像清晰程度、景深、成像大小、依赖设备等，在不同环境、行业中应用。总的来说，全息视觉技术主要有以下三种实现方式：通过将影像投射到介质（纱幕、水幕、全息膜、水雾幕等）的全息介质成像；在专门空间呈现影像的全息空间成像；在真正的现实空间呈现三维影像的全息光学成像。

目前在国内外相关领域中，在不同的显示效果、应用场景、应用环境下，通过相关技术和设备实现全息视觉效果，主要有270度全息投影柜、360度全息幻影成像系统、360度全息投影成像系统、全息投影屏幕、空气雾幕立体成像系统、3D全息投影之幻影成像系统等几类应用。

（二）全息视觉技术的优势

（1）全息视觉技术是现代全新的数字化展示技术，与其他视觉技术相比，更加清晰、逼真、立体、生动。

（2）全息视觉技术完全突破了传统视觉展示效果的限制，往往会产生令人震撼的展示效果。

（3）利用全息视觉技术无须佩戴额外设备就能实现立体的幻影成像，给人一种虚拟与现实相结合的双重世界感觉。

（4）全息视觉技术所展示的影像不受任何空间和场地限制，展示模式非常丰富。

（5）全息视觉技术以全新的展示方式实现了在虚拟影像中与现实的互动。

（三）全息视觉技术的历史和未来

1947 年，匈牙利人丹尼斯·盖博提出了全息摄影术（Holography）的全新成像概念。

1969 年，本顿发明了彩虹全息术。

20 世纪 60 年代末期，古德曼和劳伦斯等人提出了新的全息概念——数字全息技术，开创了精确全息技术的时代。

20 世纪 90 年代，随着高分辨率 CCD 等光敏电子元件的出现，全息视觉影像的记录和再现真正实现了数字化。

2001 年，德国国家实验室首创研发了全息膜技术，使三维图像的再现成为可能，目前全息膜已经发展到第五代纳米全息膜。

2008 年，美国亚利桑那州大学打造了世界上首批 3D 全息显示屏。

随着计算机和互联网技术的发展，计算机技术、全息技术和电子成像技术相结合而成的数字全息技术，直接通过电子元件记录全息图，省略了图像的后期化学处理，极大地提升了对图像的处理效率。同时，利用电脑对数字图像进行定量分析，通过计算得到图像的强度和相位分布，并且模拟多个全息图的叠加等操作，使得全息影像技术得到进一步发展和应用，被科学界称为未来潜力无穷的技术。

二　我国全息视觉行业现状和发展趋势

（一）行业现状

完整的全息视觉行业产业链包括服务提供商、产品及服务集成商、设计规划商、产品及服务代理商、产品及服务经销商、消费者。

VR、AR、大数据、云计算、5G 等技术的发展和普及，以及国民经济的发展和居民消费水平的提高，为我国全息视觉行业的发展提供了新的动力，2019 年全息视觉行业市场规模达到 2550 亿元。

从行业市场结构来看，东部和西部地区差距明显。华东地区及北京、天津、广州、深圳等龙头城市带动了周边全息视觉市场的发展，其中华东市场占比高达32%，遥遥领先于其他地区，而且该地区市场前景良好，竞争也比较激烈。华北和华南地区分别以15%、11.8%的占比居第二、第三位。中部地区以武汉、长沙为代表的城市的全息视觉行业需求较大，发展迅速。而西北、东北和西南地区因经济相对欠发达，全息视觉行业需求较小。

目前我国的全息视觉行业形成了三大形态体系。一是传统全息视觉。二是互联网全息视觉。通过互联网技术扩展业务场景，创新全息投影形态，完善产品矩阵，在全息投影的过程中构建开放灵活、可扩展的核心系统，适应互联网海量、高速的业务需求。三是第三方全息视觉平台。第三方形态打破了企业壁垒，能够进行跨行业合作，面向合作平台用户提供“一站式”服务，打造出更广阔的市场空间。

（二）存在问题

我国的全息视觉行业仍处于初级探索阶段，核心服务模式和运营模式并不完全成熟，“产业+娱乐”“创投+游戏”“媒体+全息投影”等复合型全息视觉创意产业仍处于起步阶段。行业整体上仍以产业型全息视觉投影技术企业为主，运营模式和赢利模式都较为单一。行业发展基础薄弱、人才缺乏、供给不足、产业化程度低、供应链整合度低、集成能力不高、行业服务无序化、缺乏行业标准、研发和设计能力不足等问题较为突出。

但是我国全息视觉创意领域存在的主要问题不是硬件问题，而是软件层面的内容供给和创意设计能力不足，这是全息视觉行业的核心竞争力所在。当前供给企业还是偏传统的硬件产品销售、项目实施、技术支持类型的企业，在设计、内容制作领域，大多采取合作、外包方式来完成，所以即使在很多领域有成功的案例，但是由于内容供给和创意的问题，全息视觉技术在大众领域的普及依然存在障碍。

（三）产业政策

与蓬勃发展的文化产业相比，我国现阶段并没有专门针对全息视觉技术的专项政策，特别是全息视觉行业标准、行业规范、行业制度等均未出台，产品和技术的操作准则也没有明确的指导，缺乏统一的国家标准，行业规范性有待提高。此外，关于全息视觉的财税、金融等经济政策还不完善，基于市场的激励和约束机制不健全，创新驱动不足。

但是各级政府发布的产业政策中不乏对AR技术纲领性的指导，再加上相关政策文件中对文化产业科技创新和融合的要求，都在间接推动全息视觉行业的发展。

（四）发展趋势

随着我国经济的发展、政策的出台以及全息视觉需求的增加，全息视觉创意产业的发展前景广阔。在整体发展趋势上，首先是服务趋于精细化，集成化水平更高；其次是行业将推动产业标准化的提升。在产业链延伸和整合上，全息视觉创意产业将从传统模式切换到互联网融合模式，伴随着信息化水平的提高，下沉并拓展到三、四线城市，从供应环节到生产环节再到售后环节进行全产业链整合。

全息视觉创意产业与互联网等产业融合将迎来新的发展机遇。通过与其他关联产业的融合发展，如“互联网+”“直播+”“电商+”“5G”等，成为推动消费转型升级的重要抓手，未来用户的个性化、多元化需求将日益丰富，有利于催生全息视觉创意产业的新模式、新业态。

三　全息视觉创意应用研究

（一）全息视觉创意应用概述

全息视觉技术在军事、生物医学、计量、制图、防伪等领域有着广泛的应用，尤其是在文化领域的应用广为人知。具体技术的常见应用场景见表1。

表1　全息视觉技术应用场景

技术分类	技术名称	技术原理	技术特点	适用场景
全息介质成像	全息纱幕投影	投影机将影像投射在一块具有一定透度的纱幕上，呈现浮空立体的影像效果	优点：装置结构简单，便于安装 缺点：影像清晰度不足，受环境光影响比较大	适用于投射氛围类内容，用于环境氛围的渲染。不适用于显示虚拟人。通常用于以真人表演为主的演出中，也常见于全息婚礼等应用场景
	全息水幕投影	投影机将影像投射在水幕上，呈现浮空立体的影像效果	优点：可应用于水面上，投射面积大，场景震撼 缺点：影像模糊，只能夜间使用	适用于水面项目，展示大视觉。不适用于展示细节、剧情类影像
	全息风扇	在高速旋转的 LED 灯带上，通过人眼的视觉残留成像	优点：安装灵活，影像比较清晰 缺点：显示面积小，裸眼 3D 效果差，摄像机无法拍摄	适用于商业广告展示、电子标牌展示等
	全息透明屏	通过在透明的液晶显示屏上显示影像，实现浮空影像的显示效果	优点：影像清晰度高 缺点：显示面积小，裸眼 3D 效果差	适用于商业广告展示，博物馆、企业展厅等也有一定的应用场景
全息空间成像	全息幻影成像	通过介质反射影像光线，在介质后的空间中呈现影像	优点：裸眼 3D 效果好，影像清晰度高，显示面积可定制 缺点：全息结构比较复杂，占用空间比较大	大型全息舞台结构适用于文旅演艺演出，展示虚拟人，展示剧情类内容 小型全息柜装置适用于博物馆、企业展厅等文博文创行业应用
全息光学成像	全息激光成像	通过激光引爆空气中的氮原子和氧原子，形成小闪光点，在空中形成全息影像	尚处于实验阶段，目前不具备实际应用价值	尚处于实验阶段，目前不具备实际应用价值

如今，文化与科技融合已经成为文化产业发展的大趋势，全息视觉创意作为市场上最受欢迎的多媒体技术之一，能够丰富文化产业发展的核心内容和表现形式，在科技的助推下实现传统文化的创新，通过新的数字科技融合衍生出新的数字文化内容，并深入地改变了文化产品的生产、传播和消费方式。

1. 全息视觉创意与影视文化

在影视行业，3D 电影已经成为影视大片的标配。裸眼 4D ~ 7D 电影、全息电影越来越多在商业地产、旅游景区、文博场馆、娱乐休闲场所出现。

2. 全息视觉创意与音乐文化

全息视觉技术和音乐相结合的“3D 全息声音”音响视听系统颠覆了传统音响音乐欣赏的模式。在澳大利亚悉尼的户外水上表演 3D 全息歌剧《卡门》、德国和英国的 Kraftwerk 巡回电子音乐会等演出中，打造了新的视听体验。

3. 全息视觉创意与文学文化

全息视觉技术与传统文学结合在一起，能够给人们带来全新的阅读享受。如 2017 年北京发行集团和中国航天系统科学与工程研究院合作推出的全新图书发布平台——3D 全息新书发布系统，实现了图书的 360 度立体化展示。

4. 全息视觉创意与城市景观

随着全息视觉技术的广泛应用，在传统城市夜景的基础上，增加了以地域文化元素为主题的全息内容，如武汉长江两岸夜景、西安夜景等，丰富了城市文化景观。

5. 全息视觉创意与文艺演出

文艺演出是目前全息视觉技术最大的应用领域。在春晚等大型文艺晚会和各大明星的演出中都已得到普遍应用。

6. 全息视觉创意与游戏产业

目前全息视觉技术在游戏产业中还只是光影虚拟互动、真人互动全息特效等简单模式。随着相关软硬件技术的进步，全息视觉 AR 互动游戏将成为未来游戏产业新的热门领域，成为游戏产业的新革命。

7. 全息视觉创意与文化旅游

AR、VR、MR 技术的普及，正在改变旅游营销和消费模式。传统文化与现代科技的全息视觉技术相结合，便能创造出无数新的体验和模式。从文博场馆早期的室内全息视觉影像体验，到后来在室外结合旅游景区环境的全息视觉文艺演出、场景再现等，全息视觉技术已经在文化旅游产业得到较为广泛的应用。

（二）全息视觉技术与文化产业结合路径

1. 新形式解决文旅演艺痛点问题

过去 20 年中国的文旅演艺发展迅速，涌现的“印象”“又见”系列作品成为重要的旅游吸引物，也是靓丽的城市文化名片。但是也存在演艺内容同质化、投资大、运营成本高、设备陈旧、内容跟不上市场和消费者需求、水平参差不齐等问题，竞争力和经济效益均大不如从前。

在中国旅游市场整体升级、旅游演艺市场进入 3.0 时代之际，全息视觉技术结合文化创意，可以为文旅演艺的设计、内容制作提供更多选择，解决同质化和吸引力不足的问题，降低文旅演艺投资成本和运营成本，给观众带来全新的体验，推动文旅演艺项目创新和升级。

2. 新技术提升文博展示效果

全息视觉技术可以在一定程度上帮助文博展馆解除展示方式传统的限制，让观众多角度、多方位地观看到展品，并进行多媒体交互，打破珍贵文物保存和展览局限，同时还可以通过全息影像再现相关历史场景，推动文博展馆创意和创新双升级。

3. 新模式推进动漫产业线下布局

动漫产业与文化、艺术和现代科学技术等融合，能够塑造新型虚拟偶像、二次元卡通形象，打造具有传播力和影响力的虚拟 IP 形象。通过全息视觉技术将二次元虚拟偶像、动漫卡通角色在现实中呈现出来，与观众进行实时的交流和互动，为动漫产业拓展线下市场新空间，其中的成功案例如虚拟歌手洛天依。

4. 新方式拓展文创教育思路

全息视觉技术与文化教育具有天然的结合度，与传统教育相比优势明显。例如，通过全息教学向学生展示还原名家大师、非遗传承等经典表演；一些抽象的内容，如物理结构、化学分子结构等可以通过全息立体影像进行立体展示，便于学生掌握和理解。

5. 新应用开创游戏产业新格局

全息游戏是第四次游戏革命的主题，目前已经处于高度孵化状态。虽然只是一些简单的沉浸式全息投影互动游戏，一旦技术和应用条件成熟，将会主导游戏产业的未来。基于“体感系统 + 全息投影”的体感全息游戏，有助于玩家实现虚拟世界与真实世界的完美互动。

四　全息视觉创意与北京文化产业发展

（一）北京全息视觉创意产业概况

北京文化产业的发展在全国处于领先地位，但是北京全息视觉创意产业略显薄弱，主要表现在以下几个方面。

1. 产业规模与华东地区有较大差距

以北京、天津为主的华北地区在全息投影行业虽然整体市场规模位列第二，但是与排名第一的华东地区差距较大，且居第三、第四位的华南地区、华中沿江地区呈现赶超华北地区的势头。

2. 强基础、弱应用

北京在全息视觉的基础领域拥有众多院校和科研机构，拥有较强的基础技术和丰富的资源，如中国光学学会及其下属的全息与光信息处理专业委员会均设在北京，每年在京举办行业高端展会。

但是在具体技术应用方面北京稍弱，在光学工程方面，北京理工大学、北京航空航天大学、北京工业大学、清华大学属于 A 类一级学科。高精尖光学工程技术也主要应用在国防科技、国家大学科研项目和高端制造业领域，技术的市场转化能力与长三角、珠三角地区相比较弱。

3. 行业企业强而不多

据不完全统计，目前北京市从事全息投影行业的企业仅有70多家，主要聚集在海淀区、朝阳区、大兴区三地。除了数字传媒内容制作企业、相关计算机IT企业比较发达外，全息视觉创意领域的上下游产业链不够完整，也没有形成产业集聚效应。

4. 缺乏高知名度标杆项目

目前全国很多城市有诸如“又见”“印象”等系列全息视觉相关的文旅项目，或者全息视觉创意的网红项目，但是北京目前还没有标杆性的高知名度全息视觉创意产品和项目。

（二）北京全息视觉创意产业政策和建议

全息视觉创意产业属于多学科和多行业交叉的领域，在全国范围内还没有专门针对全息视觉技术和产业的专项政策，通常是在政府相关规划、工作报告等文件中有对文化产业、AR技术、数字媒体产业的纲领性指导，再结合文化领域科技创新和融合的要求，间接推动全息视觉行业的发展。如北京市发布的《关于推进文化创意产业创新发展的意见》指出，要全面推动文化科技融合，打造数字创意主阵地，推进数字技术创新与文化产业有效衔接。根据现行产业政策现状，建议通过制定产业政策对北京全息视觉创意相关产业进行引导。

建议组织编制专门的产业规划，同时引导企业申报高新技术企业，把相关企业纳入文化企业上市储备库和培育服务名单。另外，通过文化金融助力产业发展，组织制定行业标准，提升产业竞争力。

（三）北京全息视觉创意产业发展机遇

1. 京津冀一体化产业集群协同发展

我国的全息视觉创意产业发展呈现集群化的特点，形成东部沿海集聚、中部沿江联动、西部特色发展的空间布局。长三角和珠三角地区以其雄厚的工业园区、光学企业、全息投影设备生产企业为基础，形成产业集聚区带动相关产业发展。

北京、天津尤其是北京与周边地区的全息视觉创意产业联动较弱，其技术优势、创意优势以及文化资源、金融资源没有转化为市场优势，在引领和带动周边产业发展方面不足。因此，在文化创新和科技创新“双轮驱动”战略下，应促进区域协同联动，推动京津冀全息视觉创意产业协同发展，形成区域间产业合理分布和上下游联动机制，整合提升资源使用效率，推进要素资源有序流动、文化市场和产业开放互通、全产业链条分工协作。

2. 冬奥会打响北京全息视觉创意品牌

2022 年北京冬奥会是我国重大的标志性活动，应利用冬奥会举办的契机，提前规划部署，通过打造城市文化景观、制作新闻节目等方式，创作一批优秀的、融入中国文化和具有北京特色的全息视觉创意作品。

3. 新经济开创全息视觉创意产业新局面

“文化 +”的新业态、新模式成为北京新经济活力的重要源泉，全息视觉创意产业作为新经济形态之一，与其他产业融合发展，可以衍生出众多的新业态、新模式，带来新的发展机遇。

4. 夜经济助推全息视觉创意产业发展

夜经济是我国城市消费经济增长的新风口，也是各城市之间竞争的新赛道。结合了全息投影技术的 3D 光影秀，已经逐渐成为夜经济发展的重要组成部分，随着文化旅游产业的升级和消费者体验的不断提升，将催生北京全息视觉创意产业与夜游、夜经济相结合，诞生新的城市和景区的形象名片。

五　北京全息视觉创意产业发展布局

（一）整体发展思路

基于国内外产业发展经验和北京文化产业实际，北京全息视觉创意产业的发展，应以北京市丰富的文化资源、科技实力和文化产业实力为依托，规划“一核两园三心四用”的产业发展布局：以创意为核心，发展相关数字媒体产业，布局建设全息视觉创意产业园和全息视觉创意主题乐园，依托北京完善和成熟的教育资源、共享数字资源平台、知识产权交易平台，打造全息视觉创意产业孵化中心、全息视觉创意版权交易中心和全息视觉创意人才交流中心，围绕北京文化产业优势领域，引导部署全息视觉创意在文旅演艺、文博、动漫游戏、影视制作四个领域优先应用，并逐渐向文化产业全行业和全产业链辐射。

（二）产业发展布局

1.“一核”：以创意为核心

无论全息投影技术如何发展和进化，创意都是整个产业的核心。应重视对中小企业的扶持，激发产业创新和创意活力，同时依托北京全息视觉创意产业在内容制作、交易和输出方面的优势地位，在文化产业优势领域开展应用，助推产业快速发展。另外，还需要构建完善的知识产权保护体系，确保产业健康有序发展。

2.“两园”：创意产业园和创意主题乐园

（1）全息视觉创意产业园

在北京打造以全息视觉创意策划、设计、内容制作和集成服务为主的全息视觉创意产业园。产业园将与行业协会、高等院校、科研院所和文化企业联合建设全息视觉创意制作基地、全息视觉创意展示交流中心、全息技术影院、全息视觉创意人才交流中心等多个产业发展配套服务项目，实现产业孵化、人才培训储备、设备技术展示、行业交流等一系列要素集聚，形成一条完整的文化产业链。

（2）全息视觉创意主题乐园

北京文化旅游产业发达，但是也存在以传统观光旅游为主、互动体验不足的问题。北京应选择合适场地，打造一个专门的全息视觉创意主题乐园，形成一个白天室内场馆体验展示、夜晚室外全息视觉创意展示和互动体验的开放式主题休闲娱乐园。

3. “三心”：三个中心推动产业发展

（1）全息视觉创意产业孵化中心

引进国际先进的孵化理念，打造集科技研发、商务办公、服务配套于一体，具备完整产业链的创新型全息视觉创意产业孵化中心，为从事全息视觉创意设计、内容制造、集成服务的创业团队提供项目孵化等相关配套服务。

（2）全息视觉创意版权交易中心

北京市的知识产权以及版权交易和保护平台已经形成体系，应依托北京现有的版权交易和保护体系，建立专项版权交易中心板块，为全息视觉数字媒体内容和创意设计保驾护航，同时通过版权市场促进全息视觉创意产业向全行业、全领域普及应用，推动相关产业健康有序发展。

（3）全息视觉创意人才交流中心

目前国内还没有完善、成熟的全息投影专业人才教育体系和人才交流中心。北京应联合行业协会及高等院校，在全息视觉创意产业园内设立专门的培训实训基地，建立一套全息视觉创意产业人才培养课程和实践体系，同时与国际知名企业、海外高校和培训机构开展交流与合作，设立专门的人才交流中心。

4. “四用”：与四大优势产业融合发展

（1）文旅演艺普及应用全息视觉创意

在北京，文艺演出因受中心城区场所限制等影响，还是以传统的剧场演艺为主，虽然全息视觉创意技术应用普遍，但是大型实景旅游演艺、主题公园旅游演艺偏少。北京应在合适的场所，如故宫、奥林匹克公园等，利用全息视觉创意创作大型实景旅游演艺、主题公园旅游演艺等作品，打造代表北京文化和城市形象的文旅演艺 IP；升级改造传统小型剧场，制作经典传统剧目的全息视觉影像版本，创作新的全息视觉影像舞台剧，形成文化消费新形态，打造北京全息视觉创意产业的品牌。

（2）全息视觉创意助推北京文博产业升级

北京的文博展馆深受游客欢迎，形成了“故宫跑”“首博热”的文旅消费现象。近年来，故宫在文化领域的诸多尝试均获得了巨大的经济效益和社会效益。北京可依托文博系统和全息视觉创意产业资源，开发全新的文博全息视觉展示体系；选择景区普及应用全息视觉创意技术，进行场景再现；运用新技术提升沉浸式全息体验，并在全国文博系统进行全息视觉创意作品输出。

（3）全息视觉创意引领动漫游戏线下延伸

近年来，动漫网游发展迅猛，在北京动漫游戏产业中应用全息视觉创意技术，应树立融合发展思维，将全息视觉创意产业的内涵融入动漫游戏游艺产业中，打造集研发、生产、展示、销售、终端于一体的新型产业模式。主要从动漫游戏 IP 形象全息影像库、动漫游戏全息视觉影像主题展会和网络电子竞技比赛直播应用入手，整合动漫产业链向线下延伸，探索两个行业的融合发展。

（4）发展全息视觉创意数字媒体制作产业

全息数字媒体内容的制作，是整个全息视觉创意产业链的核心，北京影视制作产业实力雄厚，应通过专项政策扶持，引导全息数字媒体内容制作企业集聚，与产业链上的其他环节互促发展。

（三）产业保障措施

1. 统筹引导产业健康发展

针对全息视觉创意产业的特点，编制专项发展规划并确保规划有序推进落实，引导北京全息视觉创意产业发展。

2. 加大财税和金融支持力度

选择财税手段支持与文化相关的全息视觉创意项目建设，同时推动文化与金融深度融合，激发北京全息视觉创意产业的活力。

3. 完善政策体系和行业标准

组织研究和推动制定与全息视觉创意相关的行业标准和行业规范，建设并完善线上与线下相结合的产业政策体系。

4. 重视知识产权保护

围绕打造全息视觉创意版权交易中心，加强知识产权和版权交易登记备案，完善全息视觉创意产业知识产权保护服务体系。

5. 强化人才支撑

在建设全息视觉创意人才交流中心的基础上，结合产业发展需要，鼓励高等院校、科研院所和文化企业联合共建人才实训基地，建立行业人才培养机制。创新人才引进机制，对接落实北京市各项人才引进和扶持政策，健全国内外高层次文化人才引进体系。

参考文献

侯爽、刘爱利、黄鸿：《中国文化旅游产业的发展趋势探讨》，《首都师范大学学报》（自然科学版）2019 年第 4 期。

王林生、金元浦：《新时代北京全国文化中心建设的理念与路径——2017～2018 年文化北京研究综述》，《城市学刊》2018 年第 6 期。

许洺铭：《浅析全息影像技术对数字媒体艺术设计的影响》，《艺术科技》2016 年第 7 期。

元利兴：《冬奥会与京津冀协同发展》，《前线》2019 年第 1 期。

中研普华产业研究院：《2020 年全息投影行业可行性研究报告》，2020。

行业分析篇

Industries Analysis

B.15

北京数字创意产业发展现状及对策研究*

黄 琳 李 玲 梁兆南**

摘 要： 随着新一代信息技术的快速创新发展，数字创意产业迎来了更大发展空间和更多发展机遇。面对2020年新冠肺炎疫情对经济社会发展的不良影响，北京数字创意产业仍然呈现较好的增长态势，在部分领域取得了较为明显的领先优势。但与此同时，在高质量内容供给、知识产权保护、市场竞争秩序维护和专业人才供给等方面仍存在一定问题，应在技术开发应用、产业融合发展方面加大创新力度，培育产业发展新动能，推动数

* 北京市科学技术研究院改革与发展经费培育类项目"国际视野下的知识协同机制研究——以北京数字创意产业为例"（PY2020ZK09）。

** 黄琳，北京市科学技术研究院创新发展战略研究所副所长、副研究员，主要研究方向为文化科技融合及政策；李玲，博士，北京市科学技术研究院创新发展战略研究所助理研究员，主要研究方向为文化创意产业；梁兆南，北京市科学技术研究院国际与区域合作中心助理研究员，主要研究方向为文化创意产业。

字创意产业与城市建设深度融合，进一步加大新型人才和新型消费的政策扶持力度，营造产业良好发展环境。

关键词： 数字创意产业 高质量发展 新基建 新消费

一 我国数字创意产业发展现状

（一）数字经济的兴起为数字创意产业发展打开更大发展空间

人工智能、VR/AR 等数字技术的应用丰富了产业形态，增强了产业发展活力。新技术的生产和普及正在引发新的变革。“VR/AR +”模式在文化娱乐、教育培训、医疗健康等领域呈现产业融合的发展趋势，并逐渐向产品设计、生产制作等核心业务领域拓展。在渠道平台上，数字技术的应用场景得到了拓展与丰富，如主题乐园、线下体验店、自助终端机等。云会展、工业生产、房地产营销、智慧旅游和 3D 游戏等创新应用不断涌现。

云技术、5G 等新基建创造了更多数字创意产业应用场景，进一步增强了产业发展动力。5G 具有的高速度、超带宽和低延时的特性提升了 VR/AR 应用的体验感；在高清视频、游戏等领域拓展了应用的探索性，促进了市场的转型升级。在内容生产上，5G 技术使产业链之间的界线模糊化，产业各环节相互融合。生产者、传播者以及消费者的角色多重化，及时性、互动性等得到放大。同时，5G 技术拉近了生产者与消费者之间的距离，加快了价值分配中心化的速度，价值分配的话语权从平台逐渐向内容生产者转移。

数字产业化与产业数字化为数字创意产业构建了新型业态，为数字经济的发展创造了多元连接枢纽。大数据产业崛起，成为数字创意产业的重要构成部分。通过数据可视化、计算设备、数据交易等方式，在进行数据服务的基础上，将数据与其他创意相结合，实现新的产业形态。5G、人工智能、物联网等新一代信息技术为数字产业化提供了重要基础与核心支撑，数字化的信息与知识作为关键要素促进了数字创意产业升级与业态创新。线上教育、远程办公、在线健身等模式拓展了市场消费空间，打通了线下与线上、用户与生产厂商之间的壁垒，重建了生产与消费的关系，使得不同产业之间的连接更为紧密。

（二）围绕核心IP开发交互式、场景化、沉浸式体验成为数字创意产业的潮流

在数字创意产业的发展中，技术是支持，内容是核心，以IP为核心的内容运营模式成为数字创意产业发展的主流。当数字技术与IP相结合，打破原有的产业界线生产出核心IP，便可以跳出原有领域，进而将IP价值衍生至其他领域，最终发展成为一个IP体系，实现从独立的品牌IP到IP集群的演变。在这个过程中，交互式、场景化以及沉浸式的表达方式成为IP开发中新的拓展领域，文化生产方式的变革孕育出全新的可能。

随着数字技术的不断进步，尤其是AR、VR、5G等技术的融合使用，多视角、沉浸式体验等成为数字端所独有的，为线上演出给消费者创造新奇体验提供了支撑。如腾讯推出的云首发开创了云首发定制演出内容的新形式。面向消费者，云首发根据不同演出品类设计了不同的玩法体验，为观众提供了仪式感、互动性和一系列线上独有的福利。如话剧品类，云首发首先保证的是通过多机位等形式，将线下话剧演出尽可能地实现艺术性还原，同时还为喜剧等融入一些可以和线上观众互动的视听新玩法。

一些省市着力打造沉浸式的“新文旅”体验。2019年，中国先锋戏剧导演孟京辉将团队由北京迁至成都，其打造的大型浸没式戏剧《成都偷心》，利用“成都+孟京辉”的IP，打造新型文旅体验。戏剧的演出同时带动了剧场周边文化产业的发展，将周边的跨界艺术馆、众创空间、艺术交流空间、戏剧表演培训学校等业态与都市生活方式紧密地联系在一起，培育出新的消费场景，实现了产业内部的协同发展。2020年，南京市推出实景360°全沉浸式互动剧《南京喜事》，以独特的视角讲述南京文化，获得“2020年文化和旅游融合发展十大创新项目”，演出不到3个月就实现营收110万元，实现了文化消费的创新升级。

（三）商业模式逐步从平台化发展向生态圈构建转变

数字创意产业链环节由独立走向融合，“文化＋”“大产业”的概念构建产业融合生态圈，实现了内容融合向产业生态融合的转变。产业生态圈的重构，推动文化生产进入新时代。

以腾讯集团为例，2018年，腾讯集团进行了发展战略升级，由“泛娱乐”向“新文创”转变。新文创战略是一种以IP构建为核心的新的文化生产方式，旨在推出有品质、有情感、有故事的数字内容。腾讯集团汇集旗下的影视、游戏、文学、动漫、音乐等众多内容业务，通过运用云、人工智能、小程序等数字化工具以及与文化机构的深度联动，实现了文化价值和数字价值的良性循环。腾讯动漫、腾讯文学和腾讯音乐通过原创计划提供IP，腾讯影业、腾讯游戏、腾讯电竞则将IP改编为玩家接触到的内容，实现变现。同时，腾讯游戏、腾讯电竞产出独立IP，配合动漫、文学和影业扩大影响力。在内容生产之外，腾讯集团还掌握了腾讯视频、腾讯微视、酷狗音乐、QQ音乐、荔枝FM、腾讯游戏直播、虎牙直播等传播平台，形成了从IP生产、传播分发到消费等环节的完全覆盖。

与腾讯集团相似的还有阿里巴巴集团，阿里文娱同样会投资于IP开发，拥有阿里影业，长视频平台拥有优酷，短视频平台持股快手，直播电商平台拥有淘宝，还在娱乐服务提供商领域拥有大麦。相较于腾讯集团而言，阿里巴巴集团的生态布局偏向“文娱＋电商”业务，单纯在文娱领域发展的前景不太明朗。

（四）融合发展的政策导向日趋清晰

我国关于“文化＋”的融合发展理念由来已久。党的十八大以来，国务院先后出台《“十三五”国家战略性新兴产业发展规划》《关于积极推进“互联网＋”行动的指导意见》《促进大数据发展行动纲要》等重大政策文件，持续推动战略性新兴产业融合发展。2020年国家发改委等四部门联合出台的《关于扩大战略性新兴产业投资培育壮大新增长点增长极的指导意见》，明确将数字创意产业的融合发展作为发展战略性新兴产业的重点任务之一，提出要加快企业的数字化转型，建设数字创意产业集群，提供 VR 旅游、数字文博馆、智慧广电、智能体育等多元化消费体验，构建新时代大视听全产业链市场发展格局。

数字经济是未来的重要发展方向，数字创意产业将是我国经济的重要增长点。国家统计局将《数字经济分类》从“数字产业化”和“产业数字化”两个方面确定了数字经济的基本范围。2020 年，文化和旅游部《关于推动数字文化产业高质量发展的意见》提出，要顺应数字产业化和产业数字化发展趋势，实施文化产业数字化战略，加快发展新型文化企业、文化业态、文化消费模式，改造提升传统业态。2021 年，《中华人民共和国国民经济和社会发展第十四个五年规划和 2035 年远景目标纲要》明确提出要打造数字经济新优势，达到“充分发挥海量数据和丰富应用场景优势，促进数字技术与实体经济深度融合，赋能传统产业转型升级，催生新产业新业态新模式，壮大经济发展新引擎”的效果。在健全现代文化产业体系方面，要推进文化产业数字化，壮大数字创意、网络视听、数字出版、数字娱乐、线上演播等产业。在公共文化服务体系建设方面，要推进媒体深度融合以及公共文化场馆免费开放和数字化发展。

（五）新冠肺炎疫情下的机遇与挑战并存

始自 2020 年初的新冠肺炎疫情，已在世界范围内肆虐，在一个国家和地区内部，对各产业都产生了巨大的影响，同时也对国际市场和国际秩序造成了根本性的改变。

整体来看，线下文化相关产业受到冲击。根据国家统计局数据，2020 年 1 ~2 月，社会消费品零售总额同比下降 20.5%，其中餐饮下降 43.1%，商品零售下降 17.6%。2020 年第一季度文化产业营收同比下降 13.9%。餐饮、旅游、线下娱乐、线下培训以及实体广告等聚集性和外出型文化消费行业在疫情期间受到较大冲击，销售业绩下降以及人工、水电和房租成本负担加重使得企业的现金流承受巨大压力，不得不通过延迟支付、停产歇业、裁员降薪、借贷与贷款等方式应对。

国际贸易环境相对恶化。在数字创意产业中，多个细分行业受到国外市场限制。一方面，在与数字技术关系较为紧密的人工智能、高性能计算等领域，具有代表性的商汤科技、旷视科技、海康威视、科大讯飞、奇虎360科技等企业都受到美国限制。另一方面，数字平台企业受到国外打压。今日头条旗下抖音的海外版TikTok，近年来在美国、印度、印度尼西亚、孟加拉国、韩国、巴基斯坦等多个国家受到处罚甚至被强制下架。

然而，在受到挑战的同时，对于数字创意产业的发展也正是机遇。新冠肺炎疫情的发生刺激了线上经济的快速发展，人们的消费模式发生了改变。其一，以分享经济、网红经济、社群经济等为代表的新经济深刻改变着文化消费趋势，人们越发重视情感认同、体验互动、感官刺激等新的需求，文化消费个性化、体验化、定制化、品质化趋势日益明显。由此，线上消费平台的重要性愈加凸显。其二，内容付费模式逐步形成，人们对付费购买内容、购买知识的接受程度明显提高，这使视频平台、音频平台等的付费用户大幅增长。其三，线上线下消费联动增多。通过AR/VR等方式替代线下的购物体验，通过短视频、直播的方式了解商品内容，通过社交网络传播商品体验等成为当前年轻消费人群的偏爱。

在这样的趋势之下，我国数字创意产业发展即使在2020年也保持了增长态势。文化产业的数字业态发展因疫情而提速，“云+”模式呈现爆发式增长态势。国家统计局的数据显示，2020年第一季度我国数字出版，动漫、游戏数字内容服务，互联网游戏服务，多媒体等文化产业新业态的营业收入实现了15.5%的增长。“云办公”“云课堂”“云演唱会”等“云+”模式热度持续上升，实现了传统消费空间与形态上的改变。从全年来看，2020年全国规模以上文化及相关产业企业营业收入增长2.2%，其中文化新业态产业类别营业收入增长22.1%。新闻信息服务、创意设计服务、文化消费终端生产、内容创作生产、文化投资运营、文化装备生产均实现了营业收入增长（见图1）。其中，互联网其他信息服务、其他文化数字内容服务、互联网广告服务、娱乐用智能无人飞行器制造、可穿戴智能文化设备制造5个行业小类的营业收入增速均超过20%。

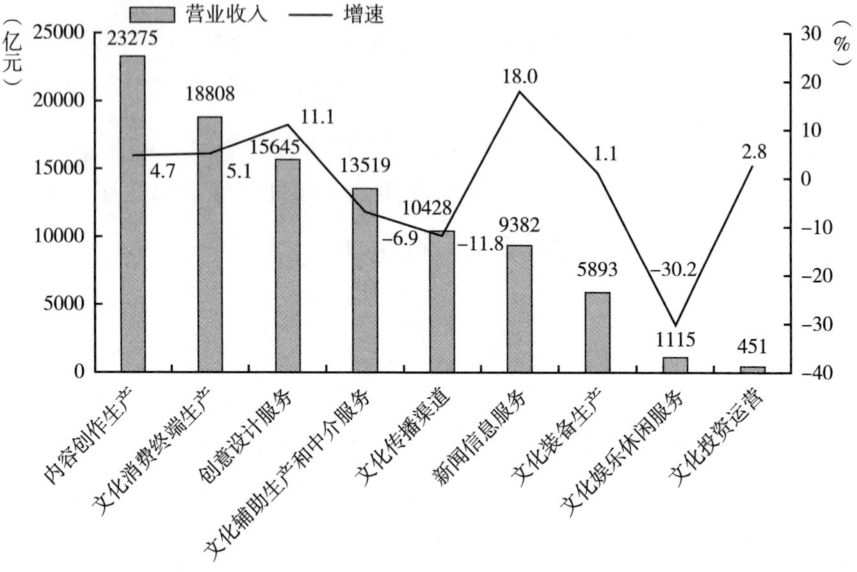

图1　2020年全国规模以上文化及相关产业企业营业收入情况

资料来源：国家统计局。

二　北京数字创意产业发展现状分析

（一）以“数字”为核心特征的数字创意细分行业逆势增长

北京市统计局数据显示，北京市文化产业近年来保持增长态势。2018～2020年，文化产业收入分别为1.07万亿元、1.28万亿元、1.42万亿元。即使在2020年受到新冠肺炎疫情影响的情况下，文化产业收入仍实现了0.9%的增长。[①] 北京市于2018年对文化产业的统计范围进行了调整，按照国家统计局《文化及相关产业分类（2018）》开展文化产业统计监测和数据

① 增速计算口径为：报告期规模以上文化产业法人单位本期数据与上年同期数据相比的增速。

发布工作，发布内容由原“规模以上文化创意产业情况”调整为“规模以上文化产业情况”。由于统计口径发生变化，2018 年及之后的规模以上企业收入与之前的没有可比性。因此，本部分主要以 2018 年及之后的数据为分析依据。

文化产业中与数字创意相关的细分产业增长势头强劲，包括新闻信息服务、内容创作生产（见图 2）。在内容创作生产领域，2020 年北京市收入增速远超全国 4.7% 的增速，表现出北京在内容创作生产领域的强大竞争力。内容创作生产既包括传统的出版服务、广播电视节目制作、创作表演服务，也包括数字内容服务等。

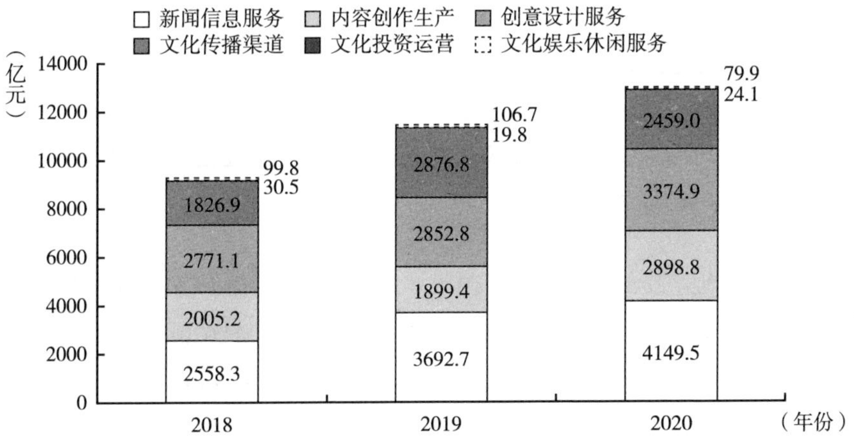

图 2　2018～2020 年北京市文化产业核心领域规模以上企业收入情况

资料来源：北京市统计局。

北京在数字内容服务方面居全国领先地位。根据移动端和 PC 端使用设备数量排序，2020 年中，在网络长视频、短视频（含中视频）、音频、直播四个行业中，行业排名前 10 的企业中北京的企业超过了半数。

与文化核心领域相对，文化相关领域在 2020 年呈现明显的下降趋势。文化相关领域包括文化辅助生产和中介服务、文化装备生产、文化消费终端生产三个领域。其中，2018～2020 年文化装备生产、文化消费终端生产两个领域规模以上企业收入持续下降，2020 年下降幅度远超全国水平（2020

年全国在这两个领域分别增长1.1%和5.1%）（见图3）。原因在于北京市产业结构调整后，文化装备生产、文化消费终端生产中的大部分细分类型都不属于高精尖产业，所以收入下降符合北京市的功能定位。

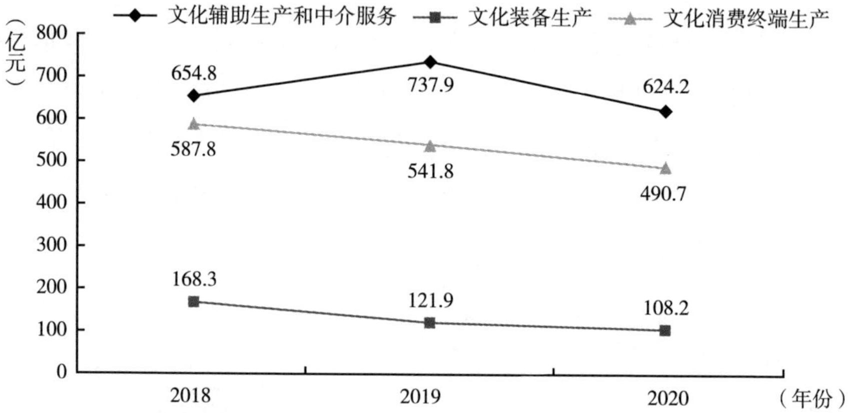

图3　2018～2020年北京市文化产业相关领域规模以上企业收入情况

资料来源：北京市统计局。

不过，文化消费终端生产领域中的可穿戴智能文化设备制造行业，从全国来看，近年来保持了高速增长态势。IDC数据显示，2020年中国可穿戴设备厂商出货量较高的依次是华为、小米、苹果、奇虎360、步步高、索尼、OPPO。这些厂商的生产端都不在北京。虽然生产环节不在北京，但这些公司都在北京设立了研发中心。此外，数字内容服务企业也逐渐进入智能穿戴设备领域，如微博、映客、第一视频等企业都在AR和VR领域做技术储备。

（二）网络视听、网络游戏、在线教育等数字新兴业态竞争优势明显

北京在网络视听领域集中了大量领军企业。在网络长视频领域，总部位于北京的龙头企业有爱奇艺、优酷、搜狐视频，以及聚合视频类的小米视频、百度视频；在中短视频领域，北京有抖音短视频、快手、西瓜视频、好看视频、爱奇艺随刻、秒拍视频等；在音频领域，北京有酷我音乐与酷我畅

听、千千音乐、听伴、得到等；在直播领域，北京有陌陌、映客、花椒直播、六间房、一直播等；在直播电商领域，抖音和快手两个巨头都在北京。

北京游戏产业在全球占有重要位置。北京动漫游戏产业协会数据显示，2020 年，北京动漫游戏产业总产值约为 1063 亿元，占全国动漫游戏产业总产值的 19.3%，相比 2019 年的 806 亿元增长 31.9%。其中，动漫产业产值为 168.71 亿元，游戏产业产值为 894.29 亿元。新冠肺炎疫情期间，游戏产业受到了数字娱乐消费的刺激，增长显著。2020 年，北京游戏出口总产值达到 419.29 亿元，比 2019 年增长 30%，而在 2018 年此数据仅为 182.47 亿元。据新华社报道，北京企业自主研发的网络游戏产品已覆盖 100 多个国家和地区。2018 年，在中国出海游戏收入排行榜前 5 名中，来自北京的趣加科技、智明星通牢牢占据了两个席位。

数字化与其他行业不断融合，持续出现新的增长点。例如，教育行业与数字化的结合侧重的是在线教育行业。北京在线教育产业规模超过全国的一半。艾瑞咨询数据显示，2019 年，全国在线教育（含移动教育）市场规模为 2517 亿元，其中北京市场规模达 1517.42 亿元，占全国的 60.3%；2020 年，全国在线教育（含移动教育）市场规模为 2573 亿元。2020 年是在线教育的爆发年，在新冠肺炎疫情影响下，线下教育受到重创，而在线教育在 K12 领域发展迅猛，市场规模占在线教育市场的 42.4%。在线教育的龙头企业新东方、好未来、猿辅导、作业帮等都位于北京。

中国互联网络信息中心（CNNIC）发布的第 47 次《中国互联网络发展状况统计报告》显示，截至 2020 年 12 月，我国网信独角兽企业总数为 207 家，其中北京网信独角兽企业数量最多，为 88 家，占全国的 42.5%；其次是上海，有 42 家。无论是从创业环境、人才供应、风险资本，还是从消费者理念、市场接受程度等方面来看，北京对数字新兴业态的企业都具有较强的吸引力。

（三）传统文化产业向数字化快速延伸

传统文化产业的数字化升级渐成趋势，通过新媒体技术把文化资源数字化，新兴技术促成文化产品及服务形态升级、改变文化消费模式，等等，实现了传统文化产业快速向数字化形态延伸。

博物馆等文化场馆的数字化运营愈加丰富。北京具有丰富的文化资源，《北京统计年鉴》数据显示，2019 年按行业管理登记的博物馆有 183 家。另据《北京地区博物馆发展报告（2019 ~ 2020）》披露，截至 2020 年底，北京地区备案博物馆已达 197 家，在数量与质量上均居全国前列。对于文博产品，互联网把“非标、高价、低频”的文博产品推进至“量产、低价、高频”发展阶段，从而打造出线上与线下相结合的多元文博消费市场。对于博物馆旅游体验，各大博物馆利用 AR、VR 技术，创造出新的虚拟体验旅游方式。利用 AR、VR 技术可以实现一般游客无法到达的考古场景复原，如首都博物馆开发的妇好墓穴虚拟挖掘现场；被破坏已无法修复的建筑景观复原，如利用 VR 技术实现的圆明园景观；利用数字技术做进一步的创作，如故宫博物院的故宫 VR 电影《紫禁城：天子的宫殿》。

数字化技术加持的文化消费体验日益多样化。新冠肺炎疫情期间，线上演唱会成为演唱会的主流，北京保利演出有限公司积极与快手、哔哩哔哩等当下热门的直播平台合作，以直播或录播的方式，将传统演出向网络演出聚集，如在线演唱会、音乐剧表演、与粉丝互动送祝福等。2020 年，马佳“无限色彩”音乐会北京场在快手进行线上放送；贾凡“双面的我”云上音乐会在哔哩哔哩直播。

与此同时，传统文化与数字化技术、数字平台的紧密结合，正在重塑传统文化产业的营销与消费模式。2020 年 4 月 19 日，北京保利演出有限公司签约艺人青年男高音歌唱家马佳到保利艺术博物馆，通过快手直播与广大网友一起探秘深藏在新保利大厦 3 个月未曾开放的四大国宝兽首与馆藏珍品，共赏中华传统文化之魅力。据统计，2020 年 4 月 19 日马佳云游博物馆，累计观看用户数达 12000 人次；直播期间，快手话题榜升至站内第二名，累计浏览量达 655.7 万次。

（四）创新资源优势支持数字创意产业高速发展

教育资源作为北京的重要优势，为北京数字创意产业发展提供了充足的技术支持与人才储备。一方面，在数字技术领域，以人工智能、互联网、计算机等专业为代表的高等院校在全国具有绝对的领先优势。例如，在人工智能领域，2019 年发布的“中国高校人工智能专业综合排名”中，中国大学人工智能企业核心人才输出排名前 10 中，位于北京的高校占据 4 席。北京也集中了全国领先的虚拟现实实验室，如北京航空航天大学计算机学院虚拟现实技术与系统国家重点实验室、中国科学院计算技术研究所虚拟现实技术实验室、北京师范大学虚拟现实与可视化技术研究所、北京大学智能科学系视觉信息处理研究室等。另一方面，在文化领域，位于北京的中国传媒大学、北京大学、中国人民大学、中央音乐学院等是文化人才的重要供应主体。知名网络平台如映客直播、听见广播等企业集聚了来自这些院校的大量的播音主持以及具有新闻学等专业背景的人才。

研发活动活跃为数字创意的交叉领域创新提供了重要基础。北京是新技术实验室的聚集地之一，依托高校优质的人才资源，很多企业选择在北京设立技术研发团队与实验室，如以进行认知感知为主的京东 PCL 实验室、东方光魔影业以 VR 视频体验为主设立的 VR“觉醒实验室”、以机器人和 VR 为主要研究方向的小米探索实验室等。

文创园区不断扩张为数字创意产业提供了良好的空间环境。2020 年北京有 98 家园区入选北京市级文化产业园区，其中 10 家为市级文化产业示范园。清华科技园、中关村软件园、航星文化科技产业园、768 创意产业园、腾讯北京总部文化产业园区、阿里文娱集团总部园区等都以科技与文化融合为特点，为数字创意企业提供了优质的发展空间。

（五）政策环境优化促成数字创意产业生态形成

北京市构建了较为全面的促进数字创意产业发展的政策体系。在全市规划层面，《北京市推进全国文化中心建设中长期规划（2019 年～2035 年）》确定了全国文化中心建设“一核一城三带两区”的总体框架，明确要提高公共文化服务的科技含量、推进“文化 +”融合发展。2020 年，《北京市加快新场景建设培育数字经济新生态行动方案》将“面向线上教育，以数字化驱动教育现代化”作为十大任务之一，同时提出围绕内容创作、设计制作、展示传播、信息服务、消费体验等文化领域关键环节，推动人工智能、大数据、超高清视频、5G、VR 等技术应用，促进传统文化产业数字化升级，培育新型文化业态和文化消费模式。北京市于 2018 年出台的《关于推进文化创意产业创新发展的意见》，重点聚焦创意设计、媒体融合、广播影视、出版发行、动漫游戏、演艺娱乐、文博非遗、艺术品交易、文创智库等领域。此外，面向具体的数字创意产业细分领域，北京市还出台了《北京市超高清视频产业发展行动计划（2019～2022 年）》《关于推动北京影视业繁荣发展的实施意见》《关于推动北京游戏产业健康发展的若干意见》等。在推进产业发展的同时，北京市还出台了《关于促进首都文化金融发展的意见》，明确提出金融促进文化产业发展，实现文化与金融深度融合；北京市科学技术委员会从 2018 年开始启动北京工业设计促进专项（原首都设计提升计划），支持在北京市设计领域做出突出贡献的个人和机构，扶持、激励设计人才在北京发展。

在政策体系所构建的宏观环境之下，北京市已经在一定程度上形成了上下游衔接、多要素协同的数字创意产业生态。以数字影视产业为例，在产业链上游，北京拥有大量优质 IP 资源，通过“大制作”文化精品，储备了大量国内外知名 IP 资源，涵盖文学、动漫、游戏、影视、衍生品等多元娱乐业态，牢牢把握了行业发展的头部优势。在产业链中游，国内的影视后期特效制作公司主要集中在北京。在产业链下游，影视传播分发渠道仍是北京具有相对竞争优势，2020 年在全国 574 家持有网络视听许可证的机构中，北京市有 117 家，占全国的 20.4%，居全国第一位。

三　北京数字创意产业存在的主要问题

（一）高质量内容供给仍然不足，整体上尚未形成显著的发展特色和优势

在数字创意产业中，尤其是新闻信息服务、内容创作生产等核心领域，

高质量内容的制作与传播会影响一个国家或地区的舆论导向、意识形态建设。对文化内容，尤其是网络平台内容、影视节目内容的诟病越来越多。

对于网络平台，内部的质量控制是一大难题。由于大部分平台是以用户生成内容（UGC）的方式运营的，对于每天海量的上传内容，平台的审查能力有限，造成审查不严的问题。平台上以“网红”为代表的“意见领袖”为博得高点击量，采用煽动性、吸引眼球的内容吸引用户的行为时有发生。

对于影视节目内容，当前受资本、流量的双重影响，影视节目质量越来越难以控制。资本逐利的本性，使流量为资本所用，重流量而轻内容的事情时有发生。同时，在当前的影视作品交易体系内，签订合同以集数论，而非以质量论，致使注水剧集不断。

此外，在文博产品创新、文化旅游、演艺等行业的数字化发展领域，急需更具创新性的文化产品和文化服务。当前，以线上虚拟场景、线上展览参观等形式为主，这些形式转化为实际消费的能力较弱，对产业发展的推动作用还需增强。

（二）知识产权保护短板明显，在一定程度上挫伤了创新创意的积极性

数字创意产业的部分产品或服务具有易被搬运、被二次创作更改的特点，这使其知识产权保护问题一直比较突出。

长视频与短视频平台之间的知识产权之争。2021 年 4 月，中国电视艺术家协会、中国电视剧制作产业协会、北京电影协会以及腾讯、爱奇艺、优酷、芒果、咪咕等 70 家影视传媒单位及企业发布保护影视版权的联合声明，表示针对目前网络上出现的公众账号生产运营者对影视作品内容未经授权进行剪辑、切条、搬运、传播等行为，将采取集中、必要的法律维权行动，目标直指抖音、快手、微信等短视频平台。在长视频与短视频的生态中，短视频因对长视频的二次加工而对长视频剧集起到了宣传和推广的作用，但同时也使长视频内容碎片化、核心内容无限制外流，进而影响了长视频平台的付费用户数量。

基于IP开发的知识产权之争。2019年，卡婷天猫旗舰店宣布上线“颐和园”系列彩妆，却受到颐和园天猫店运营方北京中创文旅文化产业集团有限公司提出的侵权质疑。经过调查，两者都是正式获得颐和园IP授权的机构，而“百鸟朝凤”著作权的唯一合法所有人为颐和园。IP授权方式有多种，再加上行业对知识产权知识的匮乏，造成行业内人员对授权权利和运营范围的理解存在误差，从而造成争议。

（三）垄断风险隐现，不利于市场竞争有序开展

互联网巨头利用资本优势，一方面通过投资行为完善自己的商业生态；另一方面以收购、战略投资等方式“侵吞”同类平台，消弭竞争。腾讯、阿里巴巴等互联网巨头是其中的典型代表。当前腾讯、阿里巴巴、字节跳动（也称头条系）、百度以及新浪旗下或控股或持股的平台占领了数字创意各行业龙头的大部分，即使在新兴在线教育领域，这些巨头通过资本运作也快速地加入了战局。

与此同时，从北京地区来看，数字创意产业内新兴业态不断涌现，北京在新兴业态、小众圈层的优势受到挤压。例如，在二次元领域，位于上海的哔哩哔哩即起源于二次元，Z世代是其核心目标用户，当前已经发展成为一个全生态的网络视听企业。而且二次元可以结合游戏、电影、Cosplay展等各类线上线下业务与活动，具有巨大的经济空间。在上海之外，成都借助二次元发展线下活动，每年举办的大型动漫展会活动不下50场，吸引动漫爱好者在100万人次以上。相比较而言，北京在二次元领域参与较少，对这一圈层的影响力也较弱。

（四）缺乏专业人才，导致产业发展乏力，难以满足市场需求

数字创意产业的专业人才缺乏体现在多个方面。其一，内容制作、演艺、管理、经纪、电商等专业人才不足，人才培养与供应跟不上业态更新速度。其二，文博单位文创产业对人才的需求已经出现较大的变化，但人才团队建设难以跟上，缺乏从事文创设计、文创营销、文博经营、知识产权管理

等文创工作的专业人才。其三，文化与科技融合人才缺乏，在如今的数字平台、影视节目后期制作等领域都需要既掌握技术，又具备文化鉴赏、创作能力的复合型人才。

在整体人才缺乏的情况下，对于北京而言，北京生活成本较高，高昂的房价和收紧的户口指标使北京人才出现外流。恒大研究院和智联招聘共同发布的《2020 中国城市人才吸引力排名》显示，北京已经是人才净流出城市，而毕业生的首选城市也不再是北京。另据全国各省（自治区、直辖市）统计局统计，北京列 2019 年全国城镇私营以及非私营单位就业人员年平均工资榜首。据人力资源和社会保障部统计，北京列全国小时工资最低标准首位，月最低工资标准列全国第三位。而对于数字创意企业来说，由于数字创意产品与服务消费的不确定性较大，企业赢利水平并不稳定，高企的工资水平必然对企业造成压力。

四　北京数字创意产业发展对策建议

（一）以核心技术开发和应用带动产业创新融合发展，源源不断地为数字创意产业发展注入新动能

技术创新是数字创意产业发展的重要驱动力，融合发展是数字创意产业创新的重要路径。因此，应加快以 5G 移动通信为技术支撑的新型基础设施建设，推动引导人工智能、物联网、5G、区块链等前沿科技在数字创意产业生产、设计、传播、消费等各个环节的广泛应用，从而进一步培育和催生新产品、新业态、新模式。此外，还应打造数字创意产业的公共技术研发平台、资源条件平台，将数字技术和创意元素注入传统产业，在品牌打造、产品创新、消费体验等方面进行数字化改造和升级，服务数字创意产业与传统产业融合发展，赋能传统产业转型升级，在提高传统产业市场价值的同时，为数字创意产业开拓更广阔的市场空间。

当前数字创意产业发展以消费互联网为主要底层逻辑，运用互联网平台

快速精准地实现消费者与生产者之间的供需对接，创新更多地发生在营销环节之上，具体表现为新商业模式的不断涌现。然而，随着流量红利的不断减弱，应加快推动以人工智能技术为代表的前沿科技在产品生产、设计环节的应用，增强生产与设计环节的创新活力，实现全价值链的数据联通共享，打通消费互联网与产业互联网，以数据驱动产业资源优化配置和生产率提高，激发数字创意产业对国民经济和社会发展的带动作用。

（二）厚植首都文化土壤，促进数字创意产业发展与城市建设交互赋能

国内外发展经验充分表明，数字创意产业的发展已经与城市建设深度融合并交互赋能。因此，应在首都丰厚的文化资源和悠久的历史脉络中筑牢数字创意产业的根基，并通过数字创意产业打造传播首都城市品牌。

首先，应加快对大运河、长城、西山永定河文化带、红色文化资源、古建筑遗存等特色鲜明区域的自然历史文化资源进行数字化转化开发，让优秀的历史文化资源借助数字技术“活起来”，实现创造性转化和创新性发展，通过推动自然历史文化资源所蕴含的深刻内涵与数字技术的结合，形成北京数字创意产业的核心竞争优势，筑牢北京数字创意产业发展的根基命脉。

其次，应通过发展数字创意产业，进一步对老旧街区、厂房进行创造性改造，打造融合产业、商业、休闲、文博、旅游等多种业态的新型城市空间，培育城市文化微型中心，并进一步策划举办相配套的主题节事活动，营造活跃的城市文化氛围，从而形成业态多样、受众广、结点多的城市文化空间矩阵，在保存延续城市文化记忆的同时，推动数字创意产业发展与城市更新有机融合。

最后，应充分发挥数字创意产业在打造和传播城市文化形象方面的积极作用，提炼城市文化元素，开发数字创意产品，利用数字创意产业对新一代消费者的影响力，打造和传播融合传统文化精髓与现代科学文明的北京城市品牌形象，在全球范围内为北京的城市建设发展不断吸引集聚更多优质的产业和人才资源。

（三）以新型人才、新型消费为着力点，进一步加大政策扶持力度

与传统产业相比，数字创意产业新业态更丰富，聚集了更为密集的新型人才，形成了更多有别于传统的就业形式，导致现有人才政策的适用性不强，传统的人才评价方法和人才激励机制也很难真正发挥实效。面对这一情况，2020 年出台的《广东省培育数字创意战略性新兴产业集群行动计划（2021～2025 年）》明确规定，要健全完善数字创意人才评价机制，将数字创意人才纳入各类高层次、高技术人才引进计划。2020 年，淘宝头部主播之一李佳琦作为“其他紧缺急需、确有特殊才能的人才”落户上海。城市区域之间的数字创意产业人才争夺大战暗潮汹涌。因此，尽快为数字创意产业人才开辟人才引进和扶持的政策通道，成为今后北京数字创意产业政策体系建设的重点之一。

数字创意产业的兴起符合人民精神文化消费需求增长和升级的要求。与此同时，培育持续增长和升级的文化消费需求也是数字创意产业不断发展和创新的重要拉动力。因此，未来在文化消费相关政策的制定和出台上，必须把握住北京市建设国际消费中心城市这一机遇，在做好传统文化产业数字化升级的同时，还应大力推动数字文化创意产业与实体经济深度融合，通过打通文化、旅游、商贸、物流的行业壁垒，推动产业链和供应链在线上线下的多维融合，形成数据、流量与产品、服务的融合创新，增加高质量的数字创意产品供给门类，不仅要持续地将文化活动和消费方式搬上“云端”，而且要随着经济的复苏和增长，推动线上线下相互融合，打造更为广阔的新消费场景，提供沉浸式、交互式、社交式、可碎片化的新型文化消费体验，从而拉动数字创意产业不断增长。

（四）强化互联网治理意识，创新监管手段，营造产业发展的良好外部环境

随着互联网技术的不断发展，数字创意产业的内容生产、传播分发模式也在不断改变，不仅对产业链上下游的全要素整合造成了革命性影响，而且

在商业模式、知识产权保护、竞争秩序等方面产生了众多新的问题，给产业未来的健康发展带来了潜在风险。这要求我们必须进一步强化互联网治理意识，不断创新互联网监管手段，为产业健康发展营造良好外部环境。

第一，应鼓励大数据、人工智能等技术在内容审核方面的深度运用，引导行业协会发挥作用，进一步强化数字创意产业内部的自律意识，增强外部的监管规制能力。第二，应加快对新业态下知识产权保护规则、平台与用户之间的责任边界等问题的司法探索和实践，推动形成互联网时代知识产权的协同治理保护机制。第三，应大力规范互联网空间公平公正的竞争秩序，开展互联网平台企业与其他产业融合的监测和评价，重点关注潜在的系统性垄断风险，规范好平台经济领域的经营和竞争行为。第四，应运用网络技术和数字技术充分挖掘传统文化精髓，尊重互联网传播规律，加强对主流价值观的塑造和对主流文化的宣传，提升消费者的网络素养和审美品位，净化网络文化空间。

参考文献

李文军、李巧明：《“十四五”时期数字创意产业发展趋势与促进对策》，《经济纵横》2021年第2期。

刘超英主编《北京地区博物馆发展报告（2019～2020）》，社会科学文献出版社，2021。

罗联上：《数字技术赋能网络文化的高质量发展》，《中国信息化》2021年第6期。

B.16
北京设计产业发展情况和趋势研究

左 倩　李文姬*

摘　要：北京申请联合国教科文组织创意城市网络“设计之都”成功后，相继出台了一系列政策支持设计产业的发展。本报告从政策、产业、人才、集聚区等方面系统分析了北京设计产业的发展现状，并对新时期北京设计产业的趋势进行预测，提出北京发展设计产业的若干建议，如加强文化科技融合、发挥设计产业带动效应、积极推进公共技术平台建设、推进设计产业供给侧结构性改革、探索多样化业务模式、加强品牌建设、加快设计服务贸易转型等。

关键词：“设计之都”　设计产业　文化科技融合　产业政策

北京于2012年获得“设计之都”荣誉称号，“设计之都”不仅成为北京在设计创意领域的重要符号，而且是北京作为大国之都在设计创意促进城市转型升级过程中的重要表征。经过多年的建设，“设计之都”的影响力与日俱增。

一　北京设计产业发展情况

（一）设计政策环境持续优化

2012年北京申请联合国教科文组织创意城市网络“设计之都”成功后，

* 左倩，北京工业设计促进中心副主任、高级工程师，主要研究方向为设计产业；李文姬，北京工业设计促进中心高级工程师，主要研究方向为设计产业。

陆续出台了若干项促进设计产业发展的规划和政策，针对设计产业发展的重点领域和关键环节提出了较明晰的发展导向并制定了相关扶持政策。2013年、2014年相继出台的《北京“设计之都”建设发展规划纲要》《北京市设计创新中心认定管理办法（试行）》对全面推进“设计之都”建设意义重大。2019年，北京市科学技术委员会与西城区人民政府在贯彻落实《关于共同建设CDM中国设计交易市场的合作协议》的基础上继续深化合作，签署了《关于共同推进北京“设计之都”核心区建设的合作协议》，以期推进以西城区为核心的北京“设计之都”核心区建设，政策环境的优化有助于规范和引导全市设计产业发展。2020年，《北京市推进全国文化中心建设中长期规划（2019年~2035年）》和《中共北京市委　北京市人民政府关于加快培育壮大新业态新模式促进北京经济高质量发展的若干意见》等纲领性文件中均将北京“设计之都”和设计产业发展纳入其中，通过政策手段保障北京设计产业发展。

（二）设计产业规模迅速增长

近年来，北京设计产业规模增长迅速。2020年，北京市规模以上文化核心领域收入合计12986.2亿元，同比增长3.6%，其中创意设计服务领域规模以上法人单位从业人员为10.5万人，收入为3374亿元，占全市规模以上文化产业收入合计的26.0%。北京市统计局数据显示，2020年1~10月，在新冠肺炎疫情影响下，北京市创意设计服务领域依然实现收入2619亿元，从业人员平均为10.5万人，创意设计服务领域收入基本呈逐月上涨趋势，其中3月、9月收入涨幅较大，均超过300亿元，从业人员数量在5~10月较为稳定，基本维持在10.5万人左右。[①] 设计产业已经成为北京市经济发展的新动力和城市发展的重要引擎。

（三）加速赋能设计领域发展

随着设计产业的不断发展，设计创新能力日益提高，设计服务资源进一

① 北京市统计局网站。

步整合，北京市通过各种政策手段，加速促进设计机构和设计项目发展。2011～2015年，共有1774家企业申报“首都设计提升计划”，其中小微企业占总数的70%以上，共支持项目385项，科技经费投入7535万元，带动企业研发设计投入达31亿元，科技经费投入带动企业设计研发投入比为1∶41，项目完成后共获得专利、著作权等2355件，有85家企业获得红星奖等省部级奖项。[①] 2020年，北京市认定了设计领军机构10家，新认定了包括北京赛佳图工业设计有限公司、北京欣邑东方室内设计有限公司等龙头企业在内的21家企业为北京设计创新中心，累计认定设计创新中心243家。

（四）设计人才资源不断丰富

人才是产业发展的重要推动力，北京作为人才吸引的头部区域，聚集了大量设计产业优秀人才，实现了人才集聚和产业发展同频共振。北京市设计人才队伍建设成效显著，如柳冠中创立了“设计学”“系统设计思维方法”等多种设计理论，是中国设计学科的学术带头人；北京洛可可科技有限公司的贾伟、小米科技有限责任公司的刘德、石斛（北京）环境艺术设计有限公司的李凤朗、联想（北京）有限公司的姚映佳等都是在设计产业中做出杰出贡献的专业人才。北京市政府为进一步吸纳设计专业人才，出台了各种政策和鼓励措施，如《北京市促进设计产业发展的指导意见》中提到鼓励国内外优秀设计人才来京创业或从事设计创新工作，鼓励企业招聘国内外高端设计人才。重视设计人才培养和人才队伍建设使得北京设计产业不断进步发展。2020年，北京市共认定设计杰出人才3人、杰出青年人才10人，以领军人才引领北京设计产业发展。

（五）设计资本加速进入

设计资本赋能产业发展，资本进入对设计产业的发展起到了极大的作用。随着文化体制改革的不断深入，以及政府政策的大力扶持，北京设计产

---

① 北京工业设计促进中心。

业发展势头强劲，知名设计企业和优秀设计人才的不断涌现吸引了大量资本进入。北京市政府也致力于优化投资结构，鼓励社会资本进入设计领域，建立了包括天使投资、股权投资、融资担保、知识产权质押等在内的设计产业全生命周期投融资服务体系。

（六）新老创意空间效能不断释放

北京已经形成了多个与设计创意密切相关的集聚区，设计园区孵化能力不断增强，服务收入明显增加。北京 DRC 工业设计创意产业基地于 2005 年成立，是中国首家工业设计创意产业基地，2006～2019 年累计实现服务收入 10 亿余元，培育出北京洛可可科技有限公司、北京视觉无限文化传媒有限公司等一批在业内具有一定影响力的企业，孵化的众多公司成为中国工业设计的中坚力量。2020 年，通州“设计之都”新平台——张家湾设计小镇也在加速打造，张家湾设计小镇规划设计综合方案已编制完成，首个工业设计人才工作站——北京城市副中心工业设计人才工作站在张家湾设计小镇揭牌。目前，张家湾设计小镇已有 100 余家企业入驻，并成为北京国际设计周等品牌活动的永久会址，国内外优质设计资源加速聚集。这些新老创新空间充分利用现有存量资源，不断盘活吸纳更多资源，形成独特的竞争优势，成为北京市推动设计创意产业发展的优质空间平台。

（七）国际影响力彰显

北京国际设计周是具有国际影响力的设计公共服务平台，2020 年北京国际设计周在通州张家湾设计小镇、中华世纪坛、国家大剧院、隆福文化中心、望京小街设立了 5 个主会场，并在东城区、西城区、朝阳区、海淀区设立了 23 个分会场。共举办相关设计展览、论坛及活动 386 场，展览及活动面积达 89 万平方米。来自 60 多个国家和地区的上万名设计师及设计机构代表通过线下或线上的方式参与了本届设计周活动，吸引现场观众超过 190 万人次，另有 1.54 亿人次通过网络展览、在线直播等方式关注设计周。2020 年 9 月 17 日，由联合国教科文组织、教育部、北京市人民政府、中国联合国教科文组织全国委员会共同主办的第三届联合国教科文组织创意城市北京峰会在京举办。这是新冠肺炎疫情发生后，联合国教科文组织与地方政府合作举办的首个以创意城市为主题的国际活动。峰会以“创意激活城市·科技创造未来”为主题，采取“线上＋线下”联合举办的方式，邀请16个国家和地区的30余位国际组织、城市领导、创新主体和研究机构代表发表演讲，聚焦数字经济，探讨文化创意和科技如何改善城市治理，助力城市未来的可持续发展。峰会引发了海内外媒体的强烈关注，凸显了北京“设计之都”在联合国创意城市网络中的重要影响力。

二　北京设计产业发展态势

（一）把握“两区”建设良机，为设计产业发展加速赋能

以首善标准推进“两区”［国家服务业扩大开放综合示范区、中国（北京）自由贸易试验区］建设，实现更高水平的“产业开放＋园区开放”，加快培育设计产业开放发展新环境，不断释放市场发展活力，打造高质量开放的“设计样板”。吸引国际知名设计企业在北京落地，支持设计企业“走出去”，继续鼓励开展设计领域跨境合作，探索国内外关键技术和先进应用场景、新业态和新商业模式与设计充分结合，并在北京落地。

（二）新技术驱动设计产业发展迎来模式变革

大数据、人工智能等新技术的发展将使设计的方法、工具发生变革式的转变，主要表现在以下三个方面。一是通过用户大数据，形成用户画像，精准定义产品，进而可实现大规模个性化设计。二是随着触控、手势、语音等交互方式的改变，场景式设计将有别于传统的产品原型设计，更加人性化的用户体验将成为判断设计好坏的重要标准。三是人工智能设计将成为有益补充。这些新技术的应用为未来设计产业发展提供了更多的可能。

（三）“大设计”成为未来发展趋势

“设计”一词的内涵不断扩展延伸，设计各领域的界限逐渐被打破，工业设计、平面设计、建筑设计、工程设计等领域相互渗透与支撑，实现协同发展。此外，设计与科技、文化等产业不断融合，设计驱动能力不断增强。随着用户需求的多样化以及大规模设计定制服务的发展，跨自然科学和人文科学等多学科交叉的系统设计必将成为设计发展的主要方向，未来的设计将朝着多元化、更优化、一体化的方向发展。

（四）张家湾设计小镇等新设计创意空间建设进程加快

北京市致力于将张家湾设计小镇打造成为“设计小镇、智慧小镇、活力小镇”，努力推动传统老工业园区向现代高科技园区转型升级。张家湾设计小镇依托张家湾工业区老旧厂房改造，发掘地域资源，活化公共空间，植入创新功能，作为新规划的设计创意空间，张家湾设计小镇拟引入中关村软件园运营模式，搭建特色园区运营服务平台，提供产业升级、创新赋能、科技金融、人才驱动、科技中介、国际合作六大服务，逐步打造成为北京“设计之都”发展的重要新平台。

（五）疫情防控常态化下设计产业发展机遇与挑战并存

2020 年新冠肺炎疫情席卷全球，给世界带来了前所未有的挑战，也对各行各业产生了不容忽视的影响。新冠肺炎疫情短期内对北京文化产业造成的冲击直接而强烈，可能会影响整个“十四五”时期设计产业整体节奏，但不会改变总体发展方向，设计与“云经济”和“宅经济”的融合业态将获益。同时，疫情防控常态化环境也催生了工业设计新产品，如智能感测、消毒杀菌产品会在日常生活中被广泛使用，这些产品的设计、研发都离不开工业设计。研发设计疫情防控所需的医疗器械，也是工业设计在未来需要重点关注的领域。随着北京市疫情防控进入常态化阶段，宏观政策“逆周期调节”力度加大的信号不断释放，其节奏和力度能够对冲疫情影响。因此，从长周期来看，疫情防控常态化对设计产业整体发展将是一个机遇期。

三　北京设计产业发展对策研究

（一）加强文化科技融合，提升设计产业竞争力

随着全国文化中心和科技创新中心的建设，北京文化与科技不断融合发展，文化与科技深度融合产生“1+1>2”的叠加效应，激发了文化领域的创新发展动力。为继续深入贯彻落实《国务院关于推进文化创意和设计服务与相关产业融合发展的若干意见》精神，北京市应继续鼓励全社会参与设计领域技术创新，促进文化与科技融合。未来应重点应对大数据、人工智能等技术的发展给设计的方法、工具带来的变革式转变，推动企业从“生产制造商的服务提供商”转型为“全新生产和生活方式的综合提案商”，将设计纳入管理及战略层面，推动工程设计与智慧城市建设相结合，推动数字化技术与设计制造相融合，发展服务设计，让设计真正成为驱动未来经济发展的核心引擎。

（二）发挥设计产业带动效应，激发产业发展活力

注重设计产业融合发展，推动设计产业与制造业、会展业、服务业、旅游业等领域实现创新融合发展，发挥设计产业对其他产业的带动效应。推动创意和设计优势企业根据产业联系，实施跨地区、跨行业、跨所有制业务合作，打造跨界融合的产业集团和产业联盟。探索设计服务模式升级，促进设计行业与新兴产业相结合，激发产业发展活力。

（三）积极推进公共技术平台建设，促进设计科技成果转化

积极搭建设计产业创新服务平台，注重线上与线下、孵化与投资相结合的空间建设。建立设计领域区域协调机制与合作平台，积极打造区域性创新

中心和成果转化中心，科学规划建设融合发展集聚区，加强集聚产业内部的有机联系，形成合理分工协作，促进设计科技成果转化。

（四）推进设计产业供给侧结构性改革，增强设计产业对资本的吸引能力

推进设计产业供给侧结构性改革，加强对设计领域核心技术的研发攻关。积极引导设计领域整体竞争力的提升，培育一批具备国际竞争优势的知名设计企业，增强设计产业对资本的吸引力。

（五）探索多样化业务模式，建立并完善设计人才吸纳与激励机制

设计行业要积极发展产业集聚区，打破业务模式单一的局面，探索多样化的发展模式。人才是产业发展的重要资源，要继续加强人才培养，营造有利于创新型人才健康成长、脱颖而出的制度环境，完善政府奖励、用人单位奖励、社会奖励互为补充的多层次创意和设计人才奖励体系，对各类创意和设计人才的创作活动、学习深造、国际交流等进行奖励与资助。

（六）加强品牌建设，提升设计企业在国际层面的知名度与话语权

整合现有活动，推广北京“设计之都”品牌。推动红星奖开展优秀设计产品首发、销售、评审等活动以及举办设计展览，搭建线上线下展示、推广平台。推进北京国际设计周等创意设计活动，为国内外设计机构和设计人才提供常态化展示、交流、交易的服务平台。鼓励设计产业从上至下树立品牌意识，从市场竞争战略的高度认知品牌，增强设计领域优势企业的品牌建设能力，推出一批具有全球影响力的设计创新成果。

（七）加快设计服务贸易模式转型，支撑“两区”背景下“设计之都”新发展

积极拓展新型设计服务贸易模式，促进设计服务贸易领域新技术、新产

业、新业态、新模式蓬勃发展，推动以“设计+”为先导的新兴服务出口。鼓励设计行业优势企业探索新型设计服务贸易模式，推动北京“设计之都”建设。

参考文献

白静:《汇聚全球智慧　共商科技合作——2020中关村论坛侧记》,《中国科技产业》2020年第10期。

柯维:《创意设计发力　释放消费潜能》,《科技日报》2015年10月15日，第8版。

郑金武:《让创意设计产业成为首都发展新引擎——〈北京设计之都建设发展规划纲要〉解读》,《中国科学报》2013年10月25日，第15版。

B.17
北京文化装备产业创新发展策略分析

张　锋*

摘　要： 随着新一代信息技术的广泛应用，文化产业呈现数字化、网络化、智能化发展态势。文化装备对传统文化产业转型升级、新兴文化业态培育的重要支撑作用日益凸显。本报告分析了北京文化装备产业的政策环境、社会消费环境、技术创新环境，梳理了产业发展中存在的主要问题，从践行创新驱动理念、强化产业政策支持、围绕重点文化领域发展北京特色文化装备、积极培育文化装备产业生态体系等方面，提出了推动北京文化装备产业快速健康发展的策略建议。

关键词： 文化装备　产业创新　产业政策　信息技术

一　北京文化装备产业发展环境

（一）产业政策环境

1. 国家层面

文化装备产业泛指服务于文化内容生产与传播的专用材料，技术设备的研发、设计、制造，以及相关配套系统服务的产业经济形态的统称。2018年4月，国家统计局正式印发《文化及相关产业分类（2018）》，共设置9

* 张锋，博士，北京生产力促进中心高级咨询师。

个大类，其中“08. 文化装备生产”大类下设6个中类——“印刷设备制造”“广播电视电影设备制造及销售”“摄录设备制造及销售”“演艺设备制造及销售”“游乐游艺设备制造”“乐器制造及销售”，共下设25个小类；“09. 文化消费终端生产”大类下设5个中类——“文具制造及销售”“笔墨制造”“玩具制造”“节庆用品制造”“信息服务终端制造及销售”，共下设15个小类。

《中共中央关于深化文化体制改革推动社会主义文化大发展大繁荣若干重大问题的决定》首次提出“文化装备”的概念，《国家“十二五”时期文化改革发展规划纲要》正式提出“加快发展文化装备制造业”，《文化部“十二五”文化科技发展规划》《文化部“十三五”时期文化发展改革规划》《文化部“十三五”时期文化科技创新规划》分别提出提升文化领域技术装备水平、推动文化和科技深度融合、实施“文化装备系统提升工程”。

2012年6月，科技部、中宣部、财政部、文化部、国家广电总局、国家新闻出版总署联合印发《国家文化科技创新工程纲要》。

2014年10月，国内首家高科技文化装备产业基地——上海国际高科技文化装备产业基地（TCDIC）成立。

2016年11月，《“十三五”国家战略性新兴产业发展规划》（国发〔2016〕67号）将数字创意产业列为战略性新兴产业。

2017年4月，文化部《关于推动数字文化产业创新发展的指导意见》提出“增强数字文化装备产业实力”。

2018年6月，《文化装备发展应用行动指南（2018～2020年）》发布；同年9月，首届上海国际文化装备产业博览会成功落幕。

2019年4月，科技部、中宣部等五部门认定苏州高新区等5家集聚类基地、四达时代等16家单体类基地为第三批国家文化和科技融合示范基地。北京市共有4家企业被认定为单体类基地，分别是北京四达时代软件技术股份有限公司、利亚德光电股份有限公司、掌阅科技股份有限公司、北京蓝色光标数据科技股份有限公司。同年8月，国务院办公厅《关于进一步激发文化和旅游消费潜力的意见》（国办发〔2019〕41号）提出发展基于5G、超高清视频、增强现实、虚拟现实、人工智能等技术的沉浸式、体验型文化消费内容；科技部等六部门印发《关于促进文化和科技深度融合的指导意见》。

2020 年 9 月，国家发展改革委、科技部、工业和信息化部、财政部四部门联合印发《关于扩大战略性新兴产业投资培育壮大新增长点增长极的指导意见》（发改高技〔2020〕1409 号），提出加快新一代信息技术产业提质增效，稳步推进工业互联网、人工智能、物联网、车联网、大数据、云计算、区块链等技术集成创新和融合应用。

2. 北京市层面

2011 年 12 月，北京市委第十届第十次会议通过《中共北京市委关于发挥文化中心作用加快建设中国特色社会主义先进文化之都的意见》。

2014 年 2 月，习近平总书记视察北京并发表重要讲话，明确北京“全国政治中心、文化中心、国际交往中心、科技创新中心”的城市战略定位。同年 7 月，《北京市文化创意产业功能区建设发展规划（2014～2020 年）》提出“推动新媒体高端设备制造业发展，抢占移动新媒体时代硬件标准”。

2015 年 4 月，《北京市推进文化创意和设计服务与相关产业融合发展行动计划（2015～2020 年）》提出“加强舞美设计创意和舞台技术装备创新”。

2016 年 7 月，《北京市“十三五”时期文化创意产业发展规划》提出“推动创意商品、文化装备制造产品从创意设计到生产制作的产业协同”。

2018 年 6 月，北京市印发《关于推进文化创意产业创新发展的意见》，提出“推进数字技术创新与文化创意产业有效衔接，支持发展高精尖文化装备”。

2019 年 12 月至 2020 年 1 月，北京市陆续发布《关于推动北京音乐产业繁荣发展的实施意见》《关于推动北京游戏产业健康发展的若干意见》《北京市文化创意产业园区和市级文化创意产业示范园区“服务包”工作方案》等文化产业扶持政策，从不同层面支持北京市文化产业的技术装备创新。

2020 年 9 月，北京市发布《北京市促进数字经济创新发展行动纲要（2020～2022 年）》，提出要聚焦“基础设施建设、数字产业化、产业数字化、数字化治理、数据价值化和数字贸易发展”六大方向，实施基础设施保障建设工程等九项重点工程。

（二）社会消费环境

1. 消费群体年轻化

根据中国互联网络信息中心（CNNIC）发布的第47次《中国互联网络发展状况统计报告》，截至2020年12月，我国网民规模达9.89亿人，网络购物用户规模达7.82亿人，网络支付用户规模达8.54亿人，占网民整体的86.4%。在网民使用互联网应用方面，网络游戏使用率为52.4%，网络音乐使用率为66.6%，网络文学使用率为46.5%，在线教育使用率为34.6%。29岁及以下网民占比为34.4%，30~39岁网民占比为20.5%。[①]

2. 用户付费意愿增强

随着国家版权局、国家互联网信息办公室等部门联合启动“剑网2020”专项行动，严格规范网络文学、游戏、音乐、知识分享等平台版权传播秩序，付费用户数量日益增多。[②] 2020年，腾讯视频的付费用户达到1.12亿人[③]，爱奇艺视频服务平台的付费会员超过1亿人。[④] 阅文集团单用户月均付费从2019年上半年的22.5元增至2020年上半年的34.1元，用户付费意愿的增强推动其在线业务营收同比增长101.9%。[⑤]

3. 个性化、体验化消费方式成为大众文化消费主流

随着基于AI（人工智能）的语义分析、语音识别、图片识别、新闻个

---

① 《第47次〈中国互联网络发展状况统计报告〉》，中国互联网络信息中心网站，2021年2月3日，http://www.cnnic.net.cn/hlwfzyj/hlwxzbg/hlwtjbg/202102/P020210203334633480104.pdf。

② 《国家版权局等四部门启动“剑网2020”专项行动》，国家版权局网站，2020年6月17日，http://www.ncac.gov.cn/chinacopyright/contents/12511/351152.shtml。

③ 《长短视频齐发力，腾讯视频付费用户规模达到1.12亿!》，搜狐网，2020年5月14日，https://www.sohu.com/a/395165972_120051417。

④ 杨雪梅：《会员数量下降　爱奇艺下一个爆款在哪里?》，新浪网，2021年2月19日，https://t.cj.sina.com.cn/articles/view/1642634100/61e89b74019010qam?from=tech。

⑤ 《第47次〈中国互联网络发展状况统计报告〉》，中国互联网络信息中心网站，2021年2月3日，http://www.cnnic.net.cn/hlwfzyj/hlwxzbg/hlwtjbg/202102/P020210203334633480104.pdf。

性化定制等服务在国内移动互联网市场快速落地应用，数字文化产品消费者的消费行为呈现个性化、理性化、圈层化的特征，为文化企业洞察用户需求、开发高品质的文化产品奠定了坚实基础。在个性化消费方面，随着技术的进步和生产组织效率的提升，企业为消费者提供满足个性化需求的产品成为可能，从门户网站“人找内容”到今日头条“内容找人”的阅读模式，文化消费升级与技术进步相辅相成、互为助力，进入用户消费需求精细化时代。同时，从IMAX电影到迪士尼乐园，从VR、AR到数字艺术展，消费体验越来越趋向于沉浸式。

4. 文化消费潜力有待挖掘

我国居民人均文化娱乐消费支出占总消费支出的比重由2015年的4.8%下滑至2019年的3.9%①，亟须打造文化消费新场景，提升文化消费水平。2020年第一、第二季度，我国文化企业生产经营活动普遍受新冠肺炎疫情影响，旅游行业、电影行业、线下文艺演出业务趋于停滞，在此背景下，在线视频、网络文学、在线游戏等“宅文化”逆势上扬，取得不俗业绩。2020年第三、第四季度，随着国内疫情防控取得初步胜利，文化企业生产经营状况普遍好转。伴随着国内国际双循环相互促进的新发展格局的逐步形成，扩大文化消费日益成为扩大内需、畅通国内大循环的重要抓手。

（三）技术创新环境

21世纪以来，全球科技创新活动异常活跃，先进适用信息技术支撑传统产业发展走向网络化、数字化、智慧化，新技术、新产品、新模式、新业态层出不穷。人工智能技术发展的核心基础是算法、数据和计算力，近年来取得了突飞猛进的发展。例如，科大讯飞股份有限公司的翻译机准确率高达99%②，腾讯公司开发的“觅影”产品将人工智能技术应用到医学领域，对

① 《“2020中国文化产业系列指数”发布》，消费日报网站，2021年2月3日，http：//www.xfrb.com.cn/article/scjj－jypx/10453406451744.html。

② 韦世玮：《一支词典笔撬起AI教育革命！ 0.5秒实现99%识别率，讯飞到底牛在哪?》，网易，2021年4月27日，https：//www.163.com/dy/article/G8KC95UF051180F7.html。

早期食管癌的筛查准确率高达90%。[①]

信息技术能够改造传统文化行业，催生新兴文化业态，拓展文化产业范畴。从文化产业链条影响机制来看，在创意创作环节，基于云计算和大数据平台反馈市场需求；在设计制作环节，应用计算机仿真技术、设计软件、AI技术帮助创作主体提高研发质量和效率；在展示传播环节，利用数字影像、数字出版、3D打印等技术实现文化内容的有形化和产品化；在用户体验环节，应用信息技术创新文化行业的营销、传播推广模式，强化展示体验功能。AI技术对文化产业的技术提升作用，在企业层面，体现为参与企业管理流程与生产流程，通过对用户画像的精准洞察，预测产业发展趋势，挖掘消费者的潜在需求；在行业层面，深刻改变了产业链上下游的关系；在人力资源层面，大量智能程序替代了重复性的人工劳动，企业中技术、管理人员占比日益上升。

信息技术支撑文化产业发展的典型案例之一，是5G技术支撑文化服务业务定制化、场景化、去空间化。2019年6月，工信部向中国电信、中国移动、中国联通、中国广电发放5G商用牌照，5G技术的应用为构建新型文化服务应用场景提供了巨大想象空间。[②] 在抗击新冠肺炎疫情期间，5G技术在远程会诊、疫情监测、高清现场转播等领域的应用取得明显成效。5G技术可承载多种业务类型，实现“去空间化”，提升用户体验，保障业务高效稳定。中国电信、中国移动和中国联通在武汉市火神山医院、雷神山医院建设期间开通了基于5G网络的施工现场高清视频直播服务，让世人见证了中国速度，让全国人民充满信心。2019年8月，我国首台“5G传输+8K超高清视频”转播车在北京亮相，实现了5G技术在重大赛事转播中的示范应用。[③]

---

① 杨俊峰、林文敏、秦思、任麟稚：《数字中国建设蓬勃发展　给你“数字获得感”》，人民网，2019年5月14日，http://culture.people.com.cn/n1/2019/0514/c1013-31082913.html。

② 《工信部正式向中国电信、中国移动、中国联通、中国广电发放5G商用牌照》，中国网，2019年6月6日，http://finance.china.com.cn/roll/20190606/4999213.shtml。

③ 《“5G+8K”在全球首次实现国际赛事超高清直播，北京将打造“5G+8K”超高清视频产业发展与应用高地》，北京市经济和信息化局网站，2019年9月17日，http://jxj.beijing.gov.cn/jxdt/zwyw/201911/t20191113_504541.html。

文化产业在信息化技术推动下迅速进入数字化时代。应用云计算、物联网、人工智能、虚拟现实等技术，文化产业已形成了电子商务、在线旅游、网络直播、在线游戏等基于互联网的文化新业态，以全球规模最大的互联网用户群体为基础，以智能手机的大范围普及为契机，文化产业的数字化发展之路展现了无限可能性。以微信为代表的社交关系型即时通信平台、以抖音短视频为代表的在线视频平台、以知乎为代表的知识共享服务平台、以今日头条为代表的新闻聚合平台、以手机淘宝为代表的电商平台、以网易云音乐为代表的音乐服务平台，初步形成了基于移动互联网的社交媒体矩阵，为构建在线文化消费的成熟商业模式提供了基础。文化产品及服务供应商在线获取用户，并引流至线下；用户利用移动支付进行交易、线下消费，通过社交媒体反馈消费信息，建立起文化消费 O2O（Online to Offline）模式的完整闭环，涉及的信息技术包括用户画像、信息精准推送、基于位置的服务（Location Based Services，LBS）、海量多源异构信息快速搜索等。

二　北京文化装备产业发展现状及技术创新瓶颈

（一）北京文化装备产业发展情况

文化产业已成为北京的支柱性产业。2020 年，北京市文化产业营业收入合计 14209.3 亿元。文化核心领域营业收入为 12986.2 亿元，同比增长 3.6%，其中新闻信息服务、创意设计服务、内容创作生产为主要收入来源领域，营业收入分别为 4149.5 亿元、3374.9 亿元、2898.8 亿元；文化相关领域收入为 1223.1 亿元，其中文化辅助生产和中介服务、文化消费终端生产、文化装备生产的营业收入分别为 624.2 亿元、490.7 亿元、108.2 亿元。[①]

① 《规模以上文化产业情况》，北京市统计局、国家统计局北京调查总队网站，2021 年 2 月 1 日，http：//tjj.beijing.gov.cn/tjsj_31433/yjdsj_31440/wh/2020/202102/t20210201_2250444.html。

2020年，北京市计算机、通信和其他电子设备制造业增加值增长14.6%，其中高技术制造业增加值增长9.5%，战略性新兴产业增加值增长9.2%，分别高于规模以上工业增加值增速7.2个和6.9个百分点（二者有交叉）。[①] 在限额以上批发和零售业中，通信器材类、体育娱乐用品类、文化办公用品类、家用电器及音像器材类零售额分别增长49.2%、17.3%、3.4%和0.7%。[②]

文化装备的设计、生产、制造依赖于上下游产业链多个企业的合作。北京文化装备的生产制造供应链覆盖全国，核心技术、零部件来自细分领域的不同供应商。2020年1月，工业和信息化部公布2019年中国软件业务收入百强企业，北京市的小米移动、京东尚科、航天信息等32家软件企业入选。[③] 2020年9月，中国卫星导航系统管理办公室发布《北斗三号民用基础产品推荐名录（1.0版）》，收录了RNSS射频基带一体化芯片等5类24款产品，北京市和芯星通、合众思壮、耐威时代等公司的8款产品入选推荐名录，占产品总数的1/3。[④] 北京市信息技术产业发展迅速，技术创新能力不断增强，为文化技术装备设计制造行业提供了良好的发展环境。

鉴于北京市现行统计体系中尚未建立专门面向文化装备产业的统计口径，故尚无相关详细统计数据。本报告梳理了北京市文化产业链条各环节部分典型技术装备设计、制造企业（见图1）。

① 《2020年北京经济稳步恢复向好》，北京市经济和信息化局网站，2021年1月21日，http：//jxj.beijing.gov.cn/jxsj/jjyx/202103/t20210311_2305028.html。

② 《北京市2020年国民经济和社会发展统计公报》，北京市统计局、国家统计局北京调查总队网站，2021年3月12日，http：//tjj.beijing.gov.cn/tjsj_31433/tjgb_31445/ndgb_31446/202103/t20210311_2304398.html。

③ 《我市32家软件企业入选2019年（第18届）中国软件业务收入前百家》，北京市经济和信息化局网站，2020年1月19日，http：//jxj.beijing.gov.cn/jxdt/zwyw/202001/t20200119_1618338.html。

④ 《北京市8款北斗技术核心产品入选〈北斗三号民用基础产品推荐名录〉》，北京市经济和信息化局网站，2020年9月29日，http：//jxj.beijing.gov.cn/jxdt/zwyw/202009/t20200929_2103724.html。

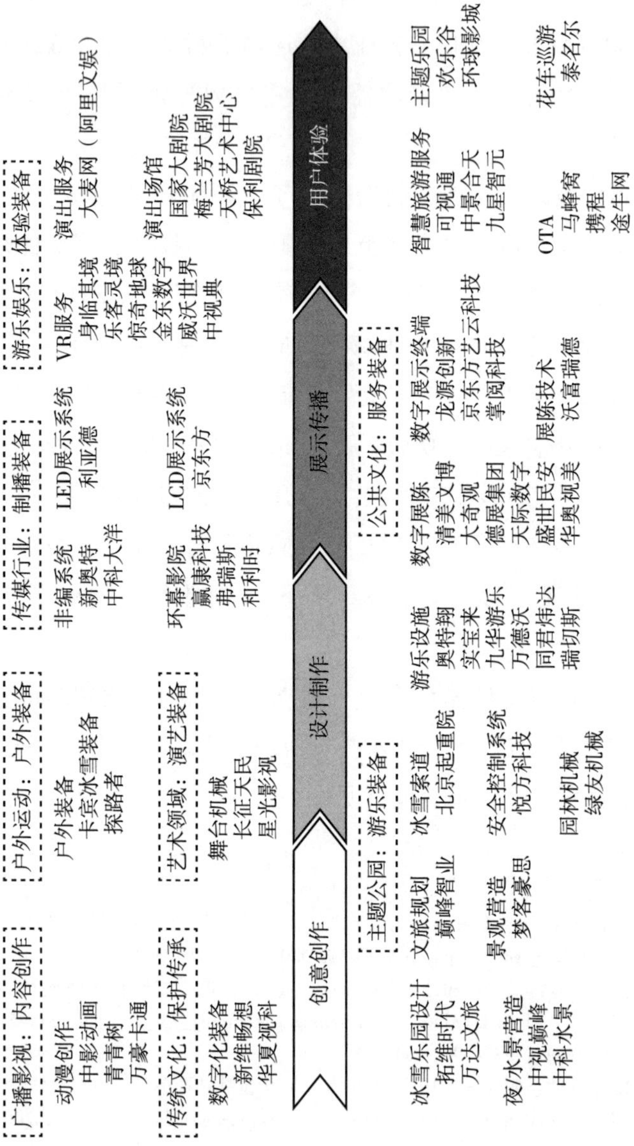
广播影视：内容创作
动漫创作
中影动画
青青树
万豪卡通
户外运动：户外装备
户外装备
卡宾冰雪装备
探路者
传媒行业：制播装备
非编系统
新奥特
中科大洋
LED展示系统
利亚德
游乐娱乐：体验装备
VR服务
身临其境
乐客灵境
惊奇地球
金东数字
威沃世界
中视典
演出服务
大麦网（阿里文娱）
传统文化：保护传承
数字化装备
新维畅想
华夏视科
艺术领域：演艺装备
舞台机械
长征天民
星光影视
环幕影院
赢康科技
弗瑞斯
和利时
LCD展示系统
京东方
演出场馆
国家大剧院
梅兰芳大剧院
天桥艺术中心
保利剧院
创意创作
设计制作
展示传播
用户体验
主题公园：游乐装备
冰雪乐园设计
拓维时代
万达文旅
夜/水景营造
中视巅峰
中科水景
文旅规划
巅峰智业
景观营造
梦客豪思
冰雪索道
北京起重院
安全控制系统
悦方科技
园林机械
绿友机械
游乐设施
奥特翔
实宝来
九华游乐
万德沃
同君炜达
瑞切斯
公共文化：服务装备
数字展陈
清美文博
大奇观
德展集团
天际数字
盛世民安
华奥视美
数字展示终端
龙源创新
京东方艺云科技
掌阅科技
展陈技术
沃富瑞德
智慧旅游服务
可视通
中景合天
九星智元
OTA
马蜂窝
携程
途牛网
主题乐园
欢乐谷
环球影城
花车巡游
泰名尔

图1 北京市文化产业链条各环节部分典型技术装备设计、制造企业

在面向艺术领域的演艺装备领域，北京华奥视美国际文化传媒股份有限公司自主研发设计、制作的超大型点矩阵立体视频系统在2019年亚洲文明对话大会之亚洲文化嘉年华活动中应用，创造了巨型三维LED灯矩阵（展幅120米，包含39万枚灯珠）的吉尼斯世界纪录。[①] 在舞台机械设计制造方面，北京长征天民高科技有限公司、北京星光影视设备科技股份有限公司、利亚德光电集团等企业的产品也多次服务于世博会、奥运会、G20峰会开幕式等重大活动，技术水平居全国前列。利亚德电视技术有限公司建设的超高清智能LED电视（墙）数字化车间被北京市经济和信息化局认定为智能制造公共服务平台试点项目，数字化车间的生产管理系统和设备管理系统通过数据采集、智能分析、信息传递，与企业ERP系统结合，实现了生产线上的IC、LED灯焊接工人数量由20人减少至2人，运营成本降低24%，产品研制周期缩短约40%，产品不良率降低40%，能源利用率提高15%。[②]

在面向公共文化领域的服务装备领域，北京清美文博国际文化科技有限公司为人民日报社“超级编辑部”的“中央厨房”系统提供的整体多媒体创意设计成为媒体融合的典范；北京大奇观国际文化科技有限公司开发的“致敬达·芬奇”光影艺术展，采用先进的数字化新媒体视听技术，为观众提供新奇的沉浸式观展体验；北京龙源创新信息技术有限公司基于优质期刊资源，推出面向公共文化服务的“数字文化社区”“数字农家书屋”“党政数字学习平台”等专业分众产品。北京京东方显示技术有限公司第8.5代薄膜晶体管液晶显示器件智能制造项目入选工信部2017年智能制造新模式应用项目，通过综合运用MES、ERP、PLM、MCS等多种应用服务，检测装配准确度提升至95%以上，物流传输效率提升50%以上，人员优化比例在23%以上，研发周期缩短20%，国产化装备种类覆盖率达到68%，其中模

① 《刷屏的亚洲文化嘉年华幕后制作全揭秘》，搜狐网，2019年5月17日，https：//www.sohu.com/a/314713472_247520。

② 《利亚德超高清智能LED电视（墙）数字化车间》，北京市经济和信息化局网站，2019年5月22日，http：//jxj.beijing.gov.cn/ztzl/ywzt/znzzggfwpt/znzzsdsf/201911/t20191113_508775.html。

组段智能制造设备国产化率达到100%。①

在面向传统文化保护与传承领域的专用装备领域，新维畅想数字科技（北京）有限公司开发的考古线图速绘软件、电子拓片技术、立体深度图技术可对遗迹遗物上的文字、纹饰、图案等细节进行清晰还原，有效避免了传统拓片过程中对文化遗存造成的损伤和破坏。北京华夏视科技术股份有限公司开发的基于多光谱颜色管理技术的艺术品高精度扫描设备，采用12通道多光谱相机对艺术品进行全幅面扫描，扫描相机像元分辨率达到20μm，约为2000dpi，可以实现对艺术品的各种防伪特征以及金色、银色、反光色等颜色的扫描。

在面向游乐娱乐领域的体验装备领域，北京赢康科技股份有限公司研发的智能会议控制、视频仿真造景等相关领域整体解决方案，曾服务于北京奥运会开闭幕式、上海世博会开闭幕式以及人民大会堂、中央电视台、国家博物馆等单位。北京乐客灵境科技有限公司研发的虚拟现实娱乐云平台，服务VR娱乐场馆超过3000家、产品超过400款，产品被推广至英国、美国、克罗地亚等国。北京和利时电机技术有限公司面向动感影院、游乐场所、演出场馆、仿真模拟器训练等领域，研发动感娱乐平台运动控制系统，采用先进伺服控制算法和全网络化拓扑技术，实现了多自由度、高速大容量、高可靠性的伺服电机实时控制。

在面向传媒领域的制播装备领域，新奥特（北京）视频技术有限公司的4K高清视频制播技术系统、媒体资产管理系统、超高清图文展示系统等在国内拥有竞争优势，曾获国家科学技术进步一等奖。北京中科大洋科技发展股份有限公司聚焦多媒体技术研发与应用，曾两次荣获“国家科技进步一等奖”，参与数十项国家及行业标准的起草和修订工作。② 北京京东方艺

① 《京东方第8.5代薄膜晶体管液晶显示器件智能制造》，北京市经济和信息化局网站，2019年5月22日，http：//jxj.beijing.gov.cn/ztzl/ywzt/znzzggfwpt/znzzsdsf/201911/t20191113_508770.html。

② 《公司简介》，北京中科大洋科技发展股份有限公司网站，2020年1月9日，http：//www.dayang.com.cn/folder78/folder84/folder105/。

云科技有限公司研发的BOE画屏应用无损伽马技术，可实现艺术品照片全色阶显示，于2017年荣获柏林国际电子消费品展览会（IFA）年度技术创新奖。2019年，京东方牵头制定的“数字化艺术品显示系统的应用场景、框架和元数据”标准成为国际标准。①

在面向主题公园的游乐设施装备领域，北京实宝来游乐设备有限公司自主设计生产大型游乐设备50余种，拥有迪士尼、万达集团、20th Fox（马来西亚云顶）、欢乐谷、石景山游乐园、古巴国家游乐园、伊拉克Chavy Land等30多个国家和地区的数百家客户。北京泰名尔文化艺术有限公司是国内少数几家巡游演艺整体解决方案供应商之一，可提供巡游演艺策划、花车及服化道设计、音乐创作、节目创排等全案服务，其用户包括融创、华侨城、海昌等著名文旅集团，目前占据国内巡游演艺项目70%以上的市场份额，荣获2020年国庆70周年巡游彩车“服务突出贡献奖”。

在面向户外运动的专用装备领域，探路者控股集团股份有限公司在户外用品研发设计领域成绩斐然，自主研发的中空发热棉、防水透湿科技面料广受用户欢迎，其主营产品覆盖户外服装、鞋、背包、帐篷、睡袋、登山装备等上百个品种，连续11年为中国南（北）极科学考察队提供全套户外装备，产品曾荣获2020年德国ISPO全球设计银奖。北京起重运输机械设计研究院有限公司是中国最大的客运索道和地面缆车设计制造单位，可设计、制造各种类型的客运索道缆车设备，已在国内设计承建索道及钢绳牵引类项目近400项，占国内市场的比重近50%。②

（二）北京文化装备产业面临的技术创新瓶颈

2019年，中国工程院对我国14类高端装备产业与国际竞争对手进行横向对比，评估结论是：与发达国家差距较大的领域是高档数控机床、机器

① 《BOE（京东方）数字化艺术品显示相关标准获ITU批准发布》，人民网，2019年11月14日，http://it.people.com.cn/n1/2019/1114/c1009-31456076.html。

② 《客运索道》，北京起重运输机械设计研究院有限公司网站，2020年1月9日，http://www.bmhri.com/gccb/kysd/。

人、飞机、机载设备及系统、船舶与海工装备、节能汽车、高端医疗器械，差距巨大的领域是航空发动机、农业装备。[①] 在高端机床领域，国内市场85%的份额为日本、美国产品，95%的高端数控系统被西门子公司垄断，高端光栅尺、精密轴承、测量装置等大多依赖进口。[②] 为了提升我国制造业自主创新能力，摆脱核心技术装备、制造工艺受制于人的“卡脖子”状况，《中华人民共和国国民经济和社会发展第十四个五年规划和2035年远景目标纲要》提出要“实施产业基础再造工程，加快补齐基础零部件及元器件、基础软件、基础材料、基础工艺和产业技术基础等瓶颈短板”。

北京文化装备产业是我国高端装备制造产业的缩影，在多个领域存在“卡脖子”的技术装备短板。例如，国外厂商垄断8K数字电影放映设备核心技术（Dolby、NEC、SONY、Christie等），4K数字摄像机核心部件CMOS的主要市场份额被SONY占据，美国Dolby公司垄断了数字电影放映的全景声技术，德国OSRAM公司在数字电影放映机核心部件氙灯制造领域居于垄断地位。创意设计行业的关键生产力工具Maya、CAD等尚未实现国产化替代。

1. 面向传统文化保护与传承领域的专用装备缺乏

文物保护领域缺乏理论创新。行业对温湿度、光照等环境因素参与古代文物材质的物理、化学、生物反应的机理缺乏研究，文物腐蚀的机制尚不明确，对常用文物材质如青铜、铁器、陶瓷、书画、纺织品、壁画的保存环境设置只能应用参考性标准，导致文博机构的“预防性保护”缺乏理论支撑，只能将“稳定洁净”作为通融性的建设标准。文物保护理论方面的短板导致文物保护专用装备的研发面临瓶颈。

文物保护、考古领域等专用装备缺乏。目前我国文物保护修复的专用装备仍存在空白，考古发掘领域十分缺乏勘察探测、文物提取及应急保护、安全监控相关技术及专用装备。在田野考古领域，行业内除了“洛阳铲”为专用考古

① 王万：《浅谈我国高端装备制造业存在的问题及发展思路》，《中国设备工程》2020年第4期，第25～26页。

② 何珺：《“四新”因素叠加　装备制造业面临新挑战》，《今日制造与升级》2020年第6期，第12～13页。

设备外，一般采用地质勘探等其他行业的设备，尚存诸多应用性问题，如难以屏蔽的电磁信号干扰、复杂的地下环境等问题。同时，还缺乏出土文物的预探测、病害的检测设备。在实验室考古领域经常需要对体积庞大的出土文物进行整体预探测，但是缺乏基于 X 光、CT 技术的专用超大尺寸精密扫描设备。

2. 面向游乐娱乐领域的体验装备技术水平不高

近年来，基于互动体验、沉浸式体验的新型娱乐设备应用方兴未艾，但文化娱乐装备自主研发、生产的技术水平滞后。以 VR 产品为例，VR 硬件还难以在文化休闲娱乐行业达到广播级应用要求，主要受限于现有的显示技术、传输技术、三维渲染技术和交互技术。“移动困境”使高端 VR 设备应用场景受限，VR 头显的优质体验与“无线化”无法兼得，画质体验较消费者预期仍有差距，“眩晕感”成为设备长时间使用的瓶颈，硬件、内容互相掣肘，难以形成良性互动。

在基于虚拟现实技术开发文化消费应用的过程中，在研究面向 VR 的超大规模场景渲染及多人协同技术、扫描编辑处理技术、精准个人信息获取技术，开发 VR/AR 内容快速制作技术、三维影片非线性编辑系统、VR 全景声技术，以及研制伴随式、非接触式、可实现惯性动捕的 VR 人机交互体验设备方面还存在技术瓶颈。

3. 面向传媒领域的制播装备面临技术瓶颈

传媒领域目前面临的技术装备瓶颈包括：一是传媒行业的制作传播、安全播控相关技术；二是有线电视、移动互联网、卫星传输、5G 传输网络融合技术；三是 5G 环境下视听内容制作、传输、监管技术；四是海量视频云平台关键技术；五是面向 5G 的视频技术解决方案；六是融合媒体资源共享、信息安全技术；七是视频资源大数据分析技术；八是 8K 视频内容和人工智能技术融合的关键技术；九是公共安全应急专网、应急广播消息速报关键技术；十是基于 AI 的短波广播精准覆盖技术。①

---

① 李玉薇：《推进广播电视科技创新体系建设　加速广播电视产业跨界融合发展——访国家广播电视总局广播电视科学研究院院长邹峰》，《广播电视信息》2020 年第 4 期，第 8 ~ 10 页。

在传媒行业的数字内容设计、制作领域，国外的网页制作软件Dreamweaver、Fireworks，矢量图形绘制软件Illustrator、CorelDRAW，图像处理软件Photoshop，视频处理软件Premiere等产品，均在国内居于垄断地位。

4. 面向户外运动的基础设施及专用装备国产化率低

冰雪装备。美国、奥地利、意大利、荷兰等国在全球冰雪装备产品市场居于优势地位，我国冰雪装备制造领域的关键零部件大多依赖进口。我国缆车市场主要被意大利、奥地利厂商占据，国内拖挂式架空索道在2015~2017年的进口比例分别为99.3%、83%、79%，进口依赖程度高达80%。[①] 2017年我国共有造雪机6600台，其中国产占比为15%，进口份额为85%。[②] 国内冰雪装备器材生产企业规模小，大多以代工生产为主，尚未形成自主品牌，生产冰刀所需钢材仍需从德国、瑞士等国进口。

索道缆车。我国索道缆车领域尽管在设计、制造、加工等方面具有一定优势，但自主研发能力仍较为薄弱。客运索道国产设备数量占比超过80%，但多为固定抱索器循环式客运索道、地面缆车、简单往复式索道等技术含量较低的设备，生产技术水平较低。先进索道大多是引进国外生产的设备，导致国内索道的建设成本、维修和零部件更换成本都比较高。尽管北京市拥有北京起重运输机械设计研究院有限公司等实力较强的大型国有企业，但由于客运索道并不是这些企业的核心业务，因此难以发展成为集设计、制造、安装、服务于一体的索道装备制造企业，难以与国外企业进行竞争。

5. 文化休闲娱乐行业服务技术水平较低

面向游客的文化体验服务不足。在文化休闲娱乐的咨询服务方面，面向门票、交通、餐饮、住宿的资讯服务供给较为充分，但面向强化文化体验的资讯服务不足。以往建设的旅游业务管理系统，用在后台实现管理指挥层面

① 耿松涛、杨晶晶：《中国旅游装备制造业低端锁定的作用机制及突破路径研究》，《学习与探索》2020年第4期，第130~136页。

② 《中国滑雪产业白皮书（2017年度报告）》，中冰雪网，2018年1月29日，https：//www.chnzbx.com/index.php？a=nrinfo&id=1044。

的功能多，用在前端面向终端用户的功能少。提供给用户体验的服务技术含量低，用户痛点与技术应用不对称。

文化休闲娱乐行业技术应用水平不高。行业缺乏数字文化内容采集处理、内容制作、虚拟现实与增强现实、智能导览等适屏传播展呈方法和技术，缺乏电影仿真、裸眼3D、交互娱乐等技术集成装备，在虚实景实时融合、数字内容与体感联动、AR技术与动漫内容结合等方面缺乏技术创新。

6. 缺乏专业剧场建筑设计机构，舞台灯光器械标准编制滞后

目前我国缺乏专业的剧场建筑设计院，缺少熟悉剧场需求的结构、水、暖、电、消防系统设计人员。20世纪制定的文艺演出行业舞台灯光、音响、舞台机械等专业的国家标准和行业标准大多已过时。例如，现行的《舞台灯具光学质量的测试与评价》（WH/T 0204—1999）中很多内容已不再适用，需推动制定并完善舞台灯光系统、扩声系统、电声系统、建筑声学系统等的设计规范、测试标准、施工指南和设计导则。

三　北京文化装备产业创新发展策略建议

（一）提高站位：立足建立国内国际双循环相互促进的新发展格局

2020年以来，受新冠肺炎疫情影响，全球经济下行压力增大。习近平总书记明确指出，要逐步形成以国内大循环为主体、国内国际双循环相互促进的新发展格局。[①] 北京文化产业应提质增效、创新有为，积极拓展新型消费。一是稳固传统文化消费，提升文化服务基础设施的运维水平，加快更新换代；二是积极推动数字技术支撑的互动体验式新兴文化消费，基于信息化技术的支撑，创造更多的“五好”（好看的、好玩的、好买的、好住的、好

① 《推动形成国内国际双循环发展新格局》，人民网，2020年6月22日，http://theory.people.com.cn/n1/2020/0622/c40531-31755350.html。

吃的）产品。在加快传统文化消费转型升级的基础上，拓展生活美学、国潮时尚等消费领域，夯实内需基础，带动经济增长。在推动文化行业提质增效的实践中，发挥技术装备的支撑作用是题中应有之义。

（二）创新驱动：利用信息化技术提升文化技术装备水平

在文化行业层出不穷的创新应用场景中，信息传感设备与互联网的结合可实现对用户的全面感知，文化消费应用场景成为连接设备厂商与用户的纽带。文化装备制造与信息化技术的深度融合，是催生新的文化商业模式的重要支撑。实现“文化装备制造”转向“文化装备创造”，是北京文化装备产业发展的根本出路。

1. 面向艺术领域的演艺装备技术创新方向

研发舞台灯光自动化控制技术、新型舞台光源技术、裸眼3D设备、乐器声音自动识别技术，提升舞台运动、视觉、听觉呈现的艺术效果，实现舞台监督调度系统的综合集成；提升音乐教育行业的技术水平，降低音乐培训成本。健全覆盖网络文学原创、在线出版发行、舞台演出、宣传推介、观众反馈全过程的文艺演出技术支撑体系，打通和延伸文艺演出行业的产业链、价值链，带动文艺演出相关行业衍生品及服务的开发，促进文化消费。

2. 面向公共文化领域的服务装备技术创新方向

面向全民阅读、艺术普及等公共文化服务重点领域，完善文化资源大数据服务体系，解决多源异构文化大数据动态集成、跨媒体文化大数据高效检索与资源画像、多模态①文化大数据质量评估、分类用户画像与精准服务等方面的技术瓶颈，消除数字文化资源“信息孤岛”，为文化产品创新提供内容支撑。建设智慧化公共文化服务体系，提升公共文化场馆数字化服务水平。应用虚拟现实、全息影像等信息技术，建设特色鲜明的沉浸式、互动式文化体验服务空间，拓展数字文化服务的应用场景。加强数字文化资源版权

① “模态”一词在计算机科学领域较为常用，如多模态机器学习（Multi-Modal Machine Learning，MMML）等。此处是指信息的来源或者形式，如信息的媒介有语音、视频、文字等。

保护，保障文化资源数据在融合、共享、应用过程中的可用性、可信性、隐私性和完整性。

3. 面向传统文化保护与传承领域的专用装备技术创新方向

研究青铜、铁器、陶瓷、书画、纺织品、壁画等主要文物种类的腐蚀、退化机理。参考医学领域的“循证医学”方法，加强文物保护材料和技术的评价，推动技术和材料层面的突破。通过基础理论层面的重大创新，推动馆藏文物保护技术的发展和功能性文物保护材料的更新迭代。研发文物无损检测、保护修复、风险评估等领域的关键技术，采用北斗导航、物联网、遥感等技术，对长城等古代建筑文物进行风险识别、日常监测及评估预警。

4. 面向游乐娱乐领域的体验装备技术创新方向

挖掘 VR 在文化消费场景中的应用，研究面向 VR 的超大规模场景渲染及多人协同技术、扫描编辑处理技术、精准个人信息获取技术，开发 VR/AR 内容快速制作技术、三维影片非线性编辑系统、VR 全景声技术，研制伴随式、非接触式、可实现惯性动捕的 VR 人机交互体验设备。完善基于 LBS 的智慧旅游服务技术体系，推进应用基于物联网技术的公共信息发布、景区环境和灾害监测预警系统。提升体育赛事观赏体验，保护体育赛事相关版权，推动文化产业、体育事业融合发展。

5. 面向传媒领域的制播装备技术创新方向

建立安全防护网络管理体系，支持具有自主知识产权的服务系统；提高直播平台的播控强度，支持抖音等直播平台开发自播自监技术。研发适用于冬奥会比赛中高速移动状态稳定拍摄的设备、技术体系。推动裸眼 3D 内容制作和渲染引擎的研发，提高生产效率；推动 5G 技术与短视频应用的结合；推动 8K 技术发展；推动京津冀 IPTV 集成播控平台互联互通，促进京津冀文化产业协同发展。

6. 面向主题公园的游乐设施装备技术创新方向

应用人工智能等先进技术提升文化资源内涵体验。通过伴随式 O2O 服务、伴游系统实现 AR、5G 技术的结合，开发具有位置服务、视觉重现、交互体验等综合功能的智慧化、伴随式系统，将景点、展陈内容通过数字终端及其他方式向用户推送，进行文化资源的引导性供应，辅助用户深度体验景点文化内涵。研究主题公园建设相关的建筑设计、电气系统设计、声光电系统设计等技术，深入挖掘传统文化内涵，将中国元素与主题公园建设深度融合。

7. 面向户外运动的专用装备技术创新方向

推进全民健身智慧化发展。运用先进适用的信息技术，面向市民提供体育场馆预订、热点赛事信息发布等信息推送服务，推进公共健身场所的智慧化服务水平，提升体育场馆、体育公园的线上运营水平。抓住举办 2022 年北京冬奥会、冬残奥会的契机，开发一批高水平的竞赛装备、训练装备、康复装备、办赛装备、维保装备、视频制播系统，在服务竞技体育的同时，为全民健身运动的广泛开展提供有力支撑。

（三）突出重点：围绕重点文化领域，发展北京特色文化装备

北京市在人才资源、科技资源等方面拥有发展文化装备产业的独特优势，但也存在诸多短板。北京市近年来持续实施的“疏解整治促提升”专项行动，对疏解非首都功能、优化首都发展布局发挥了积极作用，但也对文化装备产业构成了不利影响：《北京市新增产业的禁止和限制目录（2018 年版）》对一般制造业的若干门类新建和扩建工程进行了严格限制，导致部分文化装备制造企业外迁。①

北京市发展文化装备产业，必须充分发挥资源禀赋优势，有所取舍，聚焦产业基础好、技术含量高、辐射带动作用明显的细分领域，结合文化产业发展的重点领域，深入挖掘需求，组织关键技术攻关，力争形成具有北京特色的文化装备体系。

北京市文化产业发展的重点如下：一是创新传承传统文化；二是提升公共文化服务水平；三是推动“产业文创化、文创产业化”，推动设计服务与

---

① 《疏解整治促提升专项行动工作调度会召开　陈吉宁主持》，北京市人民政府网站，2020 年 12 月 25 日，http：//www. beijing. gov. cn/gongkai/ldhd/202012/t20201225_ 2185410. html。

文化相关产业深度融合；四是打造演艺北京品牌；五是打造世界旅游名城；六是建设国际会展中心；七是带动新型文化消费；八是发展文化科技融合新业态，推动人工智能、虚拟现实、光学捕捉、柔性显示屏等高端文化装备和技术自主研发，强化科技对智慧型文化新业态的支撑功能。文化装备企业应积极服务于北京重点文化产业的发展，深入挖掘用户需求，不断提升自主创新能力，为全面建设全国文化中心提供技术、装备支撑，打造文化装备的“北京创造”品牌。

（四）政策扶持：构建优势互补的文化装备产业生态

积极培育文化装备产业生态体系，培育骨干企业，支持中小型文化装备企业发展，构建优势互补、错位发展的产业生态。加大对创新企业的研发资源支持力度，加强对文化装备制造领域的知识产权申请与保护。在新产品开发方面给予持续性的资金支持，鼓励文化装备制造企业在京设立产品研发中心。

加强对高端文化装备国内首台（套）的示范应用，助力高新技术产品开拓市场。鼓励财政资金支持的文旅项目在政策允许的范围内优先采购首台（套）文化技术装备；对文化装备供应商和示范应用单位分别给予奖励，以提高文化装备企业自主研发装备的市场预期。

优化文化装备制造企业的融资环境，鼓励社会资本为文化装备企业提供技术改造、产能扩充等方面的金融支持。避免将有限的财政资源投向边际效益较低的大型平台企业、龙头企业，尽量投向急需发展资源的中小企业，减少财政资源错配导致的浪费。

加大行业数据开放力度，破除“数据孤岛”。各级政府在充分考虑数据安全、保密要求等因素的前提下，对所管理的文化行业相关数据开放共享。鼓励平台型文化企业破除门户之见，联合建立文化消费数据交换平台，在保障个人用户隐私安全的前提下，依据统一的数据标准体系实现多源业务数据的综合利用，避免数据采集重复投入，降低全行业生产成本。

加强人才队伍建设，为行业发展夯实基础。积极引进懂文化、懂技术、懂管理的高端复合型人才和大师级“蓝领”人才，在“引进来”的同时要

“留得住”，充分解决其在京落户、子女入学、购车购房方面的实际问题。鼓励高校与企业共建实训基地，强化实践性教学环节，培养学生的创新能力，为产业发展增添后劲。

感谢北京数字创意产业协会为本报告提供的相关资料。

B.18

北京游戏产业生态报告：独立游戏及其角色与发展

王唯任　刘永孜*

摘　要：世界范围的游戏产业规模不断增长，特别是在2020年新冠肺炎疫情冲击的大背景下，游戏产业表现出了虚拟经济的优势。其中，大量生产成本低、内容与样式丰富的独立游戏生产者构成了整个游戏产业生态中不可忽视的力量。中国作为世界上最大的游戏消费市场之一，面对独立游戏的高速发展，整个产业生态也发生了变化。作为国家文化中心和超一线城市，北京应承担起完善和发展游戏产业的责任。本报告基于世界游戏产业的发展情况，从独立游戏开发与消费的视角，分析并探讨了北京游戏产业的生态结构以及北京游戏产业集聚与城市文化资源利用之间的关系，进而建议要重视产品的艺术性和用户体验，通过制定政策和机制，以及线上与线下的互动，打破大企业垄断等困局，助力游戏产业提升竞争力。

关键词：游戏产业　独立游戏　产业生态　文化创意　城市文化

---

* 王唯任，英国伦敦国王学院硕士研究生，主要研究方向为文化创意产业与游戏产业；刘永孜，北京工业大学艺术设计学院传媒与艺术理论系副教授，主要研究方向为城市文化、消费文化、文化创意产业。

一 全球及中国游戏产业发展概况

受全球范围内新冠肺炎疫情的影响，2020 年世界经济呈现自 1990 年以来最大幅度的衰退。[①] 在世界各国实体经济每况愈下的大背景下，全球游戏产业收入不降反升，不仅抵御住了来自疫情的冲击，而且在政策控制的催化下出现了加速变革的迹象。游戏产业在经济市场中的影响力正逐步上升。

（一）全球游戏产业概况

从游戏平台看，2020 年，全球游戏产业实现收入 1749 亿美元，同比增长 19.6%。一方面，新冠肺炎疫情对家用电脑和主机在线下的体验与分销造成了严重的负面影响。另一方面，得益于移动平台的低准入门槛和智能手机硬件的提升，移动端游戏成为全球游戏产业最大的细分市场，收入达 863 亿美元，占比为 49.3%，同比增长 25.6%；主机端游戏收入为 512 亿美元，占比为 29.3%，同比增长 21%；PC 端游戏仅位列第三，收入为 374 亿美元，占比为 21.4%，同比增长 6.2%。然而，游戏开发者大会（Game Developers Conference，GDC）发布的报告显示，2020 年大部分开发者仍然将 PC 端作为首选平台，占比达到 54%；其次为移动端平台，占比为 40%。[②]

从区域市场看，2020 年，亚太地区成为市场收入最大来源地区，创收 843 亿美元，占比为 48.2%，同比增长 17.5%。据市场调研公司 Newzoo 预测，直到 2023 年亚太地区都将持续保持领先地位。北美地区以 447 亿美元的收入排名第二，占比为 25.6%，同比增长 21.4%。尽管中东和非洲地区

---

① Blake，P.，Wadhwa，D.，"2020 Year in Review：The Impact of COVID－19 in 12 Charts，World Bank Group"，Dec. 14，2020，https：//blogs. worldbank. org/voices/2020－year－review－impact－covid－19－12－charts.

② "2020 State of the Game Industry Report"，https：//reg. gdconf. com/GDC－State－of－Game－Industry－2020.

收入相对较少，但其同比增长率超过30%，具有相当大的发展潜力。[①] 然而受限于该地区经济发展，游戏主机和PC普及率不高，移动平台游戏会长期占据该地区的主要市场份额。

（二）北京游戏产业发展概况

2020年，中国游戏用户规模达6.6亿人，约占中国人口的一半。游戏市场实际销售收入达2786.87亿元，同比增长20.71%。与此同时，中国游戏出口规模进一步扩大，自主研发游戏在海外市场销售收入为154.5亿美元，同比增长33.25%。[②]

北京动漫游戏产业协会提供的数据显示，2020年，北京动漫游戏产业总产值约为1063亿元，占全国动漫游戏产业产值的19.3%，相比2019年的806亿元增长32%。受新冠肺炎疫情影响，居民数字娱乐消费新需求得到激发，用户数量增长、使用时长增加，成为拉动北京动漫游戏产业增长的主因。在游戏产业中，北京移动端游戏市场规模持续扩大。2020年，北京移动端游戏产值为894.29亿元，比2019年增加178.6亿元；北京移动端游戏用户已达508.1万人，比2019年增加16.6万人。北京企业自主研发的网络游戏产品已覆盖100多个国家和地区，在全球游戏市场占据重要位置。相关数据显示，2020年北京游戏出口总产值为419.29亿元，比2019年增长30%。[③]

2019年12月，北京市推进全国文化中心建设领导小组发布《关于推动北京游戏产业健康发展的若干意见》（以下简称《意见》），提出了促进游戏产业健康发展的13条举措，并预计到2025年，全市游戏产业总产值力争突破1500亿元。《意见》指出，北京将着力培育向上向善的产业环境，推动

---

① 《Newzoo：2020全球游戏市场报告》，199IT中文互联网数据资讯网，2020年7月14日，http：//www.199it.com/archives/1082336.html。

② 《〈2020年中国游戏产业报告〉正式发布》，游物语网站，2020年12月22日，https：//www.gameway.cn/quwen/10189/。

③ 《北京2020年动漫游戏产业总产值较上年增长32%》，百家号网站，2021年1月17日，https：//baijiahao.baidu.com/s？id=1689131356840044563&wfr=spider&for=pc。

游戏产业健康发展。《意见》的总体发展目标可概括为“一都五中心”，即围绕建成“国际网络游戏之都”总目标，在北京建设全球领先的精品游戏研发中心、网络新技术应用中心、游戏社会应用推进中心、游戏理论研究中心、电子竞技产业品牌中心。[①] 虽然北京的游戏产业产值增加明显且具有一定的市场潜力，也形成了富有战略性的规划和政策，但是对独立游戏的发展及其在整个游戏产业中的积极作用重视不足。

全球范围内，独立游戏产业实际上已经获得巨大发展，其众多产品甚至可以与大型游戏开发商和发行商的产品媲美。得益于数字时代的到来，游戏发行比以往任何时候都更容易，甚至个人都可以负担得起。事实上，小型开发商已经向寡头垄断的游戏业发起挑战。更为重要的是，独立游戏从业者还不断引入新的想法和游戏玩法，以兴趣和热情活跃于游戏社区。因此，独立游戏是整个游戏生态中一股健康的动力和能量。

二　独立游戏的含义与意义

什么是独立游戏？在胡娉等学者看来，独立游戏大多不以商业发行为目的，而是由开发者独立设计制作而成。[②] 这种描述在数年前似乎足以囊括独立游戏的内涵，但以今日的眼光来看，这一描述具有一定的时间局限性且略显模糊。有赖于近年来数字发行平台的崛起，开发者直接通过平台进行商业发行已经成为独立游戏圈内的一种常态，并且这一描述尚没有详细对“独立设计”做出明确定义。而关于“独立”，加尔达（Garda）和格拉巴尔奇克（Grabarczyk）做出了解释。他们认为可以将独立游戏中的“独立”划分为三种属性：经济独立、创意独立和发行独立。这三种属性需要通过对游戏

① 《2025 年北京游戏产业年产值力争突破一千五百亿元》，中国经济网，2019 年 12 月 15 日，http：//www. ce. cn/cysc/tech/gd2012/201912/15/t20191215_ 33856542. shtml。

② 胡娉、司徒振鹏、朱翠娟、林意婷：《论独立游戏的发展趋势》，《艺术科技》2016 年第 3 期。

本身与投资者、受众和发行商之间的关系进行讨论来加以判断。[①] 然而问题依然存在——一款游戏是需要具备以上所有属性还是仅需要具备一种属性即可被称为独立游戏？在独立游戏中与此类似的问题始终没有得到解决。

事实上，目前无论是学界还是业界，对独立游戏的划定尚停留在一个定量的、描述性的范畴。与此类似的还有经常与独立游戏对照的3A游戏。3A游戏中的“3A”来源于美国的证券评级，意为“最高级的”，在游戏中则指游戏制作成本投入之大。[②] 但是要达到3A游戏，具体成本是多少，同样没有定论，乃至玩家们用三个“A lot”（“A lot of people”“A lot of time”“A lot of money”）这种调侃性的字眼描述3A游戏。可以说，无论是专业的游戏业内人士、学者，还是普通的玩家，在判断游戏是否属于独立游戏时仍然是从其特点入手，如极低的制作成本、小规模的制作团队和更自由的艺术表达等。至于独立游戏经常被贴上诸如“画面简陋”和“像素风”这类标签，实际上同样取决于游戏开发者的技术水平和选择的艺术风格，因此难以被作为一种绝对的特点用于衡量独立游戏。

基于这些特点，我们可以进一步探讨独立游戏的意义及其给游戏产业带来的价值。

首先，游戏作为一种集美术、音乐、叙事、交互设计等诸多艺术于一体的综合性作品，具有承载文化和输出文化的功能。[③] 这种功能虽然并非独立游戏所独有，但是相较于大型厂商产出的作品，独立游戏能更好地将其运用起来。原因有两个方面。一方面，正如前文所提到的，创意独立本身是独立游戏中的一种属性，开发者的创意几乎不会被他人所干涉，这也使得独立游戏的创意更加纯粹。另一方面，游戏厂商开发游戏的本质目的是追求盈利，销量是必须被考虑的问题，因此这些游戏作品需要尽可能地符合更多人的口

---

① Garda, M. B., Grabarczyk, P., “Is Every Indie Game Independent? Towards the Concept of Independent Game”, *Game Studies*, 2016, 16 (1).

② Demaria, R., Wilson, J. L., *High Score!: The Illustrated History of Electronic Games*, McGraw-Hill Osborne Media, 2002.

③ 谈薛莲：《传统文化元素在独立游戏设计中的应用》，浙江科技学院硕士学位论文，2019。

味。而这势必对游戏在玩法设计和艺术表达上施加诸多桎梏，导致游戏厂商难以做出创新。但对于大部分，特别是早期的独立游戏开发者来说，游戏的制作方向很少受到营收多少的考量和限制，开发者们更注重的是满足自我表达与自我实现的欲望。因此，独立游戏在艺术性和创新性方面通常会得到更加自由的发挥。

其次，独立游戏既是一次能够倒逼大型游戏厂商突破创新的挑战，也是一次给予个人开发者和小型工作室的莫大良机。市场调研公司 Newzoo 的 CEO 皮特·沃尔曼在报告中表示，在高速变化的游戏市场，任何来自独立游戏的创新都有可能获得成功，而无论游戏厂商规模有多小。① 最为典型的两个例子是《无题大鹅模拟器》（Untitled Goose Game）和《星际拓荒》（Outer Wilds）。这两款游戏的工作室分别只有 4 人和 9 人，但两款游戏均获奖无数，特别是《无题大鹅模拟器》在第 23 届 D. I. C. E 中获得了“年度游戏”奖。这是继著名游戏《风之旅人》获奖 7 年后再一次夺得这一奖项的独立游戏作品。② 不断取得成功的独立游戏打破了大型游戏厂商在游戏领域的垄断，并证明了资金的堆砌并不是一款游戏成功的必要因素。同时，来自下游的危机感能够逼迫大型厂商寻找属于自己的突破口，并试图在创新性上做出努力。这对于整个游戏产业的发展都是十分有利的。

三 北京游戏产业生态中的独立游戏

与顶级开发商制作的大型预算作品不同，独立游戏往往是由团队或个人靠自己的有限预算和金钱投入制作的游戏。随着电子付费和社交平台的扩张，以及游戏产品多平台开发的特征、开发技术的普及、消费者兴趣多元等因素和环境的综合影响，传统游戏开发与发行的组织结构和生态结构发生变

① Newzoo，“Exclusive Indie Report”，2020.

② Handrahan，M.，“Untitled Goose Game Wins Game of the Year at DICE Awards 2020”，Feb. 14，2020，https：//www. gamesindustry. biz/articles/2020 – 02 – 14 – untitled – goose – game – wins – game – of – the – year – at – dice – awards – 2020.

化，为独立开发者提供了机会。因此，在游戏市场中也出现了由少量大型企业主导或者垄断，同时有大量不同规模的独立游戏开发者存在的情形，它们通常彼此分离发展各自的商业和产业网络，也时常产生关联与加强合作。但无论怎样，独立游戏已经成为整个游戏产业生态的一部分，在当今全球市场中日益显现出极大的潜力。

从整个游戏产业的角度来看，北京游戏产业在艺术性、创造力、文化资源利用、产业链和产业结构等方面仍具有极大的提升空间，如何平衡中国游戏的声誉与经济效益，促进两个方面共同发展，成为游戏产业中越来越值得探讨的问题。伽马数据首席分析师王旭提出，随着时间的推移，新冠肺炎疫情带来的居家红利将不断减少，游戏产业的提升终将回归依靠创造力来拉动。[①] 目前，北京游戏产业的营收来源仍旧主要依靠以“完美世界”“网易游戏”“金山世游”等品牌大厂为代表制作的移动端游戏。尽管这类游戏凭借游戏内购的商业模式获得了斐然的经济成绩，但可能难以突破现状，带领我国游戏产业走向下一阶段，获得世界认可。而象征艺术性与创造力的独立游戏——特别是在北京这个文化中心和科技中心——却鲜有作为。由此，本报告尝试讨论游戏产业中独立游戏的角色和特点，在聚焦经济收益的同时，对北京游戏产业生态和长期发展所面临的机遇与挑战进行分析。

（一）游戏产业结构和生态

1. 产业结构：重视移动端游戏发展，PC 端游戏竞争力欠缺

2020 年，中国游戏产业移动端游戏产值为 2096.76 亿元，约占中国游戏产业总产值的 75.24%；北京游戏产业移动端游戏产值为 894.29 亿元，约占北京游戏产业总产值的 99.99%。[②] 从数据上看，北京游戏产业结构侧重非常明显，几乎全部产值都来源于移动端游戏，PC 端和主机端游戏未能

---

① 《伽马数据：2021 年后三季度 10 大趋势》，中国财经网，2021 年 3 月 30 日，http://finance.china.com.cn/roll/20210330/5534187.shtml。

② 《〈2020 年中国游戏产业发展报告〉正式发布》，游物语网站，2020 年 12 月 22 日，https://www.gameway.cn/quwen/10189/。

提供客观的经济收益。然而，如此明显的侧重却未换得与之匹配的口碑。根据 Sensor Tower 商店情报数据，2020 年全球最受欢迎移动端游戏 TOP10 中，国产游戏仅上榜两款，分别是位于上海的米哈游开发的 ARPG 类游戏《原神》和位于深圳的腾讯开发的 MOBA 类游戏《王者荣耀》。[①] 而由北京的游戏公司开发的产品，诸如金山世游的古风 MMOARPG 手游《剑网 3：指尖江湖》和英雄互娱的 ARPG 类游戏《战双帕弥什》等国内玩家耳熟能详的游戏均未上榜。在 87G 手游网总结的 2020 年中国十大最受欢迎手机游戏榜单中，北京也仅有网易游戏开发的《率土之滨》和祖龙娱乐开发的《鸿图之下》上榜，分别位列榜单的第九和第八。[②]

需要强调的是，在创收方面，无论是单次消费金额还是消费周期，移动端游戏的内购付费模式相较于绝大部分，特别是以独立游戏为主的 PC 端游戏的单次付费买断模式有压倒性优势。因此，如果单从产值分析，我们可能无法断言 PC 端游戏在北京乃至中国游戏产业中未得到高度重视。同样可能出现的情况是，尽管 PC 端独立游戏已经取得了阶段性的成果，但短时间内仍未收回成本，无法实现盈利，导致在创收中的占比不高。然而值得注意的是，作为全球最大的 PC 端游戏平台，Steam 在 2020 年推出的游戏热销榜前 100 中并未出现任何一款国产游戏。[③] 同样，在全球知名游戏评测资讯平台 IGN 发布的 2020 年畅销单机游戏 TOP25 的名单中，国产游戏也未能上榜。[④] 这一现象在一定程度上说明我国的 PC 端游戏产业依旧稍显不足，无论是 3A 游戏还是独立游戏都不具备与移动端游戏相匹配的竞争力。

造成这种现象的原因可能有二：第一，国产 PC 端游戏开发尚未得到重视，导致精品化独立游戏和 3A 大作稀缺，无法在全球游戏领域打响中国游

---

① 《Sensor Tower：2020 年 12 月全球热门移动游戏下载量 TOP10》，199IT 中文互联网数据资讯网，2021 年 1 月 19 日，http：//www. 199it. com/archives/1193759. html。

② 连斯年：《2020 年度手游排行榜前十名　最受欢迎的人气游戏推荐》，87G 手游网，2020 年 12 月 22 日，http：//www. 87g. com/zixun/135011. html。

③ https：//store. steampowered. com/.

④ “The 25 Best PC Games to Play Right Now”，Mar. 30，2021，https：//www. gamespot. com/articles/best - pc - games/1100 - 6489481/.

戏的品牌；第二，国产现有 PC 端游戏资源不足，开发进度缓慢，打通出海途径的本土化工作尚未开展，导致暂时无法获得来自全球游戏领域的评价。但无论二者谁为主次，都或直接或间接地反映了当前北京乃至中国 PC 端游戏开发的困境与短板。

另外，目前国内游戏产业开发主力仍然是大型企业，来源于个体游戏开发者和中小型工作室的生产力与创造力因受诸多因素影响而未得到解放。毫无疑问，从企业运营的角度来说，营收的高低是评价一个游戏项目优劣最重要的标准。如前文所述，移动端游戏在创收方面取得的斐然成绩已经展示出该发展方向上极大的经济潜力和极高的投入产出比，这导致行业内众多的龙头企业将绝大多数资源投入移动端游戏开发中，以期通过不断努力创造更多的经济价值。而开发以独立游戏为代表的 PC 端游戏的任务，通常最终会落在资源并不充足的个体独立游戏制作人和中小型工作室的肩膀上。但是，PC 端游戏的营收能力远不如移动端游戏，致使本就缺乏资金的制作人和工作室无法在短时间内收回成本，最终导致开发失败。由此，随着时间的推移，马太效应逐渐显现，形成了今天游戏产业在横向结构上的严重偏移。

2. 围绕流媒体发展的新独立游戏生态

流媒体诞生于 20 世纪 90 年代末，并于 21 世纪开始飞速发展。由于使用数据不需要用户预先下载，因此流媒体产品具有极强的实时性。得益于智能终端技术的提升，流媒体同样具有极高的便携性。2016 年，用户在 Twitch 上观看直播的总时长为 2920 亿分钟，这一数字在 2020 年超过了 10000 亿分钟。[①] 目前，游戏产业，特别是独立游戏围绕这一强大的技术建立了一个包含内容生产、新型推广方式和新型粉丝社群等在内的具有完整流程的游戏生态。

首先，围绕流媒体，游戏产业推动了两个全新内容产品的诞生与发展：直播和交互电影。直播在中国已成风潮，故不予赘述。这里特别要详细讨论

① Fairfax, Z. , "Twitch Viewers Watched 1 Trillion Minutes of Streams in 2020", 2021, https: //screenrant. com/twitch - views - minutes - watched - 2020 - trillion - record/.

的内容是交互电影。这种建立在流媒体实时性和互动性基础之上的技术极大地促进了游戏产业中 FMV（全景视频）类型游戏的发展。2018 年，Netflix 推出了一部总时长为 312 分钟的交互电影——《黑镜：潘达斯奈基》（Black Mirror：Bandersnatch），全片提供了五个不同的结局，并根据观众不同的选择，视频流程最短的仅 40 分钟，平均观看时长为 90 分钟。[①] 次年，由 New One Studio 开发的国产独立交互电影游戏《隐形守护者》发售，作品同样提供几百种分支和四种完全不同的大结局。尽管从游戏的角度来说，载体与流媒体已经不再相同，但是这种将电影与游戏相结合的思路帮助国内独立游戏打开了新思路。总的来说，这两种包含及时性和轻交互的产品满足了玩家们的两种需求，一种是早在街机厅时代就有的围观欲望，另一种则是对游戏中叙事内容部分良好观看体验的诉求，两者均为游戏产业生产了崭新的内容。

其次，基于流媒体，游戏产业中诞生了新的广告形式，即以主播和平台为核心的游戏宣传。学者 Johnson 和 Woodcock 在其文章中表示，每一个直播实际上都是厂商为游戏打的广告。[②] 这一点对于缺乏宣发资金的独立游戏生产者来说至关重要，这意味着独立游戏生产者找到了一种能够跨出成本困境的宣发模式，使自己的产品能够得到低投入、高回报的宣传。在直播中，主播对观众和玩家的影响是至关重要的，他们能够在玩家尚未对游戏整体产生印象之前替观众塑造一个购买欲望，甚至在一定程度上能够改变他们已有的看法。可以说，流媒体在游戏，特别是独立游戏领域扮演了极为重要的广告渠道角色。

最后，游戏产业中基于流媒体产生了一种全新的粉丝社群。这是一种由玩家、主播和观众组成的新型非正式社群。[③] 玩家和观众聚集在一起讨论游戏、评价游戏，但他们是因某个主播而不是某款特定的游戏或者某个游戏公

---

① 陈亦水：《来自赛博空间的挑战：当代流媒体平台的全球发展与现状》，《当代电影》2020 年第 5 期。

② Johnson, M. R., Woodcock, J., "The Impacts of Live Streaming and Twitch. tv on the Video Game Industry", *Media Culture & Society*, Dec. 2018.

③ Burroughs, B., Rama, P., "The eSports Trojan Horse: Twitch and Streaming Futures", *Journal of Virtual Worlds Research*, 2015, 8 (2).

司而聚集的。这种独特性让它有别于传统的游戏社区，而基于这些社区又兴起了诸多的社区文化。一个比较典型的例子是速通文化——玩家在尽可能短的时间里通关游戏或者游戏的某个部分。速通文化在游戏产业中的意义在于以下两个方面。一方面，它的存在尽可能地延长了游戏寿命。很多时候，尽管游戏中的内容已经被探索完毕了，但是玩家为了挑战某个游戏的速通就不得不一次一次地尝试。另一方面，由于速通备受关注，玩家会挑选一些尚未有速通记录的老游戏进行挑战，由此速通文化又使得许多老游戏重新出现在玩家的视野里。可以说，这种文化给予了很多游戏第二次生命。

总的来说，基于流媒体，围绕游戏产业的全新生态圈已经初现端倪。需要注意的是，这些新的产品内容本质上与游戏本身形成了对冲，毕竟玩家每天的时间是有限的，但是这种新生态依然是不容忽视的一个大利好。或许这种建立在赛博空间中的社群不会有过分清晰的物理上的地缘划分，但是北京作为一个涵盖诸多产业的超级城市，如果要想进一步提升来自游戏产业的实力，就需要重视这一全新的生态环境。

（二）产业人才吸纳力分析

伽马数据在2019年提供的《中国游戏产业职位状况及薪资调查报告》显示，游戏产业从业者最期望的工作地点是上海，意向占比高达22.6%。而在“北上广深”四大超一线城市中，北京位列最后，意向占比仅为10.8%，不到上海的一半。[①] 这在一定程度上反映了北京游戏产业市场人才吸纳力不足，甚至外流的状况。究其原因，主要有以下三点。

首先，从大型公司的角度来看，北京游戏产业相关的大型或综合型公司主要集中在朝阳区、东城区、海淀区三个中心地带，依托高新技术、文化与经济资源建立起了相对集中的游戏产业集群。相比之下，通州区、顺义区、昌平区和大兴区等外围地区不仅缺乏相关产业集群，而且几乎没有游戏产业

① 《〈中国游戏产业职位状况及薪资调查报告〉发布　完美世界教育 & 伽马数据推出极详细调研》，新浪游戏，2019年9月28日，http://games.sina.com.cn/2019-09-28/doc-iicezzrq8981059.shtml。

相关企业和项目落地。这种过于密集的分布状况在一定程度上导致人才吸引力不足。从求职者的角度来说，工作地点越靠近中心地带，意味着越高的生活成本。房屋租金和通勤的时间成本过高导致求职者的期望平均月薪远高于其他城市，以 19000 元位居榜首。而广州与北京形成了鲜明对比，尽管广州游戏产业求职者意向占比为 19.6%，在超一线城市中位居第二，但求职者在广州的期望平均月薪仅为 11000 元左右。① 在企业用工薪水不会过量提升导致薪资超过行业平均水平的情况下，普通游戏从业者在北京面对的是“在中心地带负担更高的生活成本”和“在外围地区艰难地寻找游戏相关工作”的二选一困境。

此外，相较于上海、广州等城市，尽管北京拥有更多较大规模的游戏相关企业，但是这些游戏企业品类较为单一，以研发和运营为主，这意味着北京游戏企业提供的职位种类也相对单一。因此，在每年北京人才资源产出总量恒定的情况下，将会有大量的非对口职位人才流出北京。同时，《中国游戏产业职位状况及薪资调查报告》数据显示，北京游戏产业对求职者的学历要求较高，有超过六成岗位的最低学历要求为本科，上海略低于北京，而广州和深圳则是以大专为主要力量。② 这不仅能体现出北京坐拥大量人才资源，而且也能从侧面印证北京游戏产业能够提供的相关职位十分有限，因此企业在招聘时的要求更高，竞争更加激烈。而其他不符合要求的人才资源则会向下选择一些要求更低的小型工作室或更换工作城市。

其次，对于缺乏资金的中小型独立游戏工作室来说，文创产业园相关的扶持政策是一项重大利好。然而，文创产业园的分布与北京大型游戏企业的产业分布具有相同特点。经略中国产业研习社的发展分析报告显示，北京市 15 个区共建有 403 家文创产业园，其中 192 家位于朝阳区，占比为 47.6%，

① 《〈中国游戏产业职位状况及薪资调查报告〉发布　完美世界教育 & 伽马数据推出极详细调研》，新浪游戏，2019 年 9 月 28 日，http://games.sina.com.cn/2019-09-28/doc-iicezzrq8981059.shtml。

② 《〈中国游戏产业职位状况及薪资调查报告〉发布　完美世界教育 & 伽马数据推出极详细调研》，新浪游戏，2019 年 9 月 28 日，http://games.sina.com.cn/2019-09-28/doc-iicezzrq8981059.shtml。

其余211家文创产业园分布于除朝阳区以外的14个区内。[①] 毫无疑问，朝阳区作为全国文化产业改革的探索区、文化经济政策的先行区和产业融合发展的示范区，有承接大比重文化产业园区的资源和责任。但如前文所述，产业在市中心过于集中会在一定程度上导致从业者生活成本的上涨。由于生活成本较高，求职者对薪资的期望值更高，然而独立游戏工作室因资金欠缺而无法为求职者提供令其满意的薪资，导致北京的中小型游戏工作室无法承接从大型企业流出的人才资源，最终使北京对游戏人才的吸引力下滑和部分人才外流。

最后，对于个人独立游戏开发者来讲，非一线城市比一线城市更有吸引力，北京的周边地区相较于市区更有吸引力。受个人游戏开发工作性质的影响，游戏开发者并非优先考虑交通和地理位置，而是会更加注重生活成本。因此，北京应在政策上做出倾斜，吸引非本地的个体独立游戏开发者入驻。

四　北京游戏产业集聚与城市文化资源利用

通常来说，产业在某一区域集聚的目的有五个：完善的生产者网络、充沛的劳动力、集群效应下新的创造力、区域文化资源和政策性利好。[②③] 毫无疑问，北京作为一个超级城市，前三点都是具备的。本部分我们重点讨论区域文化资源以及政策性利好和平台问题。

（一）区域文化资源

在讨论产业集群时，文化资源最大的意义在于以位置和环境来影响创意工作者，并在美学和创意上给他们以启发。这样的案例在同样作为首都的城市俯拾皆是。在学者格拉汉姆·德雷克（Graham Drake）对伦敦创新型手工

① 《北京市文化创意产业园区发展分析》，搜狐网，2020年7月2日，https：//www.sohu.com/a/405271929_120409252。

② Scott，A. J.，“Creative Cities：Conceptual Issues and Policy Questions”，*Journal of Urban Affairs*，2006，28（1）.

③ Drake，G.，“‘This Place Gives Me Space’：Place and Creativity in the Creative Industries”，*Geoforum*，2003，34（4）.

业者的采访中，受访者表示伦敦街道中的乔治亚（Georgian）风格建筑为他们提供了重要的创意启发，并且这些创意工作者认为这种文化支持是独一无二的，离开伦敦就会消失。这样的产业集群建立在城市固有的文化资源之上，对于产业和生产者来说都具有极强的吸附力和黏性。

在2020年的游戏作品中，《江南百景图》的成功恰恰证明了在游戏领域区域和城市文化资源利用的重要性。2020年7月，位于上海市的椰岛游戏开发工作室发布了以明朝江南为背景、模拟经营为核心玩法，融合角色养成的原创独立游戏《江南百景图》。该游戏在内容和形式上不仅兼具“国风”的特色，而且“江南”的背景设定也很好地利用了区域文化，使得游戏带有极强的地域性色彩，丰富了游戏的文化内涵，提升了吸引力。因此，该游戏一经推出便广受好评。自2020年7月2日上线以来，《江南百景图》连续36天占据游戏免费榜前3，游戏畅销榜稳定在前50。截至2020年8月22日，该游戏日均下载量约10万次，日均流水在130万元以上。①

2019年4月19日，北京市召开游戏出版工作座谈会。会议透露，北京将构建具有国际影响力的网络游戏创新发展之都和精品网络游戏研发中心、网络游戏新技术应用中心、游戏社会化推进中心、游戏理论研究中心、电子竞技产业品牌中心的“一都五中心”发展格局。事实上，北京具备将自身打造为游戏产业上游城市的资格：在产业合作方面，北京有条件处于创意和文化的输出端；同时，作为历史名城和文化中心，北京又确实坐拥极为丰厚的传统文化资源，具备较高的城市文化软实力。

目前北京面对两个主要问题：一个是在游戏设计中如何利用北京的本土资源；另一个是如何依靠这种独属于北京的城市文化牢牢抓住游戏产业的从业者。在我国游戏市场中，存在大量的将中国传统文化视为一个整体并作为游戏背景的案例。诸如仙侠、武侠、三国，在快消背景下这种同质性极强的产品已经严重影响了国内游戏产品的市场评价。② 但看似创意和题材严重匮

① 《江南百景图，不只是种田的快乐》，数英网，2020年8月13日，https：//www.digitaling.com/articles/330812.html。

② 黄晓妤、王玉红：《中国独立游戏设计的本土化》，浙江农林大学硕士学位论文，2014。

乏的背后实际反映的是中国游戏市场依然缺乏对文化资源地域性进行细分的作品，对城市文化的利用极为薄弱，坐拥中国丰富文化的游戏厂商缺乏钻研和创新精神。从世界游戏范畴看，不乏将游戏背景立足城市文化的优秀作品，如描绘日本东京的《女神异闻录》、描绘歌舞伎町和道顿堀的《如龙0》、完美还原18世纪法国巴黎的《刺客信条：大革命》、以纽约为背景的《虐杀原形》和以美国西部为背景的《荒野大镖客》系列等。这些游戏都具有很强的地域文化背景，不仅能够与世界游戏作品区别开，而且能够与本土游戏中的其他作品区别开。北京作为拥有3000余年建城历史、860余年建都历史的文化名城，具有极深的文化底蕴和极强的地域特色。无论是古代的都城文化还是近现代的老北京文化，在游戏背景选取上都留有极大的开发余地。最关键的是如何在游戏风格、叙事内容乃至交互模式上，将北京的城市文化与泛泛的“古风”“中国传统文化”等归类做出区分。

此外，如果想提升城市文化和区域文化对游戏产业从业者的吸引力，就需要全体文化创意产业工作者的协作，共同挖掘京城文化底蕴。但跨领域协同结构复杂且内涵丰富，故在此不再赘述。

（二）政策性利好和平台

科穆尼亚（Comunian）等学者认为，治理（Governance）是文化产业集群的重要影响因素之一。它包括政策策略以及计划的各个方面，并体现在不同级别参与者的互动上。① 在开发泰晤士河沿岸的过程中，大伦敦议会（Greater London Council）为南华克集群社区提供了相当大的资金和政策倾斜。但是比资金更重要的是，这种来自政策的信号最大限度地吸引了大量的房地产商和私人美术馆的入驻，由此形成了一个高质量的文化集群。尽管泰晤士的振兴与北京游戏产业看似相去甚远，但是这样的案例仍有相当大的借鉴意义——一个好的政策往往能够带来远超政策本身的优势。在游戏产业

① Comunian, R., Chapain, C., Clifton, N., “Location, Location, Location: Exploring the Complex Relationship between Creative Industries and Place”, *Creative Industries Journal*, 2010, 3 (1), pp. 5 – 10.

中，这种政策倾斜或许不仅仅限于资金，还包括了平台。

对于游戏产业而言，政策上的变革所带来的影响要远远大于新冠肺炎疫情所带来的影响。自2018年以来，我国在游戏版号政策上有两次紧缩。辩证地讲，一方面，版号政策的紧缩对于绝大多数中小型独立游戏工作室来说是一次严重的打击，这意味着其已有的游戏产品无法顺利变现，最终导致资金流断裂。2019年，中国有18710家游戏公司倒闭。另一方面，版号收紧客观上大力推动了游戏公司与工作室出海，以期通过开拓海外游戏市场来弥补政策带来的影响。与此同时，对于独立游戏开发者来说，他们始终面临资金链短缺、曝光度不足的问题。这时，数字游戏发行平台就在我国游戏出海以及独立游戏开发与发行上起到了至关重要的作用。

游戏平台的重要性有以下三点。首先，游戏平台本身自带用户流量，是游戏推广的绝佳窗口之一。其次，游戏开发者可以通过游戏平台发布“抢先体验版本”（即EA版），在游戏本体尚未完全完成的情况下先获取一定的开发资金用以填补游戏开发的前期亏损和后续费用。最后，在部分国际性游戏平台发布的作品可以在最短的时间内上架并面向数量更为庞大的玩家群体。为迎合这一需求，我国目前采取了两种手段：推出自营游戏发行平台和将国际平台中国化。

2017年9月，腾讯面向全球玩家推出了WeGame游戏发行平台。与Steam、GOG等老牌游戏平台类似，该平台能够直接将游戏开发者与玩家连接起来，在方便制作者发行、玩家购买的同时，也为二者创造了一个赛博空间的游戏展会。此外，WeGame也提供直播和社区功能，力图组建一个基于WeGame平台的全球游戏社群。尽管WeGame平台无论是在游戏上架数量上还是在用户数量上都远不及现存的老牌游戏平台，但必须肯定的是，推出WeGame平台对于中国游戏市场来说其实是一个大胆且富有价值的举动。它的创新性意义在于，WeGame平台不仅仅是一次将国外优质游戏通过自有渠道引入中国的尝试，它还是通过自有渠道将国产优质作品集中对外展示的尝试。或许在未来，WeGame平台将成为国产游戏出海的新渠道。

然而，WeGame平台仍然具有某些先天的劣势。首先，由于起步较晚，WeGame平台无法有效占据全球游戏市场的份额，导致该平台事实上难以走出国门，仅能通过强制绑定腾讯自有游戏，在中国范围内抢占一定份额的游戏玩家。其次，WeGame 平台不具有竞争优势与产品独特性。这里可以作为对比参考的是 Epic 平台。2018 年 12 月，美国 Epic Games 公司公布了自家的数字游戏发行平台“Epic Games Store”。它的推出甚至比 WeGame 平台要更晚一些，此时的市场份额已所剩无几，但 Epic 平台具有得天独厚的优势，即可以免费提供自家研发的知名游戏引擎“虚幻引擎”的使用权，以此来拉拢游戏开发者入驻平台。同时，Epic 平台通过每周向玩家赠送一款新游戏的方式，以极高的效率拉拢了大批玩家注册。而这两点都是 WeGame 平台所不具备的。WeGame 平台国际版“WeGameX”目前仅包含 22 款游戏和多个 DLC，在众多游戏平台中显得十分单薄，难以借此打开市场。最后，由于我国特殊的法律和政策，中国游戏市场和世界游戏市场始终存在无法消弭的隔阂，而这种隔阂难以轻易被某一自营平台打破。玩家们更加注重的是能在平台上玩到更多的优质游戏，开发者们则更在意能否顺利快速地将自己的作品推出并变现。WeGame 平台或许能够在一定程度上满足二者的需求，但是其力度仍然不足以与诸多国际游戏平台相比。

此外，我国也正在尝试将国际平台通过代理实现中国化。2019 年 8 月，完美世界正式宣布对 Steam 平台进行代理，命名为“蒸汽中国”。这一举措本质上是为了让 Steam 平台正式进入中国市场，并使之符合中国的法律法规和游戏政策的要求，这在一定程度上对规范中国游戏市场产生了积极的作用。同时，“蒸汽中国”平台的出现也有利于提供更稳定的游戏服务器，在玩家们进行联网对战的情况下，能获得更好的游戏体验。

然而这一举措并不被游戏开发者和中国玩家看好。其最根本的问题依然在于法律法规和政策。外国开发者如果想在“蒸汽中国”平台上发行游戏，将会被要求填写国内发行版号，并且其游戏需要支持文本过滤、防沉迷系统和“健康游戏忠告”。这对于外国游戏开发者来说是一道不小的门槛。国外游戏制作者弱化在“蒸汽中国”平台上架游戏的意愿会在很大程度上直接降低“蒸汽中国”平台所提供的游戏数量，伴随而来的势必是玩家的大量流失，“蒸汽中国”平台也将失去其价值与意义。

五　对策与建议

如前文所述，北京游戏产业虽然已经实现了质变和飞跃，但仍待提升的是中小型独立游戏工作室和个人游戏开发者的创造力与生产力，这需要来自政府、市场和游戏龙头企业的共同努力与合作。

（一）建立城市游戏产业副中心

北京可以尝试以大企业集群为产业主中心，并在城市周边通过新建办公用地、产业园区等方式帮助中小型工作室建立游戏产业副中心。同时，可以尝试为个体独立游戏开发者提供优惠政策，甚至划定优惠住房区，通过给予经济优惠达到集聚产业人才的目的。此外，还可以在相关聚集地适当举办讨论活动或展会，在降低生活成本的基础上增加更多的资源以吸引人才，展现北京应有的产业中心和文化资源中心的形象。

（二）加强线下游戏会展的搭建

政府鼓励龙头企业带头举办以游戏为主题的会展，会展的形式应根据不同群体而有所区分。一方面，针对游戏开发者的展会，可以借鉴独立游戏节（Independent Games Festival，IGF）进行设置。展会主要面向独立游戏开发者，为他们提供交流开发经验和创意的平台，并联合相关媒体进行报道，帮助开发者提升其产品露出度。同时，设立一系列开发奖项，鼓励、资助优质游戏产品的开发，激发企业、工作室和个人的创新能力，挖掘具有价值的新游戏产品。另一方面，设置面向玩家的游戏展会，可以参照机核网举办的“核聚变”。展会主要服务于玩家，目的在于搭建开发者和玩家沟通的渠道，增加玩家接触新作的机会，提升独立游戏产品露出度。相关展会的举办也有助于培养玩家群体，提高玩家整体的游戏素养和艺术鉴赏能力。

（三）推动北京文创产业跨领域合作

游戏本身并不是能够独立存在的艺术，它需要依托于音乐、美术、建筑、社会等学科。在诸多文创领域正在逐步走向数字化的今天，进一步推动文创产业跨领域合作，能够帮助这些原本需要数字化的内容以不同的形式得到进一步的展现，将极大地促进游戏产业在创新性方面的提升。此外，从文化资源开发的角度来说，诸多文创产业对北京城市特色文化资源的利用远比北京的游戏产业更有发言权。推动跨领域合作也有助于游戏产业开发北京城市文化资源，创造出更具地域特色的游戏产品。

（四）合理调节相关政策，设置游戏产业利好

相关政策会对游戏产业造成极大的影响。政府应当考虑适当放宽发行条件，同时为优秀的中小型游戏工作室和个人独立游戏开发者设立绿色通道，帮助、鼓励其发行具有创新性和北京文化特色的精品游戏。政府和龙头企业、相关媒体应当联合，在政策上提供一定的优惠，在经济和技术上予以适当的补助，在宣传上给予一定的支持。多方位联合才能真正提升开发底层的创造力与想象力，助力北京打造一个完整健全的游戏产业生态圈，确立北京游戏产业的中心地位。

区域发展篇

Regional Development

B.19

文创实验区：高端引领、创新驱动、融合示范，推动文化产业高质量发展

丰春秋　王勇刚　鲁晓钰　李孟杰*

摘　要：　文创实验区（全称为国家文化产业创新实验区）自2014年12月正式揭牌以来，不断整合各方资源，围绕文化产业的体制机制、政策环境、市场体系、金融服务、人才培养、发展模式等加大探索力度，积极构建文化产业领域全面改革创新体系，服务首都全国文化中心建设，为全国文化产业创新发展探索路径、做出示范。

关键词：　文创实验区　产业政策　高质量发展　文化产业

* 丰春秋，国家文化产业创新实验区管委会主任；王勇刚，国家文化产业创新实验区管委会副主任；鲁晓钰，国家文化产业创新实验区管委会科长；李孟杰，国家文化产业创新实验区管委会四级主任科员。

2020年，按照文化和旅游部以及北京市委、市政府的统一部署和要求，在朝阳区委、区政府的坚强领导下，文创实验区坚持以习近平新时代中国特色社会主义思想为指导，深入学习贯彻党的十九大和十九届二中、三中、四中、五中全会精神，深入贯彻习近平总书记系列重要讲话精神，紧紧围绕首都“四个中心”城市战略定位，聚焦朝阳区“三化”主攻方向，以统筹推进新冠肺炎疫情防控和经济社会发展为主线，坚持党建引领、锐意改革创新、主动担当作为，全力打赢疫情防控阻击战，认真落实“六稳”“六保”要求，加快推进文创实验区高质量发展。

一　文创实验区发展情况

（一）产业规模持续增长

文创实验区自2014年正式揭牌以来，通过持续释放产业活力，提高产业发展质量，各项指标逐年攀升。截至2020年，文创实验区登记注册文化企业4.6万家，较成立之初新增3万家。其中，文化类高新技术企业有200余家，文化类总部企业有164家，包括外资文化总部企业92家。2020年，文创实验区1102家规模以上文化企业实现收入1046.8亿元，在全国文化产业发展中的引领示范作用凸显。

（二）发展能级稳步提升

文创实验区逐步构建起文化产业的全面改革创新体系，政策环境不断优化，市场体系日益完善，金融服务创新升级，发展模式彰显优势。通过深入实施“互联网+”“文化+”战略，构建高端产业体系，吸引了虎牙直播北京总部、央视视通等一批行业领军企业以及索尼音乐、爱贝克思等知名外资文化公司落户发展，掌阅科技、库客音乐等一批文化企业成功上市。新冠肺炎疫情期间，以网络新视听等为代表的数字文化产业展现出强劲的发展活力，企业收入年均增速在30%以上，成为驱动区域文化产业高质量发展的新引擎。

（三）园区建设成果显著

文创实验区坚持非首都功能疏解，深挖工业文化富矿，通过实施“腾笼换鸟”措施，积极探索存量空间，创新功能提升的路径，取得了丰硕的成果。区域内汇聚了掌阅科技、宣亚国际等52家上市挂牌企业，以及得到App、太合音乐、影谱科技等5家文化类独角兽企业。通过老旧厂房改造利用、传统商业设施升级和有形市场腾退转型三种模式，朝阳区共有102家文化产业园区实现转型升级，高质量完成“百园工程”，园区规模化、集群化发展态势显著。其中，文创实验区内共有文化产业园区59家，总建筑面积为381.4万平方米，形成了错位、协同、融合发展的新格局。

二　文创实验区主要工作举措

（一）夯实顶层设计，做好文创实验区谋篇布局

一是积极争取国家、市级层面政策支持，国务院批复的《深化北京市新一轮服务业扩大开放综合试点》《中国（北京）自由贸易试验区总体方案》均将文创实验区纳入其中；协调市级出台了《关于加快国家文化产业创新实验区核心区高质量发展的若干措施》，围绕创新体制机制、优化空间承载、构建高质量文化生态、扩大文化开放融通四个方面，形成18条政策举措，更加有利于发挥文创实验区“试验田”作用，服务构建“高精尖”经济结构。二是正式发布《国家文化产业创新实验区指数（2020）》，这是全国首个反映区域文化产业带发展情况的综合指数，从综合效益的角度全面系统地展现了文创实验区“十三五”发展的丰硕成果。三是加强重点领域课题研究，完成文创实验区“十四五”规划前期研究，“十四五”规划已初具规模。围绕全年重点工作，开展文化改革创新战略、上市挂牌文化企业、文创实验区五年发展成果、新冠肺炎疫情对文化产业和文化产业园区发展的影响等课题研究，为科学决策提供助力。

（二）加强政策引导，打造文化产业“政策试验田”

一是精心指导区内文化企业申报市级“房租通”扶持资金，朝阳区共有1194家文化企业获得政策支持，占全市总数的50%，获得支持的企业数量和支持额度均居全市首位。二是精准落实文创实验区“政策50条”，2020年共对176家（个）企业（项目）给予政策支持，涵盖初创期、成长期、成熟期等各发展阶段企业，全力支持企业复工复产达产。三是积极落实《关于支持企业应对新型冠状病毒感染的肺炎疫情稳定发展的若干措施》（朝政办发〔2020〕2号）、《关于落实北京市人民政府办公厅进一步支持中小微企业应对疫情影响保持平稳发展若干措施的通知》（朝政办发〔2020〕8号）等文件精神，鼓励支持文化产业园区、金融机构在疫情期间为中小微企业减免房租、提供金融服务。据不完全统计，全区73家文化产业园区已为1967家企业减免房租1.6亿元。四是持续推进“蜂鸟计划”，首次将认定范围扩展至朝阳区全域，发布第三批共220家“蜂鸟企业”名单，并给予政策倾斜、专门支持，不断充实上市企业和独角兽企业的“战略储备库”，培育一批“隐形冠军”。

（三）引入“金融活水”，助力文化产业提质增效

一是优化文化金融服务体系。指导文创实验区文化金融服务中心引入专业服务机构，进一步增强金融服务专业化能力，深耕精细化、多维度金融服务，营造活跃、高效的文化金融服务环境。启动文创实验区文化金融服务中心“双百计划”，力争三年内重点培育100家优质文化企业，为100个优质文化项目达成投融资服务对接。二是加大信贷支持力度。充分发挥文创实验区企业信用促进会（以下简称信促会）作用，为文化企业提供专项信贷额度、快速审批通道以及融资利率优惠，有效解决相关企业的资金缺口问题。2020年，信促会合作金融机构已为区内438家文化企业提供融资贷款69.32亿元。信促会自成立以来，已累计帮助748家文化企业获得融资149.34亿元。三是成功举办“2020年国家文化产业创新实验区文化金融人才集训营”，打造文化金融人才培养、行业交流的品牌活动。

（四）注重品质提升，文创实验区“腾笼换鸟”成果显著

一是积极指导推荐园区申报市级园区认定，朝阳区共有 32 家文化产业园区获 2020 年度市级园区认定授牌，占全市总数的 33%，居全市首位，其中文创实验区有 16 家。二是加快推进电子城新媒体创新产业园改造建设，引导园区建设网游电竞及数字互娱产业服务平台，着力打造游戏电竞产业新高地。菁英梦谷时尚创意梦工场、新管庄科技园、E50 艺术区、北汽齿轮场文创园 4 家园区投入运营，目前全区已有 102 家各具特色的文化产业园区投入运营，顺利完成“百园工程”。三是加强园区特色化、专业化培育，鼓励园区引进美术馆、电影院、博物馆等公共服务项目，支持举办文化节、文创市集等文化消费活动，促进文化事业与文化产业融合发展。2020 年，郎园 Vintage、通惠河畔、西店记忆等 8 家园区被授予朝阳区首批文化事业产业融合发展示范园区，打造一批“城市文化公园”。

（五）加强宣传推介，提升文创实验区品牌影响力

一是打造品牌活动。成功举办“2020 国家文化产业创新实验区发展论坛”“2020 京津冀文化和旅游产业协同发展交流对接、人才培养活动”“大运河文化遗产创意设计交流活动”等，促进各地文化产业交流互动，搭建合作共赢平台。积极拓展线上服务渠道，开展“优化营商环境　精准服务促发展”线上线下系列活动 20 场，为企业发展营造良好的营商环境。积极参加中国（北京）国际服务贸易交易会、第三届中国国际进口博览会等展览展示活动，大力宣传推介文创实验区五年发展成果，得到中央、市、区各级领导的高度认可，各大媒体予以广泛宣传报道。二是加大网络媒体、智能移动终端媒体宣传力度，主动策划《国家文创实验区按下复工复产“快进键”》《朝阳区网游电竞及数字互娱产业服务平台项目“落户”国家文创实验区》等新闻报道，2020 年全年学习强国、中央广播电视总台、《人民日报》、《光明日报》、人民网、新华网、《北京日报》、北京头条 App 等各类媒体报道文创实验区相关新闻 3000 余条次，文创实验区的品牌影响力不断提升。

三　文创实验区下一步发展思路

文创实验区将继续坚持党建引领，大力改革创新，聚焦高端发展，深化产业融合，探索形成更多可复制、可推广的创新成果，争当改革开放和高质量发展的“排头兵”，为北京市“十四五”时期文化产业高质量发展贡献力量，主动服务首都全国文化中心建设，引领全国文化产业创新发展。一是紧抓北京建设国家服务业扩大开放综合示范区与中国（北京）自由贸易试验区“两区”建设机遇，加大制度创新、政策制定、服务落实力度，争取更多创新政策在文创实验区率先落地。二是深入实施“文化+”“互联网+”战略，积极推动“5G+8K”、虚拟现实等新技术在文化领域的示范应用，构建文化产业信息化、数字化、智能化发展新格局。三是不断优化园区产业生态结构，推动一批传统业态文化产业园区转型升级，推进一批文化科技特色园区建设，提升园区特色化、集约化、专业化、国际化发展水平。四是持续优化营商环境，切实为企业解决发展难题，助力企业健康发展。

B.20

东城区：贯彻“崇文争先”理念，打造文化与金融合作新高地

李　嘉*

摘　要： 2020年，为贯彻落实党的十九届五中全会精神，坚持“崇文争先”理念，以文化引领城市发展，东城区实施文化创新工程，大力创建国家文化与金融合作示范区，促进东城区文化产业高质量发展，助力全国文化中心建设。借助创建首批“国家文化与金融合作示范区”的机遇，通过健全联动机制、创新支持政策、优化服务、撬动社会资本，实现资源对接，优化商业环境。

关键词： 文化金融　文化产业投融资　示范区

2017年以来，按照文化和旅游部、中国人民银行、财政部的要求，在北京市委、市政府的指导下，东城区全力开展国家文化与金融合作示范区（以下简称示范区）的创建申报工作。2019年12月6日，文化和旅游部、中国人民银行、财政部正式批复东城区获得首批示范区创建资格，创建期从2020年1月至2021年12月。近年来，东城区聚焦构建文化企业信用评级、文化信贷风险分担、文化创业投资扶持引导、文化资产定价流转“四个体系”，重点探索文化金融产品和服务、文化与金融合作模式“两个创新”，着力解决文化企业融资难、融资慢的痛点难点问题。

---

* 李嘉，东城区文化发展促进中心主任。

一 东城区推进文化与金融合作的主要举措及成效

一是建机制，激发市场活力。建立健全国家相关部委、北京市、东城区三级联动机制，制定《东城区推进国家文化与金融合作示范区创建领导小组及办公室工作规则》，形成《北京市东城区国家文化与金融合作示范区建设规划（2019～2021年）》。

二是强支撑，争取政策突破。国务院批复《深化北京市新一轮服务业扩大开放综合试点建设国家服务业扩大开放综合示范区工作方案》，提出以国家文化与金融合作示范区为依托，以试点方式开展文化金融项目，支持文化产业创新发展。推动北京市文化改革和发展领导小组办公室出台《关于加快推进国家文化与金融合作示范区发展的若干措施》，发布《东城区创建国家文化与金融合作示范区行动计划（2020年～2021年）》。力争到2022年，东城区文化产业规模不断扩大，文化企业信用评级体系基本完善，文化金融服务体系初步形成，市场主体活力持续释放，金融成为助力文化和旅游业高质量发展的重要力量。

三是优服务，提供精准扶持。启动针对优质文化企业进行专项扶持的“文菁计划”，奖励资金3400万元，文化企业上市奖励1300万元，设立1000万元文化企业风险补偿金，为中小微文化企业减免房租9068万元。联合北京银行、华夏银行等驻区银行推出“文菁贷”“文创贷”等支持小微文化企业发展的特色产品，驻区文化科技融资担保、国华文科融资担保等担保机构推出“文创保”“票房保”“税易保”等产品。截至2020年底，驻区文化金融专营、特色机构服务文化企业741家，贷款余额为148.56亿元，在保文化企业614家，在保余额达123.97亿元。

四是重引导，撬动社会资本。设立总规模10亿元、首期规模4亿元的“‘文菁’文化+产业”基金，主要投资方向为文化和高新技术驱动的文化创意经济与文化消费领域，以及利用互联网、大数据、区块链、人工智能、5G等新技术对文化内容进行深度创新应用的经济业态。吸引和培育各类文化产业基金在示范区落地，引导、撬动社会资本加大对文化产业投资。鼓励文化企业登陆资本市场，吸引更多社会力量和社会资本参与东城区文化发展。

五是搭平台，实现资源对接。吸引北京“文创板”公司落户东城区，线上汇聚文化企业万余家，投资机构、金融机构近千家，开展银企对接活动近百场。与清华大学五道口金融学院合作举办“2020 中国文化金融峰会”，峰会主题为“深化文化与金融合作，双循环促经济发展新格局”，邀请文化产业和金融领域知名人士发表主题演讲，为文化资源与金融资本对接搭建平台，打造国内高端、影响力大的文化与金融合作盛会。

六是创载体，优化营商环境。积极利用老旧厂房等疏解腾退空间建设文化产业园区，推进北京公交 1921“悦”空间文化产业园、隆福寺文创园等项目建设，以“城市针灸”的方式推动“胡同里的创意工厂”空间拓展及升级改造。东城区文化产业每平方公里营业收入为 41 亿元，在全市保持第一。16 家文化产业园区入选“2020 年度北京市级文化产业园区”，总数居全市第二位。荣获全国文化企业 30 强及提名企业总数居全市首位。

二 东城区文化与金融合作存在的主要问题

（一）新冠肺炎疫情对文化产业发展存在持续影响

2020 年，文化产业受新冠肺炎疫情的冲击较大，其中演出、影视、会展等行业均遭受重创。部分文化企业面临项目进展缓慢等因素导致的市场不确定性，以及疫情期间文化活动场所被管控，但仍需要承担房租、员工社保费用等问题，特别是小微企业，更是面临营业收入减少、流动资金紧张、融资难度增大等问题。由于文化企业多为中小微企业，对稳定的现金流依赖程度较高，虽然当前文化产业复苏势头明显，但生产消费体系仍待时间恢复。

（二）文化产业需不断提高专业化经营管理能力

文化产业长期存在文化艺术产品难以实现标准化、文化艺术产业化程度不高等问题，因此较难受到金融业的青睐。文化产业是东城区的优势产业，但文化及相关产业增加值占全区 GDP 的比重仅与全市文化及相关产业增加值占比持平。东城区作为首都核心区之一，拥有全市密度最大的传统文化资源的特色仍需进一步体现，资源优势转换成发展优势仍需进一步发力。文化类企业大多规模较小，注册资金较少，很大一部分属于小微企业，这些企业固定资产较少，传统的质押模式无法为其提供信贷资金。文化企业的经营模式无法吸引投资方出资，也暂时未建立起成熟的商业运营模式，自身的优点和特长没有展现出来，文化产品确权难、定价难、交易难。部分中小文化企业实现了快速发展且经营业绩良好，但仍有许多企业财务资质较差，成本控制和管理制度方面也很不完善，这也是影响银行或金融机构放款的因素之一。

（三）金融业需对文化产业加大支持和投入力度

近年来，在各级政府及社会各界的共同努力下，金融机构参与文化产业投资的密度明显增大，诸多银行成立了文化特色支行、专营支行等。在金融领域也出现了少量的文化融资租赁、文化融资担保、文化小贷等专门服务于文化产业的金融机构。此外，经过多年的发展，在金融机构和文化企业中，涌现了一批既懂金融也懂文化产业的专业人才。但是，要充分认识当下文化产业发生的结构性变化和出现的新经济特征，即文化产业与数字技术相关的行业都呈现爆发式增长，文化与科技融合逐步深入，需要在适应文化产业新需求基础上持续推动金融对文化产业的产品专属化、机构专营化、服务专业化、市场专门化。多年来，东城区在绿色金融、文化金融等创新领域进行了有益尝试，特别是文化金融取得了一定成效，但仍需进一步探索创新、先行先试，形成全市乃至全国领先的文化金融优势。

三　东城区文化产业下一步发展思路

一是深入实施文化创新工程，培育“文化＋”融合发展新生态。坚持

“崇文争先”理念，优化提升“一主三副”产业格局，起草制定《“十四五”时期东城区文化产业发展规划（征求意见稿）》，修订出台《东城区文化产业发展专项资金管理办法》。支持隆福寺地区打造高质量的艺术品服务平台。支持文化企业申报信息网络传播视听节目许可证和游戏版号。对区内影视类文化企业制作的影视作品，优化审查流程。推动“文化＋科技”“文化＋金融”“文化＋消费”，打造文化与数字融合的标杆。在故宫、王府井、隆福寺地区构建形成“文化金三角”，打造最美“文化＋”街区。

二是创建推进国家文化与金融合作示范区，打造文化产业高质量发展的新引擎。联合市金融局、市银保监局、中国人民银行营业管理部出台《国家文化与金融合作示范区文创专营组织机构认定与评估方案》。加快推进文化金融24项扶持政策落地实施。加快推进示范区服务总中心建设，打造“1＋6”文化金融服务体系。“文菁”基金启动投资，发挥基金引导作用，引进一批有影响力的产业项目和龙头企业。积极申报国家文化出口基地，培育一批具有较高成长性的文化贸易企业。

三是统筹优化产业空间，构建区域文化发展新格局。积极利用老旧厂房等疏解腾退空间建设文化产业园区，起草制定《东城区文化产业园区管理运营和公共服务体系创建导则》。打造首个文化金融主题园区，建设禄米仓71号国风新视听产业园区，支持人民美术文化园、北电科林107号院、雪莲·亮点文创园等改造提升，园区改造提升项目突出数字化、智能化，多投放应用场景，倡导新业态，打造具有独特魅力的文化消费新地标，争创国家级、市级示范文化产业园区。

四是举办文化金融品牌活动，注入文化发展新活力。高水平举办“2021中国文化金融峰会”，将国家级、市级文化金融活动在示范区落地。组织参加2021年中国国际服务贸易交易会文化专题展东城展区展览展示，展现东城区发展成就。举办2021年东城区“文化＋”创意大赛，挖掘文化创意领域具有成长性的人才和项目，激发文化创新创造活力。举办文化金融研修班、资源对接会、投融资沙龙等品牌活动，建立政府、行业专家、企业与金融机构的常态化活动社群，为企业搭建资源展示交流平台。

B.21

丰台区：注重平台搭建，强化服务举措，推动区域文化产业高质量发展

郭尚珍*

摘　要：丰台区紧紧围绕服务全国文化中心建设，落实文化产业高质量发展要求，努力克服新冠肺炎疫情影响，打造戏曲文化品牌，依托平台搭建，强化服务举措，创新引领文化惠民，不断推动区域文化产业上台阶。未来丰台区将以规划为引领，围绕新趋势、新机遇，努力实现“十四五”文化产业发展良好开局。

关键词：文化产业　戏曲文化　文化消费　文化惠民

2020年，丰台区积极落实中央、北京市各项决策部署，紧紧围绕服务全国文化中心建设，落实文化产业高质量发展要求，扎实开展各项工作，不断推动区域文化产业上台阶。

一　丰台区文化产业发展概况

2020年，丰台区共有规模以上文化及相关产业企业200家，实现收入201.8亿元，比上年同期下降1.1%，在新冠肺炎疫情影响下增速较上年同

* 郭尚珍，丰台区文化创意产业促进中心研究室负责人。

期有所放缓。从细分领域来看，2020 年丰台区规模以上文化核心领域收入为153.4 亿元，占整体的七成以上，规模以上文化相关领域收入为48.4 亿元；9 个细分领域中，规模以上文化产业主要集中在新闻信息服务、内容创作生产、文化传播渠道、文化辅助生产和中介服务领域，4 个领域收入合计占全区的84.2%（见表1）。

表1 2020 年丰台区规模以上文化及相关产业各细分领域收入情况

单位：亿元，%

领域		收入合计	增速
文化核心领域	新闻信息服务	46.8	30.0
	内容创作生产	42.4	-2.5
	创意设计服务	18.8	-15.7
	文化传播渠道	42.4	-6.2
	文化投资运营	—	—
	文化娱乐休闲服务	3.0	-36.4
文化相关领域	文化辅助生产和中介服务	38.4	-7.4
	文化装备生产	3.9	-17.7
	文化消费终端生产	6.1	-0.6
总计		201.8	-1.1

资料来源：丰台区统计局。

从统计数据看，受新冠肺炎疫情影响，除新闻信息服务领域收入持续增长外，其他8 个领域收入增速均下降。但是，2020 年4 个季度丰台区规模以上文化及相关产业收入降幅（数值分别为19.9%、8.4%、1.6%、1.1%）逐渐收窄，在新冠肺炎疫情防控常态化的背景下，区域文化产业整体发展态势仍然向好。文化产业作为丰台区三大支柱性产业之一，在创新驱动区域经济发展、优化区域产业结构方面仍然发挥着十分重要的作用。

二 丰台区文化产业发展成效

在新冠肺炎疫情防控常态化背景下，丰台区将疫情防控、复工达产与各项重点工作相结合，与推动文化产业高质量发展相结合，与“丰台区要上台阶”“妙笔生花看丰台”相结合，成功举办2020（第四届）中国戏曲文化周、第八届丰台惠民文化消费季、2020丰台文化创意大赛、2020年丰台文创训练营等品牌文化活动，营造文化产业蓬勃发展的氛围。积极推进北京市级文化产业园区认定工作，共有3家文化产业园区被认定为2020年度市级文化产业园区。丰台区文化创意产业促进中心申报的“2020（第四届）中国戏曲文化周”、中版文化传播（北京）有限公司申报的“‘诗词中国’系列文化活动”、京工时尚创新园作为分会场的“2020北京时装周”荣登2020北京文化消费品牌榜“十大文化艺术活动”。

（一）突出特色，不断提升戏曲品牌影响力

2020（第四届）中国戏曲文化周积极贯彻习近平总书记给中国戏曲学院师生的回信中传承发展戏曲艺术的指示精神，以“中国梦·中华魂·戏曲情”为主题，为观众带来180场演出，吸引近5万游客入园观看，线上直播和视频网络播放量超过2000万次。一是突出专业性。活动统筹在京演出资源，演出涵盖京剧、昆曲、越剧、黄梅戏、评剧、豫剧、曲剧、河北梆子、秦腔等多个剧种以及曲艺表演。北京园、闽园、忆江南三大特色园区由北京京剧院、中国评剧院、北方昆曲剧院整体打造，以定制形式全新包装传统剧目，彰显“戏曲中的园林”“园林中的戏曲”特色，其中中国评剧院在闽园打造的园林版评剧《花为媒》广受好评。二是增强群众性。民间社团展演有近30家民间戏曲社团及高校戏曲社团参与，共演出96场。票友大赛在往届“京剧”单一剧种的基础上，增加“评剧”与“河北梆子”，形成多剧种竞演形式。本届戏曲文化周适逢重阳节，推出了“敬老爱老”系列演出与活动，同时“演前演后谈”活动贯穿戏曲文化周全程，“大师讲堂”“名师讲堂”等戏曲知识普及活动与戏曲文创产品展示拉近了观演距离，推动戏曲更好地走向大众。三是加强信息化。本届戏曲文化周主场活动采取线上线下同步开展的形式，在中国移动的支持下，首次采用“5G＋8K”直播，成为全国首个全程5G直播的戏曲文化活动，13个平台直播观看量和8

个平台短视频观看量超过2000万人次，以高流量聚集高人气，创下戏曲文化周线上参与人数的新高。戏曲数字体验展以“梦入梨园”为主题，共展出中国戏曲学院新媒体艺术系数字交互视频、绘画、平面设计、动画视频等20余件戏曲艺术作品。四是注重常态化。戏曲文化周主场活动结束后，京剧文化之旅、“戏炫生活 共享小康”主题活动以及进社区、进校园活动陆续开展，丰富了群众的文化生活。此外，针对老年票友圈，延续开展“戏曲文化中心小戏台”项目活动，开展网络戏迷秀和票房展演云直播，举办“小戏台”迎新年线上联欢会。针对少年儿童群体，开展“嬉戏”亲子剧场项目，推动戏曲艺术传承。

（二）强化服务举措，扎实推进文化产业高质量发展

一是统筹推进新冠肺炎疫情防控与复工复产，助力企业渡过疫情难关。强化疫情防控正面引导，在自有政务新媒体开设“应对疫情支持政策”“戏曲工作者在行动”等专题，发布文化产业系列支持政策、戏曲“抗疫”信息等，以卢沟狮“丰丰”为主要形象创作疫情防控系列漫画，向园区、企业宣传疫情防控知识。贯彻落实市、区相关工作部署，指导园区、企业做好疫情防控工作。针对企业需求和困难，对接相关部门，为企业寻求政策支持绿色通道。及时传达市、区出台的扶持政策，组织企业参加“投贷奖”“丰九条”等政策培训，指导企业准确申报。2020年，丰台区有57家企业申报获得北京市国有文化资产管理中心疫情期间“房租通”政策补贴。

二是依托平台搭建，营造创新创业良好氛围。搭建项目展示平台，在继续主办丰台文化创意大赛的同时，积极承办北京赛区复赛·文化科技融合分赛区、直通车赛区浙江大学赛场等活动，并做好轻奢主题赛区落地丰台的保障工作。赛事结束后，举办2020北京文创市集（丰科万达站）活动，引入2020北京文化创意大赛优质项目资源，推动大赛参赛项目从“赛场”走向“市场”。搭建人才培养平台，开展文创训练营项目，组织文化产业工作相关部门负责人、文化园区及企业管理者100人参加，并在5天集中授课后继续组织学员开展5场系列活动，为学员提供后续深度服务。搭建园区推介平

台，围绕区域重点园区，通过线上与线下相结合的方式，多角度展示园区特色亮点、入驻企业和产业环境，吸引社会关注，扩大园区影响力，树立园区品牌。组织开展两场丰台文化产业园区线上推介活动，吸引线上观看人数达126万人次。搭建三方联动平台，2020年中国国际服务贸易交易会文化服务专题展丰台展区以“妙笔生花看丰台”为主题，展现丰台区文化产业的丰硕成果，共设有2个重点功能区，13家文化产业园区、31家文化企业、12个特色文化项目参展，展区组织路演14场、现场表演51场，展陈文创产品近百件，接待单位团体30余家，参展游客3万多人次，展区线上直播观看量达120万人次，搭建了政府推动、产业互动、市场联动的三方平台。

三是做好企业服务，推动辖区企业创新发展。发挥“行业管家”作用，建立并完善对接机制。依照国家统计局2018年行业分类名录，梳理丰台区总计约2.5万家文化企业以及规模以上文化企业基础信息，完善文化企业信息库。建立文化产业园区及老旧厂房台账，做到摸清底数、查漏补缺、定期跟踪。积极推进北京市级文化产业园区认定和老旧厂房拓展文化空间工作。积极争取市级支持。协助贝壳京工时尚、斯坦福科技孵化器等企业申报“第八届北京惠民文化消费季合作单位与活动项目”，提高区内文化企业在市级平台的参与度和行业系统的知晓度。做好精准服务。广泛动员驻区文化院校（团）、文化企业申报“丰泽计划”优秀人才项目，做好企业服务。推进2020年度“北京市版权保护示范单位、示范园区（基地）”评选认定工作，北京国家数字出版基地发展有限公司获评“北京市版权保护示范园区（基地）”，首科大厦文化产业园获评“版权服务中心园区”及“北京市版权保护示范园区（基地）”，北京华景时代文化传媒有限公司获评“北京市版权保护示范单位”。

（三）创新引领文化惠民，探索疫情防控常态化下拉动区域文化消费新模式

成功举办第八届丰台惠民文化消费季，本届消费季以“引领文化消费　品味魅力丰台”为主题，包括“丰·花”绽放、“丰·韵”梨园、“丰·惠”观影、“丰·华”校园、“丰·创”市集、“丰·范”时尚、

“丰・享”智能、“丰・采”赞歌八大板块的主题活动，同时推进启动仪式、总结会和宣传推广三个关联性项目。通过深入挖掘特色文化消费资源，以丰台文化消费圈集中推介为重点，聚焦夜间消费、亲子消费、文旅融合、线上消费等文化消费新趋势，推进文化园区、商圈、剧场、景区、特色街区等文化消费空间协同联动，线上线下互相促进，扩大和引导区域文化新消费。共举办主题活动 90 余场，线上线下参与群众达 708 万人次，带动关联消费 5000 余万元，在疫情防控常态化下助推文化消费市场复苏、提振文化消费信心、拓展文化消费空间等方面成效显著。

（四）多措并举，着力打造工作亮点

一是吸引优质企业落地丰台。不断优化服务环境，提升服务水平，积极落实重点企业“服务包”制度。开展浙江大学校友会“走进丰台”考察活动，组织参观走访中关村科技园区丰台园、北京丽泽金融商务区，邀请韩国驻华大使馆公使衔参赞来丰台区考察交流，推介优势资源落地丰台。与浙江世纪华通集团股份有限公司举行战略合作签约仪式。围绕“两区”建设，在丰台区建设国家服务业扩大开放综合示范区宣传推介会暨项目签约仪式上与北京娱美德知识产权服务有限公司签署战略合作协议。

二是探索多种直播模式。采用图片视频直播、现场直播带货等多种直播形式，对中国国际服务贸易交易会文化服务专题展丰台展区、中国戏曲文化周、文化产业园区推介、惠民文化消费季等进行全面宣传。在中国国际服务贸易交易会文化服务专题展首次尝试直播带货，在中国戏曲文化周首度实现“5G + 8K”全程直播，在惠民文化消费季围绕“宅经济”流行消费趋势，策划“‘丰・创’市集”专场直播、“南夜市集”专场直播、“走进花农家”专场直播等各项线上直播带货环节，探索线上线下双线文化消费新模式。

三是深度挖掘 IP 价值。围绕重点工作，打造卢沟狮“丰丰”IP 形象，创作系列漫画、海报、文创品，抗击疫情期间策划绘制《新型冠状病毒防护小贴士》条漫，《返工防护》《心理防疫》《复工复产》系列九宫格漫画以及《1 米线》科普海报；围绕“丰丰”形象制作原创海报 30 余期；设计

制作“丰丰”主题系列玩偶、手机链、明信片、纸雕灯等文创产品。中国戏曲文化周、惠民文化消费季等活动中使用“丰丰”人偶造势，使“丰丰”形象更加深入人心。

三　丰台区文化产业下一步发展思路

2021 年是中国共产党成立 100 周年，也是“十四五”规划开局之年。丰台区将全面贯彻党的十九大和十九届二中、三中、四中、五中全会精神，积极践行习近平新时代中国特色社会主义思想，围绕首都“四个中心”功能建设，提高“四个服务”水平，坚持规划引领，持之以恒推动区域文化产业发展，努力推动“妙笔生花看丰台”美好愿景转化为生动实践。

一是利用红色文化资源，加强党史学习教育，以良好开局向建党百年献礼。深入挖掘区域红色文化内涵，开发文化资源，持续开展党史学习教育，迎接中国共产党成立 100 周年。强化党建引领，联合重点园区、老旧厂房及重点行业的重点企业开展特色主题党日活动，通过组织主题参观、开展党务工作培训、形成常态化服务机制等服务行业党建，通过政策宣讲、园区（企业）推介、服务对接等为企业办实事、解难题，服务企业发展。

二是坚持规划统领，围绕“两区”建设，推动文化产业高质量发展。以丰台区“十四五”时期发展规划为引领，围绕丽泽金融商务区、中关村科技园丰台园、首都商务新区三大重点功能区和莲花池—金中都、卢沟桥—宛平城—长辛店、南中轴—南苑三大文化片区，研究产业发展工作重点。立足区域实际，做好长辛店老镇有机更新项目产业导入工作。持续宣传推介“丰九条”，按照区“1511”产业提升工程的要求，发挥空间优势和政策优势，加大招商引资力度。围绕“两区”建设，对接服务在区外资文化企业。建立文化园区与老旧厂房资源台账，持续开展文化园区普查工作。有效整合区内文化空间资源，办好文化园区推介活动，吸引优质项目入驻。继续推动市级文化产业园区认定及老旧厂房拓展文化空间试点工作。参加中国国际服务贸易交易会文化服务专题展及中国北京国际文化创意产业博览会，继续举办丰台文化创意大赛、丰台文创训练营等活动，搭建交流展示平台。

三是优化消费供给，加大惠民力度，培育文化消费新模式。举办第九届丰台惠民文化消费季，聚焦夜间消费、亲子消费、线上消费等文化消费新趋势，策划“丰·花”绽放、“丰·韵”梨园、“丰·惠”观影、“丰·创”市集、“丰·阅”书香五大板块的主题活动。以丰台文化消费圈推介为重点，整合文化、旅游等相关消费资源，优化文化消费供给，通过市区联动和平台聚合，展示时尚、现代的活力丰台城市形象。

四是办好中国戏曲文化周，加强与中国戏曲学院合作，推广戏曲文化。贯彻落实习近平总书记给中国戏曲学院师生的回信中传承发展戏曲艺术的指示精神及市委主要领导调研丰台区的指示要求，全面加强与中国戏曲学院的对接。办好2021（第五届）中国戏曲文化周，进一步凸显“中国戏曲嘉年华”定位，推动戏曲文化“四个基地”建设。结合中国戏曲文化周定位，以“一老一小一台戏”为主线策划开展戏曲活动，组织群众票房开展“嗨戏”活动，开展戏曲培训、票房培育、剧目排演等活动，创排戏曲儿童体验剧，推动戏曲文化传承发展。

B.22
石景山区：数字创意引领文化产业发展壮大

梁立英　王　震*

摘　要：　2020年，石景山区文化产业收入实现逆势增长，并向多元化发展，数字媒体、创意设计、动漫游戏正在成为驱动全区文化产业发展的“三驾马车”。通过“多点”布局，文创园加速发展。石景山区在电竞游戏领域的影响力持续彰显，进一步巩固了全区数字娱乐产业发展的特色品牌形象。

关键词：　文化产业　数字媒体产业　品牌　“文化+”

文化产业是以满足人民的文化需要为目标，以生产和提供精神产品为主要活动的特殊经济形态，具有高端、高效、高附加值的特征，已成为我国经济高质量发展的重要力量。以数字创意为主的文化及相关产业是引领石景山区产业转型发展的先导产业，对全区产业结构调整和发展方式转变起到了关键作用，是推动全区经济高质量发展的重要引擎。

在经过10余年的引导培育期和快速集聚期之后，石景山区文化产业进入高速度和高质量的“双高”发展阶段，产业规模不断壮大，市场主体量质齐升，产业结构日臻优化，产业生态不断完善，产业发展呈现增长速度快、发展质量优、融合程度高、创新能力强的特点。

---

* 梁立英，石景山区文化促进中心主任；王震，石景山区文化产业促进中心副主任。

一 石景山区文化产业发展现状

（一）产业规模不断壮大

产业收入逆势增长。在新冠肺炎疫情对宏观经济产生较大冲击的背景下，石景山区文化及相关产业收入逆势上扬。2020 年，全区规模以上文化企业实现收入 772 亿元，同比增长 73.9%，收入规模占全市文化产业收入的 5.4%，占全区第三产业收入的 20.3%，占比较 2019 年分别提高 1.7 个和 6.5 个百分点，石景山区文化及相关产业成为全区“高精尖”产业发展的重要组成部分。从企业收入规模来看，年收入在 1 亿元及以上的企业有 44 家，占规模以上文化企业总数的 28.2%，形成了收入规模合理的企业梯队，构成了正金字塔形的企业收入结构（见图 1）。

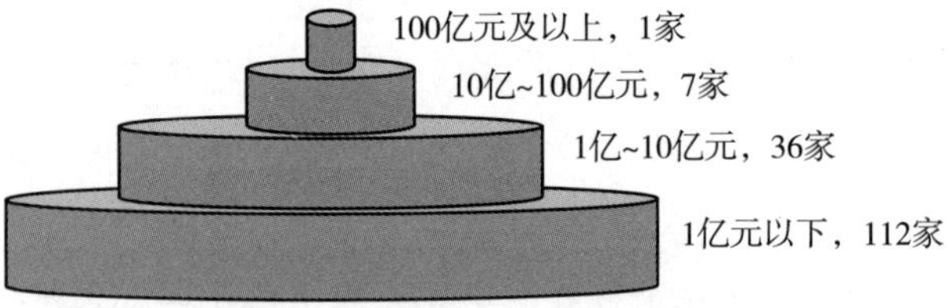

图 1 2020 年石景山区规模以上文化企业营业收入分布

资料来源：石景山区统计局。

（二）市场主体量质齐升

截至 2020 年底，石景山区文化及相关企业数量达到 5419 家，其中规模以上企业数量为 156 家。在文化及相关企业中，国家高新技术企业有 128 家，占全区国家高新技术企业总数的 14%；中关村高新技术企业有 201 家，占全区中关村高新技术企业总数的 19%。在“2020 北京民营企业百强榜单”中，石景山区上榜企业有 13 家，其中 8 家属于文化企业。

（三）产业结构日臻优化

2020年，石景山区文化产业实现收入772亿元，其中文化核心领域实现收入744亿元，占比达96.4%；文化相关领域实现收入28亿元，占比为3.6%。文化核心领域中内容创作生产实现收入505亿元，创意设计服务实现收入210亿元，新闻信息服务、文化投资运营和文化娱乐休闲服务共实现收入29亿元。

随着新技术、新业态、新模式的不断涌现，文化产业正在由原来的动漫游戏一枝独秀向多元化发展，数字媒体、创意设计、动漫游戏正在成为驱动全区文化产业发展的“三驾马车”，“两强一优”的产业结构基本形成。其中，“两强”指的是数字媒体产业和创意设计产业，数字媒体产业异军突起，一跃成为全区文化产业细分领域的龙头引擎，2020年实现收入385亿元，占全区文化产业收入的近一半；创意设计产业成为全区文化产业发展的第二引擎，2020年实现收入210亿元，占全区文化产业收入的27.2%。“一优”指的是动漫游戏产业，动漫游戏产业作为石景山区文化领域的传统优势产业，除畅游、乐元素、昆仑在线、天马时空等老牌游戏企业外，还集聚了途游在线、麟游互动、智明互动、自游科技等多家收入在亿元以上的游戏企业，成为支撑全区游戏产业发展的中坚力量。

三大潜导产业蓄势待发。结合数字文化产业发展的新形势，石景山区超前谋划了文化体育、虚拟现实和科幻三大潜导产业布局，成为文化产业发展新的增长点，推动文化产业形成多元化发展格局。文化体育领域未来可期，依托冬奥组委办公驻地落户首钢文化产业园的有利契机，加速集聚了腾讯体育、华录体育、首钢体育及其他龙头文化体育企业入驻。石景山区加速打造软硬环境，搭建技术平台，着力培育虚拟现实科技产业发展。2020年11月1日，石景山区隆重举办中国科幻大会，正式进军科幻产业。

（四）空间布局日益清晰

文创园加速发展，“多点”布局不断完善。石景山区首钢文化产业园、首创郎园 Park 文化创意产业园入选“2020 年度北京市级文化产业园区”。首钢文化产业园初具规模，已有 20 余家企业及品牌商户入驻，腾讯演播厅、冬奥云转播中心、当红齐天幻真乐园、全民畅读艺术书店等新项目先后入驻，冬奥广场等片区 50 万平方米产业载体全面开工建设。首创郎园 Park 文化创意产业园积极布局文化创意、青少年素质教育、生活美学体验以及影视科技孵化等全新业态。北京重型电机厂、北京京能热电股份有限公司石景山热电厂被纳入全市保护利用老旧厂房拓展文化空间试点项目，一批文化产业空间载体不断涌现。

（五）品牌影响显著增强

自 2003 年起，在首钢涉钢产业搬迁调整的历史背景下，石景山区积极探索，科学决策，以动漫游戏为突破口在文化产业中走出了一条特色发展之路，国家动漫游戏产业基地、国家文化产业示范基地、国家数字媒体技术产业化基地等一批品牌和称号纷至沓来。2020 年石景山区文化产业发展特色品牌持续强化。先后举办了北京国际电竞创新发展大会、数字娱乐产业年度高峰会、北京“电竞之光”展览交易会以及人民电竞超级联赛（PPL）等品牌文化活动。“北京市电子竞技产业品牌中心”和“北京市游戏创新体验区”落户首钢文化产业园，“石景山区网络精品游戏研发基地”揭牌。石景山区在电竞游戏领域的影响力持续彰显，进一步巩固了全区数字娱乐产业发展的特色品牌形象。

二 石景山区文化产业发展的特点

（一）增长速度快

2020 年，在数字经济的带动下，石景山区文化产业收入快速增长，成为拉动全市文化产业和全区第三产业收入增长由负转正的重要力量。自 2020 年 6 月以来，全区文化产业收入增速一路走高，1 ~7 月文化产业收入增速为33.5%，带动全区第三产业收入实现1.9%的正增长；1～9月文化产业收入增速为54.7%；1～10月、1～11月文化产业收入增速分别达到59.1%和59.7%；1～12月文化产业收入增速锁定在73.9%的高位区间（见图2）。

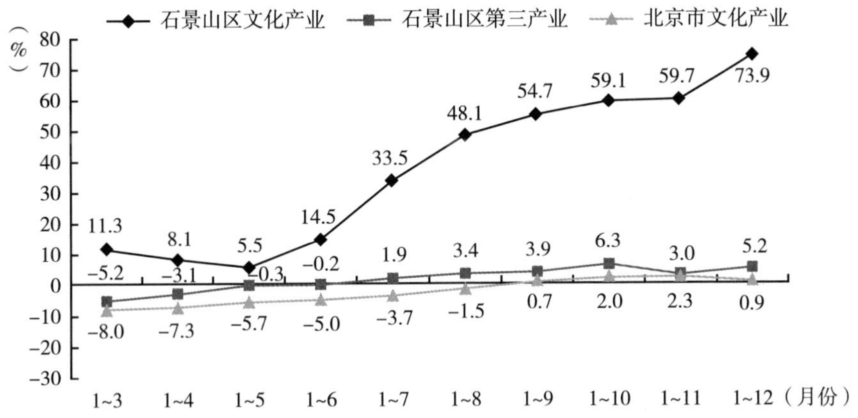

图2　2020年石景山区文化产业、第三产业和全市文化产业收入增长率

资料来源：北京市统计局、石景山区统计局。

（二）发展质量优

2020年，石景山区文化产业实现收入772亿元，相关从业人员达22961人。虽受到新冠肺炎疫情影响，全区规模以上文化产业依旧实现34.2亿元的利润额，同比增长9.6%，人均利润达到14.9万元。156家规模以上文化企业中有124家被纳入全区“1＋3＋1”高精尖产业体系，占比达到79.5%，在新冠肺炎疫情影响等复杂经济环境下，全区文化产业表现出较强的发展韧性。

（三）融合程度高

“文化＋”融合产生新业态。互联网广告业持续发力，优矩互动、多彩互动等企业依托优势资源，抢占行业先机，引领互联网广告产业创新发展；文化与体育加速融合，以冬奥会和冬残奥会为契机，石景山区积极发展体育总部经济，大力发展体育商务服务，积极培育电子竞技产业，发展壮大体育消费服务，吸引了腾讯体育、华录体育、卡宾滑雪、启迪冰雪等文化体育企业入驻；文化产业细分领域相互融合，电影游戏联动实施大 IP 战略成为游戏企业实现二次发展的重要方向，蓝港互动、昆仑在线、趣酷科技、网元盛唐等一批企业聚焦 IP 进军影视等泛娱乐业。

“文化+”消费营销融合催生新模式。北京惠民文化消费季（石景山区）成效显著，数字文化消费增长潜力巨大。数字技术能够跨界连接多个产业和多种场景，形成庞大的 IP 生态圈，构筑文化消费新模式。首创郎园 Park 文化创意产业园已经成为石景山区最具特色的文创园区和文化消费场所，特色文化机构和文化活动吸引了大批年轻人打卡消费。

（四）创新能力强

创新榜单表现抢眼。2020 北京文创大赛百强名单中石景山区有 9 家企业榜上有名，数量位居全市第二，5 个项目位列全市 30 强榜单，数量为全市最高，4 个项目进入全国决赛；在 VR 领域，耐德佳、凌宇智控、中国动漫集团、红色地标 4 家企业再度荣获中国 VR 企业 50 强、VR/AR 创新奖等行业大奖。

创新产品迭代性强。盛世顺景创作的全球首部 8K 动画电影短片《秋实》入围中国电影金鸡奖，实现了中国动画电影在图像显示领域的技术突破；华录集团研发了新型大容量存储技术和 8K 流媒体技术，与人工智能牵手，加速未来媒体数字化、信息化和智能化发展；开心麻花的网络短剧《亲爱的，没想到吧》在优酷热播，抖音话题播放量突破 13 亿；以精准扶贫为题材的电视剧《枫叶红了》在央视一套黄金档播出。

科技加速为文化赋能。石景山区持续发挥科技对以数字创意为主的文化及相关产业创新发展的引领作用，扩大了新一代信息技术在文化内容创作生产、展示体验、服务消费等环节的应用范围与赋能空间。2020 年 10 月，全球首家大型 VR 幻真乐园“1 号高炉”落地，为年轻消费群体提供科技光影秀、VR 沉浸式体验和潮流赛事等数字感官体验。

三　石景山区推动文化产业发展的主要举措

2020 年，面对新冠肺炎疫情对国内经济社会发展的冲击和影响，石景山区快速响应、积极应对、政策支撑、服务助力，与全区文化企业一道，迎难而上，共克时艰。

（一）凝心聚力，筑牢企业抗疫防线

第一时间动员。石景山区委宣传部全员大年初四返岗，向行业发出《同舟共济，共克时艰——致石景山区文创企业的倡议书》。

落实“四方责任”。针对春节后返京复工潮，抽调干部下沉一线，与园区、街道多方携手，开展一对一地毯式摸排，建立并完善工作台账，落实楼宇消杀措施，在抗击新冠肺炎疫情的关键时刻为全区文化企业提供有力支撑。根据疫情风险等级调整，动态指导文化企业人员返岗，企业复工达产及疫情防控情况做到每日更新。

解决实际困难。针对新冠肺炎疫情初期出现的抗疫物资短缺问题，及时引进两条口罩生产线，从立项、审批到投入试生产仅用了 7 天，每条生产线日产口罩 8 万个。协调口罩、消毒液等购买渠道，分批次为 72 家文化企业赠送口罩 3.2 万个，有力地保障了企业安全复工复产。

（二）政策救市，助力企业纾困解难

强化市级政策宣介推送。开通“房租通”“稳就业”“投贷奖”等政策线上培训，在做好政策普发的同时，根据企业基础工作台账，一对一开展重点辅导 1300 余人次，帮助企业最大限度地享受优惠政策。37 家企业获得北京市“房租通”资金支持，44 家企业获得北京市重点行

业中小微企业“稳就业”政策支持，35家企业获得北京市“投贷奖”资金支持。

行业政策支持及时到位。及时兑现文化产业发展专项支持资金，为40家企业提供资金支持。针对新冠肺炎疫情期间文化企业面临的资金压力，提前启动2020年度《石景山区促进以数字创意为主的文化及相关产业发展暂行办法》项目征集工作，在特殊时期开展网上申报、在线审核，为38家企业提供资金支持，为文创贷款风险补偿资金池中的5家企业进行第一季度全额贴息。

打好区级政策组合拳。通过石“惠”十五条政策为5家文化企业提供支持资金超800万元。全区首批“景贤人才”中文化企业入选17人，占“景贤人才”总数的1/3，奖励资金870万元，极大地提振了文化企业的信心。

（三）持续创新，凝聚企业发展合力

重大活动强服务。成功落地“电竞北京2020”系列活动，办好北京国际电竞创新发展大会、北京“电竞之光”展览交易会，推动北京市电子竞技产业品牌中心、北京市游戏创新体验区、北京市电子竞技产业发展协会、石景山区网络精品游戏研发基地落户。

引进品牌强影响。举办QQ飞车手游全国车队公开赛S2总决赛、人民电竞超级联赛（PPL）和FIFA Online 4职业联赛三项电竞赛事活动，在线参与人数过百万人次，提升了石景山区在电竞领域的竞争力和影响力。举办第八届数字娱乐产业年度高峰会（DEAS），来自全国的100余位数字娱乐企业代表与驻区企业实现资源对接，其中的“金翎奖颁奖典礼”被誉为游戏行业的“奥斯卡”。

常规活动强创新。精心组织12家文化企业参展第十五届文博会，共签约3.4亿元，文博会实现了“三个突出”：突出产业特色、突出互动体验、突出时尚与传统融合。2020北京文化创意大赛石景山区分赛成功举办，共征集项目150个，其中石景山区进入北京市30强、百强和全国总决赛的项目数量均列全市第一。石景山区分赛场荣获最具成就赛场奖。举办 2020 北京文创市集暨首届京西模式口文化嘉年华活动，两天的客流量达 12.4 万人次。

四　石景山区文化产业发展的新环境

（一）全国文化中心建设加速，政策环境整体利好

北京新版城市总体规划深入实施，全国文化中心建设加快推进，对优化首都功能、提升城市品质提出更高要求，为石景山区文化产业发展带来了新的机遇。新一轮科技革命和产业变革深入推进，新产业、新业态、新模式、新需求催生勃发，文化产业数字化和数字文化产业化已是大势所趋，为石景山区巩固数字娱乐产业品牌、壮大以数字创意产业为主的文化产业提供了良好机遇。

（二）经济环境复杂严峻，数字经济韧性彰显

当今世界正经历百年未有之大变局，经济环境复杂多变，不稳定性、不确定性增加，新冠肺炎疫情对中国经济发展造成较大冲击，经济增速放缓。在统筹推进疫情防控和经济发展的大背景下，在一系列政策的帮扶下，数字经济率先发力、快速发展、表现突出，成为引领中国经济复苏和推动中国经济高质量发展的重要力量。

（三）“五新”技术环境催生产业发展新的增长点

文化和科技融合始终是文化产业创新发展的一条主线。在新基建、新场景、新消费、新开放、新服务“五新”环境下，石景山区文化产业也将迎来发展契机。一方面，人工智能技术广泛应用于音乐、新闻出版、视频、旅游等领域，VR、AR 等技术在剧场、电影院、美术馆、博物馆、展览馆等传统文化领域的应用日趋成熟，有力地推动了文化内容生产和呈现方式的创新

升级，同时催生培育了数字音乐、网络文学、动漫游戏、短视频、直播等新兴融合业态；另一方面，Z世代的崛起及其消费需求升级将有力地推动数字创意装备和创意设计产业迅猛发展，这些都为石景山区文化产业创新发展提供了利好机遇。

（四）北京冬奥会赛事多方赋能产业创新发展

2022年，北京冬奥会和冬残奥会的举办将使石景山区成为名副其实的“双奥之区”。以冬奥会为契机，石景山区以文化为牵引，加快产业融合发展。文化和体育、文化和旅游的融合催生了新业态、新产业，实现了产业规模、业态创新、区域影响以及服务优化等方面质的提升。冬奥会将给石景山区文化产业发展带来国际化的视野和理念、现代化的体验产品和先进的配套服务设施。石景山区城市文化品牌将比以往更加突出，城市文化影响力和产业辐射力势必得到快速提升。

（五）“两区”建设为数字文化产业发展加速赋能

北京将以首善标准推进国家服务业扩大开放综合示范区和以科技创新、服务业开放、数字经济为主要特征的自由贸易试验区建设，努力打造改革开放的“北京样板”，为构建新发展格局做出首都新贡献。文化及相关产业的高质量发展是“两区”建设的题中应有之义，对培育文化产业开放发展新环境、释放文化市场发展活力、促进区内文化企业出海、推动文化产业高质量发展具有重要意义。

五　石景山区文化产业发展存在的问题

（一）区域发展空间魅力仍待提升

石景山区老旧厂房待开发面积占北京市的43%，拥有一批大体量的老工业厂房，空间发展潜力巨大。但空间魅力不足在很大程度上削弱了石景山区文化产业、企业、人才、品牌、人气、资金、技术等方面的聚集能力，导致异地办公现象的出现。

（二）版号紧缩政策对游戏产业的影响犹存

版号问题一直是制约游戏产业发展的关键问题，版号数量收紧、版号申请周期过长导致相当数量的游戏产品无法上线或错过最佳上线时机，在一定程度上挤压了中小型游戏企业的生存空间，对石景山区游戏产业创新生态构建造成了一定影响。需进一步破解游戏版号申请难题，建立开放、自由的市场准入机制，促进游戏市场的繁荣和游戏产业的快速发展。

六　2021年石景山区文化产业发展的目标任务

2021 年是“十四五”的开局之年，站在新的起点，石景山区文化产业立足“十四五”规划定位和现阶段发展特点，以人才为中心，以企业为主体，以项目为抓手，不端壮大产业规模，为“十四五”时期文化产业发展起好步、开好头，推动石景山区文化产业高质量发展。

一是产业规模不断壮大，收入增速继续位居全市前列。全力打造具有国际竞争力的数字创意产业集群，全面构建“3 + 3”文化产业体系。继续壮大数字媒体、创意设计、动漫游戏三大优势产业，加大对文化体育、虚拟现实、科幻三大潜导产业的扶持力度。

二是优质企业不断集聚，着重把握数字创意产业方向，深挖核心企业，对接引进重点行业的龙头企业、独角兽企业，加速初创企业由赛场到市场的转化落地，盘活优质存量企业资源，优化适合企业发展的营商环境。

三是重大项目加速落地，重点文化园区建设实现突破。围绕“产业高端化、环境国际化、功能都市化、园区品牌化”的目标，形成区域特征明显、运营主体多样、运营模式多元的多业态产业集群。

四是人才引育加快推进，强化文化产业人才服务保障，在动漫游戏、数字传媒、创意设计等重点领域，吸引国内顶尖人才、领军人才、青年拔尖人才以及海外高层次工作类和创业类人才进驻石景山区。

五是产业生态持续完善，整合区域现有各类产业服务要素，构建包含创新孵化、投融资、人才服务、知识产权、技术服务、政策咨询等功能在内的区域性文化产业综合服务体系，创新生态系统效能逐步彰显。

七　2021年石景山区文化产业发展建议

（一）特色产业培育

壮大主导产业，培育提升动漫游戏产业内生动能，支持原创精品游戏研发和品牌赛事运营，引进全国性品牌电竞赛事并支持其在区内常态化运营，发挥精品游戏的示范带动作用。加快高新视频产业发展，加速引领推动“智媒体”产业发展，支持建设“8K超高清实验室”等先进研发实验室平台。促进创意设计产业与业界需求充分对接，推动设计成果的发布与交易，促进设计成果产业化。

扶持潜导产业，着力培育文化体育产业，充分利用冬奥会窗口期，以“冰雪+”“体育+”为路径，促进文化体育产业协同发展，推动电竞产业发展，打造赛事、交易、直播、培训全产业链。建设虚拟现实产业创新先导区，加速重点领域技术攻关，推动产业协同合作，开展区内虚拟现实产业链强链补链工作，探索普惠规模应用，鼓励区内特色应用示范。打造石景山区科幻产业品牌，以首钢文化产业园科幻产业集聚区为载体，重点培育壮大“科幻+游戏”“科幻+传媒”“科幻+阅读”“科幻+虚拟现实体验展示”等融合业态发展。

（二）优质企业集聚

坚持以精准服务为核心，将实地走访服务作为固本培元的基础性工作，面对面了解企业需求，及时解决企业困难。实施“百家精品强企工程”，提升企业创新能力，增强企业发展后劲。“一企一策”吸引龙头企业落户石景山区，建立头部文化企业招商名录，全力出击，以商引商，搭建以产业链为纽带的专业服务平台，围绕龙头企业打造产业集群，实现 1 +1 >2 的蝴蝶效应。“优巢引凤”吸引骨干企业入驻石景山区，积极落实市、区营商环境最新改革政策，根据企业需求动态更新“服务包”，做好产业链配套服务，优化营商环境，营造文化及相关产业发展的良好政策氛围。利用石景山区各项优惠政策与资源，尤其是产业空间、专项资金、人才住房等方面的政策与资源，引导企业到石景山区办公。

坚持以重大活动为平台，通过北京文化创意大赛石景山区分赛、文博会、文创市集、电竞大赛等品牌活动，扩大区域影响力，发掘遴选优质企业，强化招商引企工作，实现优质企业集聚。

（三）重大项目落地

做优首钢文化产业园、首创郎园 Park 文化创意产业园两个市级文化产业园区，加快推进北重科技文化产业园、1919 京西影视文创园两个市级保护利用老旧厂房拓展文化空间试点项目。推进 2021 年全国文化中心建设折子工程。加快推动石景山区网络精品游戏研发基地、京西电子竞技产业发展基地及 8K 超高清实验室等项目建设。进一步推进产业融合类项目发展，重点推进打造全民畅读艺术书店（首钢园店）项目以及当红齐天国际文化科技乐园项目建设。启动《冬奥一家人》大型情景喜剧项目摄制，冬奥题材情景喜剧《冬奥一家人》由《家有儿女》创作团队拍摄，该项目基本获得国际奥委会的特许授权，确定为北京市广播电视局重点、重大题材和国家新闻出版广电总局重点、重大选题，并参选中国共产党建党 100 周年献礼剧和展播剧。

（四）文化人才引育

做好人才服务保障，充分利用《石景山区吸引和鼓励高层次人才创业和工作计划实施办法（试行）》以及“景贤计划”人才发展专项资金，为文化产业高层次人才争取“景贤卡”，在人才引进、子女教育、医疗保障、住房保障、配偶就业等方面给予政策支持。建立文化产业领域海内外高层次人才联系机制，完善高层次人才服务机制，为石景山区文化产业吸引和培育优秀人才。

（五）产业生态构建

以“政策”为支撑，精准扶持产业发展，加强市、区两级政策衔接，做深做实《石景山区促进以数字创意为主的文化及相关产业发展暂行办法》和《石景山区文化创意企业贷款风险补偿资金管理暂行办法》两项产业政策支持，有效、精准支持文化企业发展，发挥专项资金对行业的撬动作用。以“资本”为纽带，加强文化与金融对接，引导财政资金从“输血”向“造血”的方式转变，充分发挥财政资金的杠杆和放大作用，切实缓解文化企业“融资难、融资贵”问题。以“场景”为抓手，加快落地各类场景，打造优质平台，加快推进新技术赋能文化领域项目落地。以“联盟”为桥梁，强化区文化创意产业联盟和行业协会在企业与政府诉求对接、企业沟通协作中的桥梁和纽带作用，在企业服务、产融对接、人才培训、行业赛事、投资者教育、峰会论坛等一揽子品牌服务方面发挥更大效能。

（六）文化科技提升

在云计算和人工智能领域，支持文化企业核心技术联合研发，鼓励企业与国内外知名高校、科研机构、实验室合作，共同开展相关技术研发活动，持续推动情感感知、新型人机交互、智慧广电、全息成像、虚拟现实等技术创新迭代。在5G和大数据领域，加强技术应用和场景落地，强化5G等前沿科技在文化传播、科幻游戏、影视传媒等领域的应用，加快当红齐天国际文化科技乐园建设，重点扶持开发一批8K超高清、智慧广电等应用场景建设项目。

B.23

海淀区：高品质呈现特色文化，高质量发展文化产业

叶亮清　高　洁*

摘　要： 2020年，海淀区文化产业胜利完成了“十三五”规划的任务目标，产业规模持续增长，数字产业发展势头强劲，多品牌发展势头良好，一批骨干文化企业成为全市乃至全国的标杆企业，产业品牌国际化发展势头良好。但是，在海淀区文化产业规模化发展的进程中，还存在企业构成不均衡影响产业发展、营商环境亟待改善以及城市文化彰显度在全市排名不够靠前等问题。未来，在短期内，海淀区在全力做好新冠肺炎疫情防控和复工复产各项工作的同时，应通过加强文化产业的研究、推广和服务来助推区域特色文化高品质呈现，实现文化产业高质量发展。

关键词： 文化产业　规模化　品牌化　国际化

2020年，海淀区文化发展促进中心以区委、区政府“两新两高”发展战略为指引，深入践行“创新合伙人”发展理念，扎实开展文化产业与特色文化两个板块的研究、推广、服务三个环节的重点工作，努力挖掘文化科技融合新动力，助推海淀区特色文化高品质呈现，不断推动海淀区文化产业高质量发展。

---

* 叶亮清，海淀区文化发展促进中心主任；高洁，海淀区文化发展促进中心副主任。

一　海淀区文化产业发展基本情况

“十三五”时期，海淀区文化产业保持良好的发展势头，总体呈现规模化、品牌化、国际化发展趋势和发展特征。一是产业发展规模化。自2018年北京市执行国家统计局《文化及相关产业分类（2018）》标准以来，海淀区900余家规模以上文化产业单位收入合计从全市占比40%左右大幅提升至50%以上。2020年1～12月，海淀区979家规模以上文化产业单位收入合计7710.7亿元，同比增长12.1%，拥有从业人员22.5万人，以占全市两成的单位数量、三成的人员数量，贡献了超过五成的收入。二是产业发展品牌化。数字文化产业作为海淀区文化产业的核心优势产业，2020年呈现强劲的发展势头。16个以文化新业态为代表的数字文化产业收入合计占全市的3/4、全国的1/5，字跳网络（今日头条）、（微播视界）抖音、三快在线（美团）、腾讯文化、快手、百度、爱奇艺等骨干文化企业在全市乃至全国都具有领先地位和标杆意义。北京精品游戏研发基地（中关村科学城数字文化产业园）签约腾讯、网易、哔哩哔哩等游戏上下游企业50家，推动在京过审游戏25款，总产值达到100.12亿元。三山五园成功入选第一批国家文物保护利用示范区创建名单，“不朽的功勋——李大钊生平事迹展”“中关村创新文化展”向公众开放，“四个文化”品牌得到大力推广。三是产业发展国际化。海淀区30家文化企业入选2019～2020年度国家文化出口重点企业，14个文化出口项目入选2019～2020年度国家文化出口重点项目。爱奇艺海外发行的内容已累计超过100个项目，电视剧超3000集，电影新片及片库超200套，发行范围覆盖全球多个国家和地区，进一步推动国产优质内容“出海”。

二　海淀区文化产业发展存在的主要问题

（一）企业构成有待进一步优化

在海淀区文化产业规模化发展的过程中，有两个现象需要进一步关注。

一是龙头企业规模大、贡献大、增长率高。2020 年 1 ~ 11 月，海淀区文化产业收入排名前 10 的文化产业单位收入合计 4191.4 亿元，占海淀区和北京市文化产业收入合计的比重分别为 61.8% 和 34.0%。二是海淀区文化企业数量逐年下降，从 2018 年的 52220 家下降至 2020 年的 43018 家，规模以上文化产业单位数量基本稳定在 980 家左右，小微文化企业的发展活力和动力不足。大型企业、龙头企业还需要进一步增强可持续发展能力，小微企业的总量要进一步稳定，在全市的占比争取不低于 30%。

（二）营商环境有待进一步改善

受新冠肺炎疫情影响，线下传统文化企业受创严重，而以线上经营模式为主的文化企业发展态势良好，互联网愈加成为文化产业的重要阵地。但是数字文化企业的文化产品具有即时性强、生命周期短、开发风险大等特点，在市场准入等方面还有很多亟待解决的问题，如游戏版号资源紧缺且审批时间长、企业生产经营成本高、侵权时有发生且维权困难等，需要有针对性地提出解决办法。

（三）城市文化彰显度有待进一步提升

海淀区文化产业规模逐步壮大，三山五园受到中央、市、区的高度重视，数字文化发展引领全国。但是，海淀区在城市文化形象树立和打造方面并未走在全市前列。海淀区的文化园区、文化空间、文化街区、文化活动相较于朝阳区、东城区等存在一定的差距。如何通过文化科技融合发展提升人民群众的获得感和幸福感，如何让文化在构筑新型城市形态中发挥重要作用，还需要进行进一步的探索和布局。

三　2020年海淀区文化产业促进工作

（一）全力做好新冠肺炎疫情防控和复工复产各项工作

一是积极开展调研，撰写新冠肺炎疫情影响下电影行业、文化产业园区、三山五园等重点公园发展报告，重点文化企业抗击疫情专题报告以及海淀区文化产业发展运行报告，研判产业发展状况，为文化产业“转危为机”探索新的发展方向。二是制定《海淀区支持文化企业应对新冠肺炎疫情影响的若干措施》，努力缓解文化企业经营压力，助力文化企业健康发展。三是每日监测19个文化产业园区（空间）的复工企业数量、复工员工人数和有无发热情况，指导做好安全防控工作。四是持续发布海淀区文化企业抗击疫情动态报告50余期，上报海淀区上市文化企业抗疫报告，推广文化企业抗击疫情和复工复产优秀做法。

（二）努力助推海淀区文化产业高质量发展

文化产业研究。发布规模以上文化产业数据报告和上市文化企业动态报告，完成2019年海淀区文化企业动态报告和文化出口报告。

文化产业推广。一是举办第十七届和第十八届中国文化产业新年论坛海淀文化产业对话会，分别以“科技创新与文化创意”和“新技术、新文化、新生活”为主题，探讨海淀区文化产业发展前景和趋势。二是协助区委宣传部完成2020年中国（北京）国际服务贸易交易会文化服务板块海淀展区的相关组织工作，以“数字创新驱动力，文化赋能科学城”为主题，围绕数字文化产业这一核心，集中体现中关村科学城北区发展战略和数字文化产业发展方向。三是在“2020北京国际设计周”设立海淀文化专区，展出海淀特色文化及创新产品。四是支持北京大学民族音乐与音乐剧研究中心举办2020年第五届“音乐剧学院奖”大赛，努力将该活动打造成为海淀区校地合作重点文化项目。

文化产业服务。一是举办海淀文化沙龙31场，邀请祁述裕、向勇、宋洋洋等专家做专题分享，开展优秀文化项目分享会，运营“海淀文化产业沙龙公众号”，搭建政产学交流互鉴平台。二是完成北京文化创意大赛海淀分赛场组织工作，“唐块”（中国榫卯积木）项目获得海淀赛区第一名，并在北京赛区决赛中获一等奖。三是承办“中关村文化产业五十人咨询委员会”研讨活动，围绕海淀区数字文化产业发展展开深入讨论。四是开展海淀区文化创意产业投资引导基金合作机构征集评审工作。五是与中关村创业公社合作创办海淀文化公社，包括书店、展览、沙龙、市集等功能。六是举办线下“我们的节日·海淀文创市集”6 场，每周五进行海淀特色文化文创产品直播，全年完成 28 场。

（三）努力助推海淀区特色文化高品质呈现

红色革命文化。与北京市海淀老龄大学合作，由中国画报出版社出版《红色海淀记忆》一书。

曹雪芹西山故里红文化。与北京曹学会合作，在中国国家博物馆举办“隽立千古——《红楼梦》文化展”，举办配套项目“曹雪芹讲坛”10 期（2 期线下、8 期线上），有 5 万余人次参与线上直播。举办第十一届曹雪芹文化艺术节，主题为“红迷嘉年华·三山五园走来的曹雪芹”。

纳兰文化。支持北京市海淀区纳兰文化研究中心在北京一〇一中学（双榆树校区）建设纳兰书院项目，举办 2020 年纳兰文化艺术节——纪念纳兰性德诞辰 365 周年主题活动。

三山五园皇家园林文化。一是与中国林业大学三山五园研究团队合作，由中国林业出版社出版英文版图书《今日宜逛园：图解皇家园林美学与生活》。二是与北京中创文旅文化产业集团有限公司合作举办以“三山五园”为主题的 3 场线下美陈展，在全球授权展、中国国际品牌授权展期间，在上海举办三山五园文创产品展。三是与北京联合大学应用文理学院合作举办“三山五园历史记忆与文化使命”第七届三山五园研究院学术研讨会，合作推进三山五园“一院两馆”、三山五园历史文化资源数据库建设。四是支持举办“百年梦圆——圆明园马首铜像回归展”。五是在中华世纪坛举办首届三山五园主题艺术展，展出三山五园绘画、摄影作品 88 幅。六是积极参与三山五园国家文物保护利用示范区创建相关工作，运营好“三山五园”公众号。

中法人文交流。一是支持北京大美西山文化传播有限责任公司运营和维护贝家花园，维修主要道路和监控设备，加固和修缮木栈道。二是承办“第五届中法人文交流海淀论坛暨 2020 中法文化交流青年沙龙”，主题为

“中法文化交流——青年的角色与发展”，同期举办“艺术的流动”中法艺术交流展。

中关村创新文化。一是开展“艺术中关村”文化艺术活动，连续在中关村创业公社举办艺术家专题作品展。二是在中华世纪坛举办艺术中关村2020年联展，展出艺术作品190余件。三是支持中关村地区建设运营中关村村史馆，弘扬新时代中关村精神。

B.24

门头沟区：深挖文旅产业资源潜能，打造绿水青山城市品牌

孙　华*

摘　要：　2020年，门头沟区积极践行习近平总书记“两山”理论，坚持区域发展总原则，坚持稳中求进总基调，以传承“六大文化”为依托，围绕培育文旅体验、科创智能、医药健康“三大产业”，从党建引领产业服务、持续优化营商环境、引导创新文创产品、推进建设重点园区等方面抓落实，推动文旅产业深度融合，稳步实现高质量发展。

关键词：　文化创意产业　文旅融合　数字化融合

2020年，门头沟区政府在市委、市政府和区委的坚强领导下，深入学习贯彻习近平新时代中国特色社会主义思想，全面落实习近平总书记关于统筹推进疫情防控和经济社会发展工作系列重要讲话精神，积极落实市委第十二次党代会和历次全会决策部署，紧紧围绕区委十二届九次、十次全会工作要求，立足区域功能定位和绿色高质量发展目标，依托西山永定河“六大文化”与文旅优势资源，矢志打造“绿水青山门头沟”城市品牌，采取各种有效措施，不断加强对文化企业的指导帮扶，积极应对新冠肺炎疫情影响，推动文旅产业稳步实现高质量发展。

---

* 孙华，门头沟区文化创意产业促进中心党支部书记、产业发展部部长，门头沟区文化创意产业协会秘书长。

一 门头沟区文化创意产业概况

2020年，门头沟区积极践行习近平总书记“两山”理论，围绕贯彻落实中央、北京市委、门头沟区委部署，致力于将文化创意产业打造成为门头沟区经济发展的支柱性产业。依托“一河两山”独具特色的生态山水、红色历史、民间民俗、古村古道、宗教寺庙、京西煤业六大文化等丰富资源以及“大城市小城区”的独特区位优势，聚力打造文化创意产品，助推文旅产业深度融合，实现高质量发展。

门头沟区统计局数据显示，2020年1～12月，规模以上文化产业收入合计21.67亿元，较2019年同期的28.9亿元有所下降。2020年，全区共有重点文物保护单位84个，其中国家级5个、市级8个、区级71个。全区共开展不同形式的演出313场，观众达70万人次。其中，艺术演出154场，观众为19.5万人次。下乡下基层辅导演出596场，送电影下乡9103场。截至2020年底，全区共有255个村居文化室。图书馆馆藏总量达到129.5万册，当年新购入图书91435册，办理借阅证件614个，流通读者1.6万人次。

2000年，在新冠肺炎疫情和经济下行压力的双重影响下，全区上下齐心协力、攻坚克难、苦干实干、砥砺前行，各项工作稳中有进，呈现经济社会持续健康发展态势，基本完成了区人大十六届六次会议确定的主要目标任务。

二 以文旅产业为基石，促进文化创意产业蓬勃发展

（一）推进各级文旅产业政策落实，助力企业渡难关

新冠肺炎疫情期间，采用网络、电话、实地走访等多种方式对区内18家企业进行了深入调研，及时了解企业的生产经营状况、疫情对企业经营造

成的影响、企业应对疫情采取的措施及相关困难与需求等。针对企业存在的“房租等固定支出较大”“资金短缺”等突出问题，房山区文化创意产业促进中心协同区文化创意产业协会积极响应，通过广泛宣传、精准解读政策，制订金融服务方案等措施，有针对性地开展工作，与企业共克时艰。一是及时宣传政策信息。通过“创意门头沟”微信公众平台、《创意门头沟》电子杂志及时发布《关于应对新型冠状病毒感染的肺炎疫情影响促进中小微企业持续健康发展的若干措施》《关于应对新冠肺炎疫情影响促进文化企业健康发展的若干措施》《关于精准支持重点行业中小微企业稳定就业工作的通知》等文旅产业政策及相关信息，帮助企业更快地了解相应政策。二是精准解读政策。通过组建企业微信群、举办线上直播宣讲会等方式与市级“房租通”“投贷奖”政策发布机构的专业人士有效对接，帮助企业及时准确地了解贴租、贴息、贴保及房屋补贴等政策支持，让企业更顺利地进行相关政策的申报工作。三是推出专项融资方案。与北京银行门头沟支行积极对接，推出“门诚贷”门头沟文旅产业专项金融服务方案，为受困行业和企业制订专项融资方案。此方案重点支持符合北京市产业发展方向的文旅企业，具有融资简单、融资成本低、融资速度快三个特点。引入了担保公司、融资租赁公司，以满足企业多样化的融资需求。在贷款利率方面给予企业优惠，积极配合获得北京银行贷款的文旅企业申请“投贷奖”等市级、区级贷款贴息和担保贴保补贴。实行一个工作日响应制度，开辟绿色通道，提高业务办理效率。与此同时，邀请北京市文创金融服务网络平台在房山区设立文创金融服务工作站，为在北京银行获得融资的文旅企业提供“投贷奖”与“房租通”政策咨询、问题解答、申报辅导等“一站式”服务。

（二）指导园区企业复工复产，利用自身优势共抗疫情

指导文化创意园区与企业强化管理，统筹优质资源，发挥业务优势，积极抗疫。一是指导智能文创园做好疫情防控与经济发展。门头沟区中关村（京西）人工智能科技园·智能文创园快速反应，帮助园区内企业复工复产，同时为企业提供安全的经营环境和政策咨询服务，帮助企业无缝对接政

策资源，享受政策扶持红利。目前智能文创园迎来了15家入驻企业，入驻率达到92%。推出首期三大类49项产业服务清单，发挥平台功能，构建园区服务生态。举办“未来之门”中关村（京西）人工智能产业化论坛、“云招商”推介会、全球AI文创大赛（中国区）决赛暨颁奖典礼等10余场活动，塑造智能文创品牌形象。二是全力打造琉璃文化创意产业园。琉璃烧制技艺是门头沟区的国家级非物质文化遗产，更是中华民族的艺术瑰宝。位于门头沟区琉璃渠村的北京明珠琉璃制品厂于2013年停产，厂房处于空置状态。根据蔡奇书记先后两次对“关于推动门头沟区琉璃渠村原皇家琉璃窑厂恢复生产的建议”的批示要求，为切实保护传承好琉璃这一历史文化资源，门头沟区与金隅集团深入挖掘其文化价值，充分认识北京明珠琉璃制品厂官窑的历史地位，借助故宫博物院的优势资源，以“五个一”（即“一园”，打造琉璃文化创意产业园；“一村”，深入挖掘琉璃渠村历史文化名村价值；“一馆”，建设琉璃博物馆；“一中心”，设立琉璃研究中心；“一论坛”，开展琉璃文化论坛）项目定位，将北京明珠琉璃制品厂厂区打造成集琉璃保护性生产、琉璃文化推广、琉璃体验式旅游、文化创意办公于一体的中国琉璃文化创意产业园区，目前该项目已进入开工状态。

（三）精搭平台，挖掘与传播优势文旅产业资源

一是联合《北京日报》、拼多多电商平台，在王平镇西马各庄村樱桃园举办“逛潭柘戒台赏京西山水　住精品民宿　尝鲜门头沟大樱桃”直播活动。活动以销售王平镇西马各庄村大樱桃为重点，以宣传门头沟区特色文化旅游资源为主线，由门头沟区委领导、门头沟区文化和旅游局领导客串网络主播，向网友力荐门头沟的樱桃、熟蜜、酱肉等特色产品及知名景区，全面展示和带动门头沟区文化旅游产业发展，此次活动为北京区级领导首次出镜带货实践，直播累计吸引超过198.3万人次观看。二是指导成立门头沟区文化创意产业协会（以下简称协会）。协会于2020年1月中旬在中关村（京西）人工智能科技园·智能文创园举行揭牌仪式。协会是门头沟区文创产业领域唯一的综合性公共服务平台。它的正式成立，标志着

门头沟区文创产业发展迈上了新台阶。协会将继续以政策解读、招商引资、人才培训、人物评选、行业自律、企业维权等活动为载体和抓手，推动各项工作落地见效，全力打造成为产业政策查询、政策意见征集、企业交流合作与创新孵化等系列公共服务平台，为门头沟区文创产业发展提供强有力的支撑。协会指导文创企业连续创作文化精品。陆续指导区重点文创企业英田影视创作《新英雄儿女》《怎能没有你》《让我看看你的脸庞》等抗“疫”歌曲 MV、诗朗诵和舞台剧。其中，《新英雄儿女》和《怎能没有你》两首歌曲被国家广播电视总局列入“精彩短视频　礼赞新中国”主题宣传项目的抗“疫”MV。《怎能没有你》和《让我看看你的脸庞》两首歌曲入选中共中央宣传部“学习强国”学习平台。同时，指导英田影视及《里波星球》剧组推出“众志成城　抗击疫情　为中国加油”系列海报。《里波星球》是由西班牙著名动画电影导演马努埃尔·J. 加西亚执导的一部结合中西方文化的环保题材动画电影，剧中植入了中国功夫、美食、汉服以及北京西山永定河文化带的文化元素，向世界宣传中国文化，传达中国声音。

（四）对接市级平台，参与服务贸易交易会和文化创意大赛

一是精心搭建展区参加 2020 年中国国际服务贸易交易会文化服务专题展会。门头沟展区以“一河永定·绿水长流”为主题，围绕区重点培育的文旅体验、科创智能、医药健康三大产业，将文化资源作为支撑点、发力点，助推京西工业产业转型升级。文旅体验方面，主要展示红色旅游项目和非遗产品；科创智能方面，主要呈现人工智能和文化创意与产业融合发展成效；医药健康方面，主要展现大数据分析和人工智能技术成果。全面呈现以西山永定河文化带建设为牵引的门头沟区文化产业发展成果。展会通过“一红一绿”，重点展示门头沟区的红色文旅资源和近年来对绿色文旅资源的开发建设，以及对非物质文化遗产的传承、保护和发展，包括“妙峰山平西情报联络站纪念馆—炭厂村红色教育基地—田庄村京西山区中共第一党支部纪念馆—马栏村冀热察挺进军司令部旧址陈列馆—黄安坨村毛主席

批示纪念馆”精品红色旅游线路、“门头沟小院”精品民宿品牌、“灵山绿产”特色产品品牌等，推广门头沟区丰富的文旅资源。同时，展会通过推介优秀园区和企业，突出展示“文化+科技”最新业态。依托中关村（京西）人工智能科技园·智能文创园“三主三辅”的产业方向，培育发展智慧文旅、智能医疗、智能金融等领域的优秀企业，全面提升产业引领示范效应。

二是精心组织北京文化创意大赛门头沟分赛区活动——红色文化创意赛区暨首届“红色马栏杯”红色文创大赛，承办2019~2020年全球AI文创大赛决赛。进一步挖掘西山永定河流域优秀的文创人才和项目，助力打造“红色门头沟”党建品牌。其中，门头沟分赛区面向北京市及门头沟区对口帮扶的河北省涿鹿县以及内蒙古自治区武川县、察右后旗共征集了78个创业项目，经过初赛、复赛的激烈角逐，最终有11个项目挺进决赛。“小球大世界在科普领域的应用”获得一等奖，“树行途生态教育”获得二等奖，“嘻范动物园”获得三等奖，“一号哨位”获得最佳人气奖，“飞熊无人机人工智能文化教育”获得最佳潜力奖，“用国际动漫IP赋能西山－永定河文化”获得媒体关注奖，“大三里云‘书’”获得永定河文化特别奖。其中，“红色马栏杯”红色文创大赛中来自北京市、陕西省、广东省等地的17个红色文创领域项目齐聚北京市门头沟区展开角逐，参赛者围绕“红色马栏”文博文创产品开发、红色放映厅、主题餐厅、精品民宿、全景沉浸式文旅体验、智慧景区等内容提交设计作品。最终，“红色文化VR全景式系列影片《伟大征程》”项目荣获一等奖，“傲雪5G智能XR眼镜”“《没有共产党就没有新中国》红色文创”项目获得二等奖，“延安枣园红色文化旅游区总体经营策划”“智胜军五®”“红色耀中华——皮影主题展演”项目获得三等奖，“香山革命纪念馆红色主题业态红色文创样板间设计、规划、运营”“社会主义核心价值观魔方”“《向人民致敬——英雄1949》纪念钢笔”项目获得优秀奖。在2020年北京文化创意大赛全国总决赛上，门头沟区两个赛区分别获得了最具成就赛场与最具特色赛场两个奖项。另外，在承办的2019~2020年全球AI文创大赛决赛上，共有15家企业和9个创意项目组进入决赛。其中，企业组包括知名科技公司人工智能实验室网易伏羲实验室，悉见科技、物灵科技、云之梦科技等行业头部企业，以及拉酷科技、火星人俱乐部、魔法互娱等AI赋能文创行业的创新领先企业。创意组则是来自清华大学、南京大学、北京理工大学、创新工场等知名院校、机构及科技企业的优秀创意项目团队。

（五）开发红色旅游线路，与红色同行，传承红色基因

2021年适逢中国共产党建党100周年，也是“十四五”规划开局之年。为落实区委、区政府关于“红色党建引领绿色发展”“当好‘两山’理论守护人，打造绿水青山门头沟”的战略部署，以及“一园四区一小院”的工作布局，按以下基本原则落实编制18条门头沟区红色主题旅游线路，希望通过红色旅游的开展，为庆祝中国共产党建党100周年献礼，实现旅游与经济社会融合发展，红色旅游引领绿色发展做出贡献。

（1）坚持一线一主题原则。抓住每条线路红色革命的特点，确定线路主题。

（2）坚持红色主题线路与旅游“641”模式相结合原则。

（3）坚持红色主题线路与“门头沟小院＋精品民宿”相结合原则。

（4）坚持红色主题线路与永定河文化相融合原则。

（5）坚持红色主题线路与旅游景区相融合原则。

（6）坚持红色旅游线路与区域自然地理、人文地理相结合原则。

（7）坚持红色旅游线路与田园综合体建设相结合原则。

为了不忘初心，牢记历史，深烙红色印记，薪火相传，在建党100周年之际，开辟了“田庄村京西山区中共第一党支部纪念馆、马栏村冀热察挺进军司令部旧址陈列馆、黄安坨村毛主席批示纪念馆、妙峰山平西情报联络站纪念馆、斋堂爱国主义教育基地/斋堂宛平抗日革命烈士纪念园、王家山爱国主义教育基地、冀热察军政委员会塔河村驻地、炭厂村红色教育基地、龙门涧憩英园”等“与红色同行——平西抗战旅游线路”，在缅怀英雄先烈的同时游览秀美山川。

（六）开展推介会，打造精品“门头沟小院”

在两届推介会等一系列活动的推动下，门头沟区委、区政府秉承习近平总书记“绿水青山就是金山银山”的生态文明理念，按照北京市委、市政府“当好‘两山’理论守护人，打造绿水青山门头沟”的精准指示和战略要求，紧扣“绿色发展、生态富民、弘扬文化、文明首善、团结稳定”的区域发展总原则，在打造门头沟精品民宿品牌的实践中，借鉴浙江“丽水民宿”的成功模式，把精品民宿作为践行“两山”理论、推动乡村振兴的重要抓手和引擎。2019 年 5 月 8 日和 2019 年 12 月 13 日，北京市文化和旅游局、门头沟区人民政府成功举办了“2019 北京精品民宿发展论坛暨门头沟区民宿项目推介会”和“北京精品民宿推介会暨‘门头沟小院’——美宿路演仪式”，主要推介内容包含政策发布、项目发布、成果展示、项目签约、仪式启动、聘书颁发等。在推介会上，潭柘寺镇、龙泉镇、军庄镇、妙峰山镇、王平镇、雁翅镇、斋堂镇、清水镇 8 个镇的负责人登台推介本镇精品民宿，再次推出了 28 个条件成熟和具有发展潜力的精品民宿，吸引了社会资本融资项目洽谈合作，推动了更多优质民宿项目落地生根。推介会现场还发布了“绿水青山门头沟”城市品牌、“门头沟小院”美宿品牌、“灵山绿产”地方特产品牌，推出了“重走平西地下交通线”“斋堂川抗战历史文化长廊”2 条红色文化旅游线路和 5 条“门头沟小院”精品民宿旅游线路。

（七）释放文旅消费市场潜力，推动产业加快复苏

为切实落实市、区关于统筹推进疫情防控和经济社会发展的有关要求，缓解疫情对经济发展的影响，释放文旅消费市场潜力，拉动全区总消费增长，根据全区统一安排，2020 年 6 月初至 11 月，举办京范儿（FUN）消费季之嗨购（High Go）“文化惠民　乐享京西”门头沟区惠民文化消费活动。活动通过策划“逛地标”“探非遗”“观文化”“惠体验”四大板块，采取线下实体与线上平台联动，推出打折促销和让利优惠等方式，举办标志性景

区主题游览体验直播、非遗日直播、第十四届永定河文化节、汉服文化旅游节等活动，打造具有区域文化旅游鲜明特色的节庆活动。

1. 打造公共文化服务新模式，改善文化消费条件

一是改版“文化京西”公众号，创设新的服务菜单。整合数字文化资源，向公众提供每日新书、文雅慕课、数字博物馆、QQ 阅读等功能。线上数字资源包含4000多种精选书刊，更有亲子手工实操教程等400余门慕课，充分满足各年龄段人群的文化消费需求。二是升级“门头沟公共文化云”，为百姓提供特色区域文化内容。视听空间包含有声图书馆，内容资源涵盖文学、历史、文艺鉴赏、各年龄段的儿童教育等，戏曲、综艺等各类演出一应俱全。

2. 推动非遗资源产业化发展，促进非遗文化消费

举办以“云游非遗　嗨购非遗”为主题的非遗日活动，以网络渠道为主，围绕传统体育、传统医药和餐饮非遗项目，输出特色产品。利用《北京日报》客户端、抖音、快手等平台发布非遗元素丰富、易体验的旅游路线，推介精品民宿，获得3万多网友关注；国庆期间举办永定河农耕文化节暨非遗购物季。组织众多集聚旅游人气的非遗项目，以商业文化与旅游融合发展的方式，让古村落成为拉动文旅消费的“网红打卡地”。

3. 特色节庆活动促文化消费

2020年10月，在精品民宿紫旸山庄举办汉服文化旅游节。活动以弘扬汉文化为核心，根植于中国传统文化，以门头沟绚丽斑斓的秋景为依托，以汉服及汉文化展示为媒，以精品民宿门头沟小院为介，以“礼乐中华、盛世霓裳，着汉服、游景区、享民宿”为主题，推出盛世霓裳——穿汉服免费游景区、凝彩华章——京西门头沟汉服文化旅游节摄影大赛、最美邂逅——民宿汉服拍摄、梦回千年——京西门头沟汉服文化旅游节短视频大赛等系列活动，打造门头沟“汉服 + 旅游”特色创意全域深度游的新形式。

屹立在青山绿水之间，门头沟区将充分利用丰富的旅游文化资源，整合旅游开发各生产要素，全面布局，精心策划全域旅游文化创意产业，推动“门头沟小院 +”建设，全面推进乡村振兴战略实施和美丽乡村建设样板，为“绿水青山门头沟”城市旅游品牌增光添彩，走上生态优先、绿色发展

的快车道，踏上绿色发展的新征程，与广大游客共享文化创意创新产业融合发展的丰硕成果，为北京旅游“金名片”增添新的风采。

三　文旅深度融合，创新发展稳步推进

（1）旧矿区文旅升级，“一线四矿”文旅康养休闲区建设顺利启动。“一线四矿”文旅康养休闲区建设项目被成功纳入全市宏观战略引领项目，初步完成京西“一线四矿”及周边区域国际方案征集任务书。

（2）与京能集团迅速建立“一组六专班”工作机制。明确“强化七个支撑、聚焦一个提升”工作思路。

（3）新首钢协作配套区建设加快推进。加强“三区一厂”协同联动，落实新首钢地区十大攻坚工程和三年行动计划，以新首钢滨河地区为京西产业转型升级示范区的核心支撑，编制 2020 年门头沟区示范区工作要点，有序推进 33 项市、区两级任务。

（4）“军庄龙泉”科技文创产业集聚区建设稳步实施。与金隅集团、故宫博物院合作，打造琉璃文化创意产业园区，推动军庄创意设计产业集聚区、龙泉镇京西生态文化谷、金隅文化创意产业园等联动发展。

（5）完成冬奥会 S1 线门头沟段城市景观提升工程，启动六环路门头沟段沿线景观提升一期工程。持续开展村庄清洁行动，夯实文旅产业绿色基底。

四　2021年门头沟区文化产业重点发展目标

展望“十四五”，机遇与挑战并存。“十四五”时期，我国发展仍然处于重要战略机遇期，是全面建成小康社会、实现第一个百年奋斗目标之后，乘势而上开启全面建设社会主义现代化国家新征程、向第二个百年奋斗目标进军的第一个五年；是北京市立足首都城市战略定位，加快建设国际一流和谐宜居之都的重要时期；也是门头沟区围绕落实生态涵养区功能定位，传承

“四个一”历史奉献精神，深化打造“红色门头沟”党建品牌和“绿水青山门头沟”城市品牌，着力构建“一园四区一小院”经济发展新格局的关键时期。在这样一个千载难逢的机遇叠加期，全区经济社会发展前景可待、未来可期。

（一）聚力推进“四区”协同发展

一是加快打造“一线四矿”文旅康养休闲区。以“一线四矿”为“核”，深化99平方公里辐射拓展“圈”发展规划研究，联动打造国道109新线高速路发展带；提前统筹基础设施改造、环境提升、景观打造等工作，借力“门头沟小院+”田园综合体建设成果，推动“精品民宿+‘一线四矿’”融合发展。二是加快打造新首钢协作配套区。持续强化与石景山、首钢对接，加强新首钢国际人才社区建设；紧抓2022年冬奥会和冬残奥会契机，密切对接新首钢“体育+”产业发展方向，发挥户外运动、山地特色旅游等优势，探索发展体育运动等产业。加快打造“军庄龙泉”科技文创产业集聚区。围绕“文化+科技”培育新业态、新模式和新应用场景，推动琉璃文化创意产业园落地，引入高校落户军庄镇，着力将军庄镇和龙泉镇打造成科技、文创、琉璃文化特色交融的创新创业小镇。

（二）持续推进“门头沟小院”绿色发展

通过搭平台、推政策、聚资源、育精品，进一步梳理整合条件成熟的优质村落资源，继续深化市区联动和部门协作，吸引更多优质社会资本参与精品民宿建设落地。持续开展“门头沟小院”评星创优擂台赛、设计大赛等活动，力争打造一批国家级星级民宿项目。加快推动现有精品民宿合法申办“一照两证一系统”，鼓励引导民宿规范运营、健康发展。探索建立丰富的“门头沟小院”+百果山、+“四个一”故事、+文化、+禅修、+康养等特色产业体系，在全市乃至全国打响“门头沟小院”精品民宿品牌，力争在“十四五”期间谋划120个村、确保100个村打造成“门头沟小院+”田园综合体。

（三）与数字化融合，助力文化创意产业发展提速

随着云计算、大数据、5G 等信息化技术的迅猛发展，文化产业也面临前所未有的新面貌和新趋势。今后，门头沟区要致力于打造精品民宿数字化、红色旅游数字化、文旅产业数字化，使文化创意产业发展不再局限于偏狭的空间，不再只是文化创意产业，要通过网络动漫、网络音乐、网络直播、短视频等多业态、多领域、跨平台的融合创新，寻求新时代下文化创意产业发展的新动能。文化创意产业数字化、智能化具有旅游信息实时采集、更新、发布等功能，可实现一定区域内乡村旅游信息的共享，提升游客体验，促进特色乡村旅游与相关产业的融合创新发展。

B.25
房山区：坚持守正创新，推动文化产业发展

魏 然 王艳华*

摘 要： 2020年，面对新冠肺炎疫情的巨大影响，房山区认真落实中央和地方政府出台的推动经济社会发展的一系列政策文件，积极发挥政策措施的帮扶效力，优化各项服务措施，创新性地举办了一系列活动，提升了房山区文化品牌影响力。

关键词： 文化产业 政策惠企 产业集聚

2020年是全面建成小康社会和“十三五”规划收官之年，也是极不平凡的一年，更是披荆斩棘、砥砺前行的一年。房山区文化创意产业促进中心在区委、区政府的坚强领导下，紧紧围绕全国文化中心建设的总体要求以及“三区一节点”的功能定位，以提高文化产业发展质量和效益为创新方向，以促进传统产业转型升级和大力培育新兴文化产业为主线，持续优化营商环境，统筹推进新冠肺炎疫情防控与文化产业发展。

一 房山区文化产业发展概况

截至2020年12月，房山区共有文化产业法人单位14312家，其中规模

* 魏然，北京市（房山）历史文化旅游集聚区规划建设管理办公室、房山区文化创意产业促进中心主任；王艳华，房山区文化创意产业促进中心宣传调研科科长。

以上企业 64 家，文化产业创新主体逐步壮大，实现收入 60 亿元。文化产业园区创建效果明显，北京智慧长阳文化产业基地、北京大学创业训练营房山基地、青创动力文化创意产业园被评为市级文化产业园区，新认定 1 家区级文化产业园区，为做大做强文化产业奠定了基础。

（一）坚持党建引领促发展

加强党对非公企业的领导，深化拓展“两新”组织两个覆盖，组织召开文创协会党委党建工作会，指导三维六度科技文创产业园成立党支部，引导协会党委党员把思想和行动统一到区委全会和两会精神上来，切实把智慧和力量凝聚到文化产业发展上。

自新冠肺炎疫情发生以来，积极号召文创协会各党支部、文创企业捐款捐物，全力支援疫情防控工作。光合（北京）文化创意股份有限公司党支部、攀天红文创园党支部、北京青创系科技集团有限公司党支部以及北京中医药大学初创团队、尚大沃联福农园等文创企业纷纷行动起来，克服重重困难，共捐款 16. 3 万元，捐赠口罩 8 万个、消毒液 5. 5 吨。北京智慧长阳文化产业基地党支部、北京卯田文化创意发展有限公司、北京首页文化传媒有限公司等企业发挥自身所长，通过制作抗击疫情公益动画和动漫、举办空中电子展览、创作疫情防控快板书以及进行在线直播等，积极参与防疫宣传，向社会传播正能量。机关和协会党员带头遵守党中央和市委、区委明确的疫情防控要求，做好个人防护，并积极主动参与所在社区站岗执勤、人员排查、知识宣传等防疫工作，坚守基层防线。

（二）坚持政策惠企促发展

面对新冠肺炎疫情的巨大影响，认真落实中央和地方政府出台的推动经济社会发展的一系列政策文件，采取积极的措施解决文化企业当前的实际困难，切实发挥政策措施的帮扶效力。组织区内文创企业申报北京市“投贷奖”及“房租通”，13 家企业共获得“投贷奖”扶持资金 348 万元，25 家企业共获得“房租通”扶持资金 127 万元；指导区内 3 家市级文化产业园区申报北京市2020年度“公共服务平台”资金支持165万元；鼓励区级文化产业园区主动向入驻企业减免房租，累计为56家企业减免房租537万元；对接北京银行房山支行、北京农商银行房山支行等金融机构，推出小微快贷、创业保、创业贷等金融产品，为文化产业园区提供2901万元贷款支持，缓解了企业融资压力；援企稳岗补贴惠及119家企业，补贴资金达131.668万元。完成2020年房山区小微文化创意企业发展专项资金项目评审，共支持文创项目58个，支持资金达837万元，撬动社会投资约1.2亿元。

组织区内文化企业参加第八届北京惠民文化消费季，共有15家文化企业申报了27项活动，涵盖影视作品展播、工艺美术品展览、非遗传承互动体验、VR/AR科技等多个门类，力求为当地居民和游客提供一场能看、能听、能玩、能买、能体验的“文化盛宴”，让文化消费真正“动起来”“热起来”，进一步培养民众的文化消费习惯，激励文化消费行为，促进房山区和周边更多乡土文创产品走出北京，推动地方经济发展，助力京津冀区域文化消费。

（三）坚持优化服务促发展

广泛开展线上政策宣传，组织线上“投贷奖”“房租通”政策解读和金融路演，责成专人服务区内文创企业申报；联合北京大学创业训练营在“北京大学创业训练营新青年创客云平台”连续举办三季“北大创业大讲堂公益直播周”活动，会聚了多位顶级学者、产业专家、大咖企业家和资深投资人，直播观看人数累计超过45万人次，对新冠肺炎疫情下公司的运营与发展有很好的指导意义。围绕文化产业发展、人才技能提升、税务金融知识普及等内容，组织线上培训32场，共计3.5万人次参加，提升了企业管理能力和文创人才综合素质，帮助企业练好内功、开好新局。

（四）坚持创新引领促发展

引导培育三维六度文创科技产业园、北京首页文化传媒有限公司等文化科技融合度较高的企业，支持其开展5G、AI、4K/8K超高清等关键技术攻关。三维六度文创科技产业园采用 CORTEX－4K 影视全流程制作系统参与湖南卫视《歌手·当打之年》总决赛 4K 直播的制作，首次实现实时调色 4K 云网直播；北京首页文化传媒有限公司及其团队创作研发的全球首部 8K 水墨动画作品《秋实》入围柏林电影节新生代竞赛单元，房山区将继续支持该企业在 8K 水墨动画领域的技术创新攻关，鼓励其第二部作品《立秋》的研发，助力尽快面世；房山区 17 家文创企业参加《家乡带货王》直播大赛，开启文旅消费新风尚；组织文创企业深入房山区景区、民宿等地采风考察，激发房山区文创新动力，促进文化、旅游和经济融合发展。多种形式推介房山区老旧厂房资源，稳妥推进东方 1956 文化创意园、文化创新工场房山文创产业基地两个市级改造试点转型文化空间。

（五）坚持文化品牌促发展

以“品源文化·游醉美房山”为主题，参加 2020 年中国国际服务贸易交易会文化贸易专题展暨第十五届北京文博会，充分展现了房山区历史文化资源、文化产业发展成果和美好愿景。成功举办了 2020 年北京文化创意大赛房山分赛和直通车赛区北京大学赛场，6 个文创项目进入全国总决赛并获奖，房山分赛区获得“最具特色赛场奖”；赛后，由房山区推荐的 3 个文创项目入围 2020 年中国文创新品牌榜“文创 100”榜单。举办“房山礼物”设计大赛，通过现场路演和网络投票，评选推出汉白玉玉佩、云居小和尚、周口店（北京人）特色时尚旅游商品等具有房山文化元素的文创产品。举行“金秋探源·炫彩房山”——房山区精品文旅项目推介会暨旅游消费季全面启动仪式，推出了一批国际精品线路、民宿品牌以及老旧厂房资源。

以房山区吉祥物“方方”为载体，加大对房山区文化 IP 的推广力度。在网易、微博、今日头条、腾讯、抖音等八大平台发布“方方抗疫”、“在房山，和最爱的人一起慢慢变老”、北京文化创意大赛、“房山礼物”设计大赛等主题软文，制作发布“方方的家”“‘疫’路有你”等方方品牌动画，开展“我和我的房山”微博话题讨论，举办“玩遍房山　打卡服贸会”抖音挑战赛，总播放量达1743.3万次。

二　房山区文化产业发展存在的主要问题

（一）文化产业主体规模小且缺乏竞争力

产业主体是产业发展的关键。房山区文化产业主体为中小企业，企业投资以自筹资金为主，企业规模小，造成文化产业可持续发展能力较低，具有核心竞争力的企业不多，具有创新实力的企业更少。

（二）文创人才匮乏

文创人才匮乏成为制约文化产业发展的重要因素，房山区缺少文创人才，尤其是高端的具有文创能力特质的复合型人才，更欠缺既懂文化又懂经营的领军人才。文化创意产业人才结构失衡现象严重，文化管理人才与创意人才的比例不均衡。文化创意人才的发展环境有待优化。

（三）文化产业收入大幅下滑

受新冠肺炎疫情影响，文化产业市场需求降低，文化产业园区及入驻企业发展缓慢。根据北京市统计局数据，2020年1～4月房山区规模以上文化企业收入为16.6亿元，同比下降43.2%，降幅较第一季度收窄6.1个百分点。面对此次疫情，文化产业园区及入驻企业在收入减少、运营成本增加以及资金链和现金流存在很大压力的情况下，纷纷表示复工复产需要政府在租金减免、税收优惠、经营补贴方面提供更多的政策扶持。

三　2021年房山区文化产业发展思路

以习近平新时代中国特色社会主义思想为指导，立足全国文化中心和

"一区一城"新房山建设，借力西山永定河文化带建设，沿综合服务轴、创新发展轴、山水文化轴，围绕良乡组团、燕房组团、窦店组团三大区域，差异化发展区域特色文化产业，打造房山区文化产业品牌，加快健全现代文化产业体系，提升区域文化产业核心竞争力，推动房山区文化产业高质量发展，为"十四五"实现良好开局打下坚实基础。

一是发挥文化产业集聚效应。加强市、区两级文化产业园区建设，利用好市、区政策，调动园区引进文化企业的积极性。加快推进两处老旧厂房拓展文化空间进度，吸引更多社会资本、文化企业参与其中并入驻园区。

二是激发文化产业发展活力。充分利用中国（北京）国际服务贸易交易会暨北京文博会、北京文创大赛等大型活动，加强对房山区文化产业的宣传推介，营造良好的产业发展氛围，助推项目转化落地房山区。统筹政策发力，合力搭建金融平台，激发产业活力。

三是推进文旅产业融合发展。努力挖掘极具房山特色的文化要素，推动"房山礼物"创意设计与研发。完善助力"吃住行游购娱"旅游全链条。以庆祝中国共产党建党100周年为契机，制作推出"方方献礼建党100周年"系列动漫片，扎实推进文化产业领域发展大局的宣传活动。

附　录

Appendix

B.26
中国创意产业研究中心“创意书系”出版书目

2006年

《中国创意产业发展报告（2006）》，中国经济出版社。

2007年

《中国创意产业发展报告（2007）》，中国经济出版社。

《创意为王——中国创意产业案例典藏》，科学出版社。

“奥运·创意”丛书之《科技奥运》，科学出版社。

2008年

“奥运·创意”丛书之《绿色奥运》，科学出版社。

“奥运·创意”丛书之《人文奥运》，科学出版社。

“奥运·创意”丛书之《和谐奥运》，科学出版社。

“奥运·创意”丛书之《安全奥运》，科学出版社。

"奥运 · 创意"丛书之《财富奥运》，科学出版社。

"奥运 · 创意"丛书之《创意奥运》，科学出版社。

《北京——创新之都》，科学出版社。

《中国创意产业发展报告（2008）》，中国经济出版社。

2009年

《中国创意产业发展报告（2009）》，中国经济出版社。

《思想力》，中国人民大学出版社。

2010年

《中国创意产业发展报告（2010）》，中国经济出版社。

《首都文化创意产业标准化》，科学出版社。

《创意起步——中小型创意企业创业指导》，中国经济出版社。

《注意力——创意产业案例之影视戏剧篇》，中国城市出版社。

2011年

《中国创意产业发展报告（2011）》（上、下），中国经济出版社。

《文化创意产业集群发展理论与实践》，科学出版社。

"创意城市蓝皮书"之《北京文化创意产业发展报告（2011）》，社会科学文献出版社。

"创意城市蓝皮书"之《青岛文化创意产业发展报告（2011）》，社会科学文献出版社。

2012年

《中国创意产业发展报告（2012）》，中国经济出版社。

"创意城市蓝皮书"之《北京文化创意产业发展报告（2012）》，社会科学文献出版社。

"创意城市蓝皮书"之《青岛文化创意产业发展报告（2012）》，社会科学文献出版社。

2013年

《中国创意产业发展报告（2013）》，中国经济出版社。

《工业遗产的保护与利用——创意经济时代的视角》，北京大学出版社。

《中外文化创意产业政策研究》，科学出版社。

《中国创意产业发展战略》，中国计划出版社。

“创意城市蓝皮书”之《北京文化创意产业发展报告（2013）》，社会科学文献出版社。

“创意城市蓝皮书”之《无锡文化创意产业发展报告（2013）》，社会科学文献出版社。

“创意城市蓝皮书”之《武汉文化创意产业发展报告（2013）》，社会科学文献出版社。

2014年

《中国创意产业发展报告（2014）》，中国经济出版社。

《北京文化创意产业功能区发展研究》，中国经济出版社。

“创意城市蓝皮书”之《北京文化创意产业发展报告（2014）》，社会科学文献出版社。

“创意城市蓝皮书”之《武汉文化创意产业发展报告（2014）》，社会科学文献出版社。

“创意城市蓝皮书”之《无锡文化创意产业发展报告（2014）》，社会科学文献出版社。

“创意城市蓝皮书”之《台北文化创意产业发展报告（2014）》，社会科学文献出版社。

“创意城市蓝皮书”之《青岛文化创意产业发展报告（2013～2014）》，社会科学文献出版社。

“创意城市蓝皮书”之《重庆创意产业发展报告（2014）》，社会科学文献出版社。

2015年

《中国创意产业发展报告（2015）》，中国经济出版社。

“创意城市蓝皮书”之《北京文化创意产业发展报告（2015）》，社会科学文献出版社。

“创意城市蓝皮书”之《武汉文化创意产业发展报告（2015）》，社会科学文献出版社。

《北京文化创意产业功能区发展报告（2014）》，中国经济出版社。

《中国创意城市指数评价体系研究》，中国城市出版社。

《文化产业（文化企业）案例分析》，经济日报出版社。

2016年

《中国创意产业发展报告（2016）》，中国经济出版社。

“创意城市蓝皮书”之《北京文化创意产业发展报告（2016）》，社会科学文献出版社。

“创意城市蓝皮书”之《武汉文化创意产业发展报告（2016）》，社会科学文献出版社。

“创意城市蓝皮书”之《天津文化创意产业发展报告（2015~2016）》，社会科学文献出版社。

2017年

《中国创意产业发展报告（2017）》，中国经济出版社。

“创意城市蓝皮书”之《北京文化创意产业发展报告（2017）》，社会科学文献出版社。

“创意城市蓝皮书”之《武汉文化创意产业发展报告（2017）》，社会科学文献出版社。

2018年

《中国创意产业发展报告（2018）》，中国经济出版社。

“创意城市蓝皮书”之《北京文化创意产业发展报告（2018）》，社会科学文献出版社。

“创意城市蓝皮书”之《武汉文化创意产业发展报告（2018）》，社会科学文献出版社。

“创意城市蓝皮书”之《成都市文化创意产业发展报告（2018）》，社会科学文献出版社。

“创意城市蓝皮书”之《天津文化创意产业发展报告（2017～2018）》，社会科学文献出版社。

2019年

《中国创意产业发展报告（2019）》，中国经济出版社。

“创意城市蓝皮书”之《北京文化创意产业发展报告（2019）》，社会科学文献出版社。

2020年

《中国创意产业发展报告（2020）》，中国经济出版社。

“创意城市蓝皮书”之《北京文化创意产业发展报告（2020）》，社会科学文献出版社。

“创意城市蓝皮书”之《成都市文化创意产业发展报告（2020）》，社会科学文献出版社。

“创意城市蓝皮书”之《武汉文化创意产业发展报告（2019～2020）》，社会科学文献出版社。

2021年

《中国创意产业发展报告（2021）》，中国经济出版社。

“创意城市蓝皮书”之《北京文化创意产业发展报告（2021）》，社会科学文献出版社。

皮书

智库报告的主要形式
同一主题智库报告的聚合

皮书定义

皮书是对中国与世界发展状况和热点问题进行年度监测，以专业的角度、专家的视野和实证研究方法，针对某一领域或区域现状与发展态势展开分析和预测，具备前沿性、原创性、实证性、连续性、时效性等特点的公开出版物，由一系列权威研究报告组成。

皮书作者

皮书系列报告作者以国内外一流研究机构、知名高校等重点智库的研究人员为主，多为相关领域一流专家学者，他们的观点代表了当下学界对中国与世界的现实和未来最高水平的解读与分析。截至 2021 年，皮书研创机构有近千家，报告作者累计超过 7 万人。

皮书荣誉

皮书系列已成为社会科学文献出版社的著名图书品牌和中国社会科学院的知名学术品牌。2016 年皮书系列正式列入“十三五”国家重点出版规划项目；2013~2021 年，重点皮书列入中国社会科学院承担的国家哲学社会科学创新工程项目。

中国皮书网

（网址：www.pishu.cn）

发布皮书研创资讯，传播皮书精彩内容
引领皮书出版潮流，打造皮书服务平台

栏目设置

◆ **关于皮书**

何谓皮书、皮书分类、皮书大事记、
皮书荣誉、皮书出版第一人、皮书编辑部

◆ **最新资讯**

通知公告、新闻动态、媒体聚焦、
网站专题、视频直播、下载专区

◆ **皮书研创**

皮书规范、皮书选题、皮书出版、
皮书研究、研创团队

◆ **皮书评奖评价**

指标体系、皮书评价、皮书评奖

◆ **皮书研究院理事会**

理事会章程、理事单位、个人理事、高级研究员、理事会秘书处、入会指南

◆ **互动专区**

皮书说、社科数托邦、皮书微博、留言板

所获荣誉

◆ 2008 年、2011 年、2014 年，中国皮书网均在全国新闻出版业网站荣誉评选中获得“最具商业价值网站”称号；

◆ 2012 年，获得“出版业网站百强”称号。

网库合一

2014年，中国皮书网与皮书数据库端口合一，实现资源共享。

中国皮书网

S 基本子库
UB DATABASE

中国社会发展数据库（下设 12 个子库）

整合国内外中国社会发展研究成果，汇聚独家统计数据、深度分析报告，涉及社会、人口、政治、教育、法律等 12 个领域，为了解中国社会发展动态、跟踪社会核心热点、分析社会发展趋势提供一站式资源搜索和数据服务。

中国经济发展数据库（下设 12 个子库）

围绕国内外中国经济发展主题研究报告、学术资讯、基础数据等资料构建，内容涵盖宏观经济、农业经济、工业经济、产业经济等 12 个重点经济领域，为实时掌控经济运行态势、把握经济发展规律、洞察经济形势、进行经济决策提供参考和依据。

中国行业发展数据库（下设 17 个子库）

以中国国民经济行业分类为依据，覆盖金融业、旅游、医疗卫生、交通运输、能源矿产等 100 多个行业，跟踪分析国民经济相关行业市场运行状况和政策导向，汇集行业发展前沿资讯，为投资、从业及各种经济决策提供理论基础和实践指导。

中国区域发展数据库（下设 6 个子库）

对中国特定区域内的经济、社会、文化等领域现状与发展情况进行深度分析和预测，研究层级至县及县以下行政区，涉及省份、区域经济体、城市、农村等不同维度，为地方经济社会宏观态势研究、发展经验研究、案例分析提供数据服务。

中国文化传媒数据库（下设 18 个子库）

汇聚文化传媒领域专家观点、热点资讯，梳理国内外中国文化发展相关学术研究成果、一手统计数据，涵盖文化产业、新闻传播、电影娱乐、文学艺术、群众文化等 18 个重点研究领域。为文化传媒研究提供相关数据、研究报告和综合分析服务。

世界经济与国际关系数据库（下设 6 个子库）

立足“皮书系列”世界经济、国际关系相关学术资源，整合世界经济、国际政治、世界文化与科技、全球性问题、国际组织与国际法、区域研究 6 大领域研究成果，为世界经济与国际关系研究提供全方位数据分析，为决策和形势研判提供参考。

法律声明